한국어 정보학

이 저서는 2012년도 대구가톨릭대학교의 교내연구비 지원에 의해 연구되었음.

한국어 정보학

남 경 란 지음

景仁文化社

머리말

　이 책은 옛 문헌 자료를 대상으로 하여 연구하는 연구자들이 자신의 연구에 필요한 어휘, 혹은 어절, 구문 등등을 연구자들이 원하는 자료에서 따로 가려내고 뽑아 다양한 연구에 활용할 수 있도록 원문을 전산 처리하는 방법과 연구자의 육안으로 식별하기 어렵거나 확인되지 않는 문자와 부호들을 확인할 수 있는 영상처리를 활용한 정보 처리법을 소개한 것이다.

　한국어의 전산학 처리를 위해서는 형태소, 단어, 어절, 구, 문장 등 한국어의 각 문법 단위의 목록을 획득하고, 각 문법 단위들의 분포와 기능을 체계적으로 정리하는 일이 뒷받침되어야 한다. 이 일은 다양한 언어 자료를 검토함으로써 가능한데, 이러한 목적으로 만들어진 언어 자료의 집합을 말뭉치라고 한다. 그러나 단순히 여러 가지의 자료들을 모아 놓거나 배열해 놓았다고 해서 좋은 말뭉치가 되는 것은 아니다. 좋은 말뭉치란 각 연구자, 혹은 정보를 필요로 하는 이의 구미에 맞게 가공되어 있을 때 가장 좋은 말뭉치가 되는 것이다. 특히 국어학에서 필요로 하는 말뭉치는 언어의 변화 양상과 다양한 특성을 제공해 줄 수 있도록 전산 처리된 말뭉치일 것은 두 말할 나위 없다.
　현재 국어학계에서는 세종사업의 말뭉치와 국립국어연구원에서 구축한 말뭉치, 그리고 한국과학기술원, 고려대학교, 연세대학교 등에서 구축한 방대한 양의 말뭉치를 이용하고 있다. 오류 검증에 관한 언급은 남겨두더라도 이들 말뭉치들이 전산학, 또는 정보 처리학에 유용한 인코딩(encoding)으로 처리되어 있어 사전 편찬이나 언어학, 음성학 등의 통계 수치나 검색 정보 추출 등 양적 자료 분석에 주로 사용되고 있다.

그런데 옛 문헌 자료, 또는 국어사 연구에서 이러한 통계 수치나 검색 정보 추출 등의 양적 자료 분석도 중요하지만 실질적으로 요구되는 정보는 이보다 훨씬 정밀하고 세밀한 질적 자료 분석이 필요한 것들이 훨씬 더 많이 요구된다. 가령, 말뭉치 속에서 특정 어휘와 원문의 한자 대응, 혹은 구문과 한자 원문의 병행 배열, 방점 처리 정보, 탈각 및 오각 정보, 시간적 변화를 동반한 정보, 어휘 변화를 동반한 정보 등등이 그것이다. 그러나 이미 상당한 시간과 재원을 들여 구축한 원시 말뭉치를 다시 주석 말뭉치로 구축하는 일은 결코 쉽거나 만만한 일이 아니다. 주석 말뭉치로 구축하기 위해서는 말뭉치를 구축하는 자가 주석을 완벽하게 할 수 있는 자, 즉 상당한 수준의 연구력을 지닌 자라야 한다는 점이 전제될 때 가능한 일이다. 그러므로 옛 문헌 자료, 또는 국어사 연구를 위해서는 원시 말뭉치를 구축할 당시부터 원문 입력의 오류를 최소화함과 동시에 질적 연구가 가능하도록 말뭉치를 구축하는 것이 마땅하다.

필자는 이와 같은 질적 자료 분석을 위한 정보 처리 방법을 끊임없이 고민해 왔으며 그 결과 2001년부터 현재까지 약 20여 편의 논저들을 통해 그 방안을 지속적으로 모색해 왔다. 이에 그 정보 처리 기법들을 이 책을 통해 여러 연구자들에게 소개하고자 한 것이다.

　이 책은 크게 '한국어 자료의 전산 처리', '말뭉치 구축과 활용', '영상 처리를 활용한 정보 처리'라는 3가지 정보 처리법으로 나누어져 있다. 이러한 정보 처리 기법을 토대로 기술된 책은 1장에서 정보와 정보 처리와 정보 처리 프로그램을 중심으로 한국어 정보학의 기초에 대해 설명하였다. 2장에서는 형태소 분석 말뭉치의 구조와 한국어 자료와 말뭉치 가공을 중심으로 전산 형태론과 말뭉치에 대해 논의하였다. 3장에서는 중세한국어 연구를 위한 전산 처리 방법과 음운현상 교육을 위한 전산 처리 방법, 그리고 사회방언 연구를 위한 전산 처리 방법 등 여러 가지 한국어 자료의 전산 처리 방안을 소개하고자 노력하였다. 4장에서는 원문과 어휘 빈도 산출 말뭉치 구축 방법과 한국어의 통시적 말뭉치 구축과 활용, 그리고 연구자 중심의 말뭉치 구축과 활용법 등 연구자가 원하는 방향으로의 말뭉치를 구축하고 이를 활용하는 방법을 체계적으로 제시하였다. 5장에서는 한컴오피스 흔글을 활용한 정보 처리 기법과 Window 그림판을 활용한 정보 처리 기법, Adobe Photoshop을 활용한 정보 처리 기법, 영상 처리 장비를 활용한 정보 처리 기법 등 영상처리를 활용한 정보 처리법에 대해 소개하였다. 특히 5장의 내용들은 필자가 처음으로 공개하는 정보 처리법으로 최근 학계에서 해결하지 못했던 각필 문자 및 부호들을 밝히는 데 사용했던 정보 처리법이기도 하다. 마지막으로 이들 전산 처리 기법과 정보 처리 기법을 활용하여 학계에 발표했던 논문 세 편을 부록으로 함께 실어 정보 처리 기법의 실전을 옛 문헌 자료 연구자들에게 소개하고자 하였다.

　이 책이 나오기까지 많은 분들의 도움을 받았다. 학문에 입문하고부터 지금까지, 수많은 자료 제공과 조언을 아끼지 않으시는 남권희 선생님과 학문적으로 무척 부족했던 시기에 제자로 거두워 길러 주셨던 학부 선생님들께 감사의 말씀을 드린다. 그리고 힘들고 어려웠던 말뭉치 구축 과정들을 함께 견뎌 왔던 후배 교수 김남경 선생과 영상 장비 활용 정보 처리의 기법을 제공해 준 한국생산기술원의 선임연구원 김형태 선생님께도 감사 드린다. 특히 이 책은 대구가톨릭대학교와 경인문화사의 지원이 없었다면 나올 수 없었다. 대구가톨릭대학교 2012년 교내연구비의 지원을 받았으며, 전문서적이 아님에도 불구하고 기꺼운 마음으로 출판을 할 수 있도록 추천과 지원을 아끼지 않은 경인문화사 김환기 총괄이사님과 한정희 사장님께 사의를 표한다. 또한 책이 제 모습을 찾을 수 있도록 많은 배려를 해 주신 편집부팀에게도 감사드린다. 끝으로 언제나 함께 있어 마음의 곁이 되어 준 누군가에게 진심으로 감사의 뜻을 전한다.

2017년 6월
윤설방에서 저자 씀

차 례

머리말

Ⅰ. 한국어 정보학의 기초

정보와 정보 처리

오늘날 지식의 증가와 과학기술의 발달에 따라 인간의 언어에서 축적되는 정보의 양이 무한정으로 증가함에 따라 과학기술을 언어학에 접목시킴으로써 언어가 지니고 있는 다양한 정보를 제공하고 아울러 이러한 정보들의 효율적인 저장과 활용을 다루는 정보과학(Information Science) 분야의 연구 활동이 증가하고 있는 실정이다. 특히 1980년대 들어서면서 "인공지능이라는 개념의 도입과 함께 위노그라드(Winograd, 1972)가 보여 준 언어 행위 시뮬레이션은 다시 한번 컴퓨터에 의한 인간 언어 이해의 가능성을 보여 주었다. 이와 함께 기계 번역·정보 검색·자동 요약 등의 여러 영역에서 응용 가능성이 확인되면서 자연 언어 처리 시스템의 개발에 박차를 가하게 되었고, 이와 함께 컴퓨터를 이용한 혹은 컴퓨터를 이용하기 위한 언어 연구, 즉 전산언어학 역시 활성화되었다"(서상규·한영균 1999:13~14).

이에 발맞춰 국어학계에서도 1998년부터 국어 정보화의 저변 확대와 국제화를 위해 10년에 걸쳐 3단계의 국어정보화 추진 중장기 사업을 추진하여 '언어 규범 검색 시스템'과 '한국 방언 검색 시스템', '한국어 어휘 역사 검색 시스템', '한민족 언어 정보화 통합 프로그램' 등이 개발되었다.[1]

---

1) 본 연구자도 1999년 6월부터 2000년 11월까지 '21세기 세종 계획-국어정보화 추

일찍이 우리나라에 들어와 한국어 정보 처리 프로그램을 만드는 데 기초가 된 프로그램은 미국의 Michael Barlow 교수가 만든 'Monoconc 용례 검색 시스템'이고, 현재 우리나라에서 개발하여 사용하고 있는 한국어 정보 처리 프로그램은 'SynKDP(Synthesized Korean Data Processor)'와 '한국어 말뭉치 처리 프로그램', 'Uniconc 프로그램' 등이 대표적인 프로그램이라 할 수 있다. 이들 프로그램들이 가지고 있는 학문적·교육적·실용적인 면에서의 유용성은 직접 자료를 처리해 본 사람들이라면 누구나 잘 알 것이다. 특히 'Monoconc 용례 검색 시스템'의 경우는 설치 모뎀이 필요 없을 뿐만 아니라 시스템이 단순하여 검색하기 쉽고 여러 창을 활용하여 동시 검색이 가능하다. 또한 음절, 어절, 연어의 정보까지 빠르고 정확하게 총망라적 검색이 가능하기 때문에 객관성과 신뢰도가 매우 높은 프로그램이라 할 수 있다. 그러므로 색인이나 연어, 문맥 추출 등의 검색 도구, 혹은 음절, 어절, 자소 빈도 검색 도구 등과 같은 검색 도구로 사용한다든지, 언어학, 사전편찬학, 자연어처리 분야 등에서도 학문적으로 유용하게 사용할 수 있는 시스템이라 할 수 있다.

그런데 이와 같은 시스템을 활용하기 위해서는 시스템 가동에 사용되는 말뭉치(corpus)[2]들의 질적·양적 문제가 우선 시 되어야 한다.

한국어 정보 처리를 위해 구축된 말뭉치들은 대개가 국어학을 전공하는 전문가들의 수정과 충분한 검토를 바탕으로 하지 않은 채 구축되

진 중장기 사업'의 하나인 '한민족 언어 정보화'팀에 소속되어 국어 '표준어검색시스템'과 '외래어표기법검색시스템' 구축을 위한 전산화 처리작업에 참여한 바 있다.

2) 문헌 및 녹취, 녹화 자료 등 여러 가지 다양한 언어자료들을 컴퓨터에 입력, 전산 처리하여 이를 가공하고 분석할 수 있도록 저장된 자료를 일컬어 '말뭉치(corpus)'라 하는데, 특히 이들 말뭉치 가운데 전혀 가공되지 않은 말뭉치를 '원시 말뭉치(raw corpus)'라 한다.

어 중세한국어, 혹은 국어사 연구자들이 원하는 실제적 정보를 제공하기까지는 많은 수정과 검증 작업이 필요하다. 그러나 이들 말뭉치에 대한 검증이 완료되기도 전에 컴퓨터를 활용한 자연 언어 처리 방법에 의해 기계 가독형 데이트(MRD)로 구축되어, 주로 현대 한국어의 어휘 색인에 만족하거나 확률 및 통계 정보를 추출하는 데 이용하고 있는 실정이다.3) 또한 이들 말뭉치를 활용하고 있는 한국어 정보 처리를 위한 지금의 연구들은 입력 문서에 대해 두 가지 가정의 존재 하에 행해지고 있다. 이 두 가지 가정은 "문서 내의 모든 어휘는 기계 가독형 어휘 사전에 등록되어 있다는 가정과 문서 내의 각 어절에는 띄어쓰기 오류나 철자 오류가 존재하지 않는다는 가정이다. 이러한 가정은 한국어 정보 처리 연구가 체계적이고 언어 이론에 집중할 수 있는 바탕을 제공한다. 그러나 실제의 문서들에는 다양한 유형의 미등록어들이 자주 나타나고 띄어쓰기 오류나 철자 오류가 있는 어절들이 많이 존재한다."4)

국어학의 전반적인 측면에서 볼 때 이러한 통계 수치나 검색 정보는 매우 중요한 자료임에는 틀림없다. 그러나 중세한국어, 또는 국어사, 음성학, 음운론, 방언학 등의 연구에서 실질적으로 요구되는 정보는 이보다 훨씬 더 정밀하고 세밀한 것들인데(가령 예를 들면, 말뭉치 속에서 특정 어휘와 원문의 한자와의 대응, 혹은 구문과 한자 원문의 병행 배열, 방점 처리 정보, 이본별 구문 병행 정보, 탈각·오각의 정보, 변이음 정보, 경음·구개음·전설음 등의 정보, 연령별·성별·지역별 방언 차이의 병행·대조 정보 등) 이들에 대한 주요 정보 추출은 여전히 문제점으로 남아 있다.5)

---

3) 남경란(2005) 참조.
4) 박봉래·임해창(1998:2591).
5) 남경란(2005) 참조.

한국어 정보 처리

　현재 국어학계에서는 '21세기 세종 계획-국어정보화 추진 중장기 사업'의 일환으로 구축했던 말뭉치와 국립국어연구원에서 구축한 말뭉치, 그리고 한국과학기술원, 고려대학교, 연세대학교 등에서 구축한 방대한 양의 말뭉치를 이용하고 있다. 오류 검증에 관한 언급은 남겨두더라도 이들 말뭉치들이 전산학, 또는 정보 처리학에 유용한 인코딩(encoding)으로 처리되어 있어[6] 사전 편찬이나 언어학, 음성학 등의 통계 수치나 검색 정보 추출 등 양적 자료 분석에 주로 사용되고 있다.

　15세기 문헌 자료, 또는 국어사 연구에서 이러한 통계 수치나 검색 정보 추출 등의 양적 자료 분석도 중요하지만 실질적으로 요구되는 정보는 이보다 훨씬 정밀하고 세밀한 질적 자료 분석이 필요한 것들이 훨씬 더 많이 요구된다. 가령, 말뭉치 속에서 특정 어휘와 원문의 한자 대응, 혹은 구문과 한자 원문의 병행 배열, 방점 처리 정보, 탈각 및 오각 정보, 시간적 변화를 동반한 정보, 어휘 변화를 동반한 정보 등등이 그것이다. 이와 같은 질적 자료 분석을 위한 정보 처리 방법은 이미 남경란(2000), (2001), (2002), (2003) 등을 통해 구체화 된 바 있으며, 최근 이

---

6) 현재에 구축된 말뭉치 자료들은 대개가 원시말뭉치들로 자료에 대한 기본 정보는 헤더(haeder)와 본문(text)으로 구성되어 있는데 널리 알려져 있는 양식은 국립국어연구원과 21세기 세종계획 정보화팀, 그리고 고려대학교 민족문화연구소에서 구축한 말뭉치의 양식이다.

와 유사한 논의가 대두되고 있다.

최근 이태영(2008:319)은 "국어 정보화가 성공하려면 현재 원시 말뭉치를 주석 말뭉치로 다시 구축해야만 한다. 현재 주석 말뭉치는 실험적인 분량만 구축되었다. 이와 함께 번역문인 경우에는 한문 원문 말뭉치, 이중 언어 말뭉치와 같은 병렬 말뭉치가 함께 구축되어야만 입체적인 연구를 할 수 있다"라 하여 질적 자료 구축의 중요성을 언급한 바 있다.

그러나 이미 상당한 시간과 재원을 들여 구축한 원시 말뭉치를 다시 주석 말뭉치로 구축하는 일은 결코 쉽거나 만만한 일이 아니다. 주석 말뭉치로 구축하기 위해서는 말뭉치를 구축하는 자가 주석을 완벽하게 할 수 있는 자, 즉 상당한 수준의 연구력을 지닌 자료라야 한다는 점이 전제될 때 가능한 일이다.

그러므로 위와 같은 주요 정보를 추출하기 위해서는 원시 말뭉치를 구축할 당시부터 원문 입력의 오류를 최소화함과 동시에 질적 연구가 가능하도록 말뭉치를 구축하는 것이 마땅하다. 오류가 없는 말뭉치가 가장 좋은 말뭉치임은 틀림없으나 말뭉치 구축 작업이 매우 지난하고도 시간 투자가 많이 소모되기 때문에 오류 없이 완벽하게 구축하기는 어렵다.

그렇기 때문에 원시말뭉치를 전산으로 처리할 때는 반드시 문헌(혹은 녹취·녹화 등)의 원본과 여러 차례 대조·수정·검토를 선행해야 한다. 이는 원시말뭉치가 일단 구축되어 가공되면 파급 효과가 빠르고도 신속하므로 다양한 빈도 측정과 통계 작업에 바로 사용되기 때문에 전산 입력의 오류 및 (구문, 어절, 형태소)오분석에 대한 검증이 없는 상태에서 구축·활용된다면 그 말뭉치를 이용하여 처리한 모든 정보는 무효가 될 수도 있기 때문이다. 뿐만 아니라 이는 이미 익히 우리가 잘 알고 있는 문법 정보에서의 중의성 문제, 형태음소적 교체의 맞춤법 문제와도 결부되어 연쇄적 문제를 돌출 시킬 수 있다. 특히 국어학에서 특정 품사의 분포나 변화 양상, 방점 정보, 한자와 한자음 대응 정보 등을 산출해 내고자 할 때는 더더욱 그러하다. 그러므로 원시말뭉치를 가공하고자 할 때는 반드시 원본과의 수정·검토 작업을 해야 한다. 뿐만 아니라 구축된 말뭉치를 활용하여 연구자가 원하는 영역, 혹은 주제로 질적 연구에 활용하기 위해서는 반드시 연구자가 원시 말뭉치를 문헌의 원전과 비교·대조 작업을 거쳐 오류 부분을 바로잡는 작업을 선행해야 한다.[7]

이를 위해서는 무엇보다도 원문의 정보를 명확하게 처리하는 것이 대단히 중요하다. 특정 어휘, 또는 구문이 어느 문헌, 몇 장(張), 어느 면(앞·뒤 面), 몇 행(行)에 해당하는가를 알아야 연구자가 그 자료의 원문을 빠르고 정확하게 찾아 확인할 수 있기 때문이다.

이러한 일련의 작업들은 비단 15세기 문헌 자료에 한정되는 것은 아니다. 국어의 통시적 연구를 위한 말뭉치를 구축한다거나, 특정 연구 중심(가령, 음운 현상 연구, 문법 현상 연구, 사회 방언의 어휘 연구 등)의 말뭉치를 구축할 때도 마찬가지이다.

이러한 측면에서 볼 때 국어의 어휘 변화의 통시적인 고찰을 위해서는 원문의 입력과 색인 그리고 검색뿐만 아니라 시간적인 위치도 추가로 명확하게 제공될 필요가 있다. 국어 자료에 있어서의 시간적인 위치란 '서명(書名)'과 '간행 연대'라 정의할 수 있다. 이를 전산언어학적인 차원에서 본다면 '서명'은 공간의 의미로, '간행 연대'는 곧 시간의 의미로 대응시킬 수 있을 것이다. 따라서 시간적 위치 속에는 '서명'과

---

7) 남경란(2003 ㄷ:3)

'간행 연대', 즉 시간과 공간이 함께 존재해야 한다. 그러나 현재 구축된 데이터베이스들은 대개가 원문의 시간적인 정보를 말뭉치의 헤더 (header)에만 제공하였을 뿐 본문(text)의 기본적인 측정단위에는 시간 정보가 전혀 제공되지 않고 있다.

만일 중등학교 교재를 대상으로 교재 텍스트에 실린 특정 음운의 변화나 음운 현상에 대해 연구하고자 할 때 요구되는 정보는 '교과의 상하 권수', '원전 명칭', '게재 쪽수', '음운현상' 등의 정보이므로 이에 대한 정보 처리가 제공되어야 할 것이다.

또한 특성 사회의 방언을 연구함에 있어서도 어떻게 말뭉치를 구축할 것인지가 주요 관건이 될 수 있다. 방언은 한 언어의 분화체로서 그 자체가 독립된 언어체계를 가지며, 방언간의 체계적인 차이를 논하기 위해서는 음운의 측면이 중시되는 것은 당연하다. 그러나 화자(話者)들의 현실 생활을 좀더 적극적으로 반영하고 있다는 점을 고려할 때 어휘적 측면이 중요한 것은 사실이다. 그러므로 dBASE Ⅱ 시스템[8]과 IPA 기호를 이용한 음운 전사 방법[9] 등 음운자료 전산 처리 방법을 활용하지 않고서 누구나 손쉽게 접근할 수 있는 흔글 문서 작성을 활용하여 자료를 처리하는 정보 처리법이 필요하다.

---

8) 정인상(1985) 참조.
9) 소강춘(1994) 참조.

II. 전산 형태론과 말뭉치

형태소 분석 말뭉치의 구조

한국어의 전산학 처리를 위해서는 형태소, 단어, 어절, 구, 문장 등 한국어의 각 문법 단위(grammatical unit)의 목록을 획득하고, 각 문법 단위들의 분포와 기능을 체계적으로 정리하는 일이 뒷받침되어야 한다. 이러한 일은 다양한 언어 자료를 검토함으로써 가능한데, 이러한 목적으로 만들어진 언어 자료의 집합을 말뭉치라고 한다.

'21세기 세종계획'에서 구축한 형태소 분석 말뭉치는 다음과 같이 한 줄에 한 어절씩 세로쓰기 형식으로 배열되어 있는데, 각 어절은 어절 번호, 원어절, 형태소 분석 결과의 세 가지 정보를 포함한다.

정보 제시의 순서에 따라 살펴보면 대개 fileDesc(파일과 원전의 서지), titleStmt(저작 제목 및 저자 정보), title(제목), author(저자), sponsor(스폰스), respStmt(내용의 지적 책임 정보), resp(지적 책임의 성격), name(고유 명사), extent(크기), publicationStmt(발행과 배포 정보), distributor(배포 책임자), idno(파일 이름), availability(사용 및 배포의 제약과 저작권), sourceDesc(원 텍스트의 서지 정보), bibl(원전 서지 사항), pubPlace(출판지), publisher(출판사), data(출판일), encodingDesc(전자화와 관련된 방법 명시), ProjectDesc(전자 텍스트 구축 목적), samplingDecl(텍스트 선택 기준과 방법), editorialDecl(편집 원리와 실행 원칙), profile-Desc(텍스트 유형 정보), creation(텍스트 생산 정보), langUsage(텍스트의

언어), textClass(분류 정보), catRef(분류체계 범주), revisionDesc(입력과
수정 과정 정보), change(텍스트 수정 정보), date(날짜), name(수정자),
item(각 항목) 등으로 구성되어 있다.

<title> 몽산화상육도보설언해</title> <author> 미상</author> <name> 울산대
학교, 한영균</name> <extent> 3,840어절</extent> <idno> p6cd0005.hwp </idno>
<bibl> <author> 미상</author> <title> 몽산화상육도보설언해</title> <pubPlace>
전라도 순창</pubPlace> <publisher> 취암사</publisher> <date> 1567</date>
<creation> <date> 1998</date> </creation> <catRef scheme='SJ21' target=
'p6cd> 책, 불서언해</catRef> <change> <date> 1998/11 </date>
<몽육1a> 몽산화상육도보설
ᄒᆞ다가 사ᄅᆞ미 삼세일체불 알오져 홀딘댄 법계성에 일체 오직 ᄆᆞᅀᆞᄆᆞ로 짓ᄂᆞᆫ들 반
ᄃᆞ기 보리라
應응觀관法법界계性셩이라 호ᄆᆞᆫ 心심眞진如여門문이니 ᄆᆞᅀᆞ미 生싱滅멸 업슨 고
디라 一일切체唯유心심心심造조ㅣ라 호ᄆᆞᆫ 심生싱滅멸門문이니 ᄆᆞᅀᆞ미 染염淨졍緣연
늘 조차 四ᄉᆞ聖셩과 六륙凡범괘 ᄃᆞ욀시라 이 ᄠᅳ들 알면 三삼世셰佛불를 아라 부텨
ᄃᆞ외리라 이럴ᄉᆡ 이 말 ᄠᅳ들 알면 地디獄옥이 헐어 업<gap reason='판독불가'>
<몽육1b> 諸졔佛불子ᄌᆞᄂᆞᆫ ᄆᆞᅀᆞᄆᆞᆯ 아라냐 몰라냐 ᄆᆞᅀᆞᄆᆞᆫ 虛허호ᄃᆡ 靈령ᄒᆞ며 寂
   호ᄃᆡ 微미妙묘ᄒᆞ니
虛허ᄂᆞᆫ 心심之지本본體톄오 靈령은 心심之지本본用용이라 大대學혹애 닐오ᄃᆡ 唯
유虛허故고로 具구衆중理리오 唯유 靈령故고로 應응萬만事ᄉᆞㅣ라 ᄒᆞ며 ᄯᅩ 古고
人인이 닐오ᄃᆡ 虛허者쟈ᄂᆞᆫ 心심之지寂젹이오 靈령者쟈ᄂᆞᆫ 心심之지照죠ㅣ라 ᄒᆞ며
寂젹者쟈ᄂᆞᆫ 實실性셩이 不블變변動동義의니 靈령知디性셩이 改기變변티
<몽육2a> 아니혼 ᄠᅳ디라 妙묘者쟈ᄂᆞᆫ 法법華화經경에 닐오ᄃᆡ 言언辭ᄉᆞ로 不블可
가示시ᄒᆞ며 分분別별로 不블能능解ᄒᆡ일ᄉᆡ 以이妙묘로 稱칭也야ㅣ라 ᄒᆞ니 釋셕 曰
왈호ᄃᆡ 말로 뵈디 몯ᄒᆞ며 분別별로 아디 몯홀 고ᄃᆞᆯ 닐오ᄃᆡ 妙묘ㅣ라 ᄒᆞ니라 ᄆᆞᅀᆞ
미 이쇼ᄃᆡ 보디 몯홀ᄉᆡ 寂젹이오 업소ᄃᆡ 神신奇긔흔 거시 이실ᄉᆡ 妙묘ㅣ라 ᄒᆞ니라
ᄆᆞᅀᆞ미 두 가지 잇ᄂᆞ니 ᄒᆞ나흔 靈령知디心심이오

<자료 1> '21세기 세종계획'에서 구축한 형태소 분석 말뭉치

한국어 자료와 말뭉치 가공

한국어 자료는 크게 1)한글 자료, 2)고전문학 자료, 3)현대문학 자료, 4)판소리 자료, 5)방언 및 구술 자료로 나눌 수 있다. 이들 자료들의 문헌 및 녹취, 녹화 자료 등 여러 가지 다양한 언어자료들을 컴퓨터에 입력, 전산 처리하여 이를 가공하고 분석할 수 있도록 저장된 자료를 일컬어 '말뭉치(corpus)'라 하는데, 특히 이들 말뭉치 가운데 전혀 가공되지 않은 말뭉치를 '원시말뭉치(raw corpus)'라 한다. 그러나 단순히 여러 가지의 자료들을 모아 놓거나 배열해 놓았다고 해서 좋은 말뭉치가 되는 것은 아니다. 좋은 말뭉치란 각 연구자, 혹은 정보를 필요로 하는 이의 구미에 맞게 가공되어 있을 때 가장 좋은 말뭉치가 되는 것이다. 특히 국어학에서 필요로 하는 말뭉치는 언어의 변화 양상과 다양한 특성을 제공해 줄 수 있도록 전산 처리된 말뭉치일 것은 두 말할 나위 없다.

그렇다면 과연 좋은 말뭉치가 갖추어야 할 요건은 무엇인가. 서상규·한영균(1999:30~31)에서는 이러한 요건을 크게 세 가지로 언급하고 있다. 그것은 말뭉치를 만들기 위한 텍스트 수집이나 입력 등의 과정 정확성, 연구 대상 분야의 언어의 변이가 최대한 반영되도록 설계, 해당분야 언어의 다양한 특성이 총체적으로 포착될 수 있을 만큼의 충분한 양의 텍스트 확보이다.

이 세 가지 요건 가운데 무엇보다도 중요하고 시급한 요건은 바로 첫번째, 즉 텍스트 수집이나 입력 등의 정확성이다. 특히 국어사 자료를 연구하기 위해서는 더더욱 그러하다. 만약 자료에 대한 원전과의 대조 및 검토가 없이 영인본이나 복사본 등을 토대로 말뭉치를 구축하거나 전산 처리를 한 입력자가 전공에 대한 사전 지식이 충분히 없는 상태에서 말뭉치가 구축되었음에도 불구하고 전공자의 재검토가 없는 상태에서 그대로 가공 처리된다면 그에 따르는 문제점은 굳이 말로 표현할 필요가 없다.

더군다나 방점의 경우는 원본 자체의 잡티와 영인 과정, 혹은 복사 과정에서 발생할 수 있는 잡티, 복사물질의 부착 등으로 인해 방점이 아닌 것이 방점으로 처리되는 경우가 허다히 발생하므로 반드시 원전과의 대조가 필요하다.

현재 국어학계에서는 '21세기 세종 계획-국어정보화 추진 중장기 사업'의 일환으로 구축했던 말뭉치와 국립국어연구원에서 구축한 말뭉치, 그리고 한국과학기술원, 고려대학교, 연세대학교 등에서 구축한 말뭉치를 이용하는 것이 일반적이다. 그런데 이들 말뭉치들의 오류 검증 부분에 대한 언급은 남겨두더라도 말뭉치들이 전산학, 또는 정보 처리학에 유용한 인코딩(encoding)으로 처리되어 있어 사전 편찬이나 언어학, 음성학 등의 통계 정보 추출에 주로 사용되고 있는 실정이다.

앞서 언급한 바와 같이 중세한국어, 또는 국어사 연구에서 실질적으로 요구되는 정보는 이보다 훨씬 정밀하고 세밀한 것들인데(방점, 이본 병행, 한자와 한자음, 한자와 번역문, 탈각, 오각 등) 이들에 대한 주요 정보 추출은 여전히 문제점으로 남아 있다.

지난 몇 십년 간 필자는 중세한국어 문헌 자료 말뭉치 30여 종(이본 포함 150여 권)과 고려시대부터 조선시대까지의 구결 자료 40여 종(이본 포함 300권 이상)을 전산 처리하는 과정에서 수 차례의 시행착오를 거친 경험을 하였다.1) 그리하여 필자가 구축한 말뭉치는 기본적으로 원전과 거듭되는 대조 및 수정 작업을 통해 원시 말뭉치가 원전이 갖고 있는 정보와 거의 동일한 정보를 주고자 노력하였다. 이에 중세한국어 말뭉치에서 전통한자 및 한자음을 대응시켜 통계적 빈도를 산출해 내었으며2), 아울러 방점, 특정 어휘와 원문의 한자 대응, 혹은 한자 원문과 번역문의 병행 배열 및 이본 병행 배열까지 나타낼 수 있도록 말뭉치를 구축하였다. 또한 필자가 구축한 차자 표기 자료 말뭉치들은 30여 편 논문에 활용되었으며, 향후 한국어와 관련된 다양한 연구들에서 연구자들의 구미에 맞게 활용할 수 있도록 구축되어 있다.

1) 남경란(2014) 참조.
2) 남경란(2001ㄱ) 참조.

III. 한국어 자료의 전산 처리

중세한국어 연구를 위한 전산 처리

중세한국어 연구를 위해서는 무엇보다도 전산언어학에서 사용하는 기존의 인코딩을 배제하고 연구자의 구미에 맞게 정보 처리를 하는 것이 중요하다. 이는 중세한국어 연구, 또는 국어사 연구에서 문헌의 원문은 원전과 동일한 형태로 구축될수록 그 가치가 크나 전산언어학에서 사용하는 기존의 인코딩으로는 원전과 동일한 상태로 구축되지 않기 때문이다.

그러므로 중세한국어 연구를 위한 원시말뭉치 전산 처리 과정은 첫째, 원시말뭉치의 수정·검토 작업, 둘째, 원문 정보 제공을 위한 전산화 작업, 셋째, 빈도 측정을 위한 전산화 작업, 넷째, 어휘 정보 추출을 위한 전산화 작업, 다섯째, 최종 필요 자료 산출을 위한 전선 처리의 5단계로 나누어 처리하는 것이 좋다.[1]

이제 이들 전산처리 작업을 바탕으로 한자와 한자음 대응 정보까지 처리된 어휘 산출의 과정에 대하여 살펴보기로 한다.

중세한국어 연구, 또는 국어사 연구에서 문헌에 나타나는 한자와 한자음의 정보는 다양한 시각에서 연구자들에게 그 중요성을 인정받고

---

1) 이하의 중세한국어 연구를 위한 전산 처리는 남경란(2003ㄷ)의 내용을 활용하여 기술하였음을 밝혀 둔다.

있다. 따라서 한자와 한자음이 원전과 동일한 형태로 구축될수록 그 가치가 클 수밖에 없으므로 전산언어학에서 사용하는 기존의 인코딩을 배제한 본 연구자의 원시말뭉치 전산처리 과정은 먼저 원전 한자의 수정·검토 작업을 하고, 그 다음에 원문 정보 제공을 위한 1차 가공 전산화 작업과 빈도 측정을 위한 2차 가공 전산화 작업, 그리고 한자와 한자음 대비 전산화 작업을 마친 후, 최종 필요 자료 산출을 위한 마무리의 5단계로 나누어 처리할 수 있다.

1. 원전의 한자 검토 작업

앞서 언급한 바와 같이 원시말뭉치를 전산으로 처리할 때는 반드시 문헌(혹은 녹취·녹화 등)의 원본과 여러 차례 대조·수정·검토를 선행해야 한다. 연구자가 원하는 정보가 한자와 한자음이라면 더더욱 그러하다. 이는 원시말뭉치가 일단 구축되어 가공되면 파급 효과가 빠르고도 신속하므로 다양한 빈도 측정과 통계 작업에 바로 사용되기 때문에 전산 입력의 오류 및 한자의 원자(원래의 한자)에 대한 검증이 없는 상태에서 구축·활용된다면 그 말뭉치를 이용하여 처리한 모든 정보는 무효가 될 수도 있기 때문이다. 특히 국어학에서 한자음을 이용한 음운적 특성과 시기 추정 등을 언급하고자 할 때는 더더욱 그러하다. 그러므로 원전의 한자를 가공하고자 할 때는 반드시 원본과의 수정·검토 작업을 여러 번 거쳐야 한다.

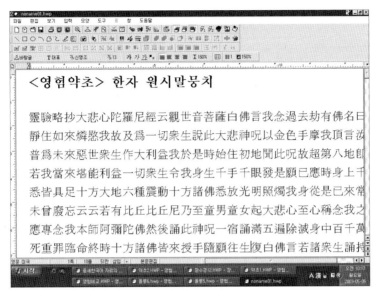

<그림 1> 중세한국어 언해 자료의 한자 원시말뭉치 예

2. 원문 정보 제공을 위한 1차 가공

　원문의 한자 원시말뭉치에 대한 수정·검토 작업이 끝난 뒤에는 먼저 연구자가 원하는 한자와 한자음 대응 자료를 추출해 내기 위해서 이 원시말뭉치(《그림 1》)를 원문 정보가 제공되도록 1차 가공 전산 처리를 해야한다. 이는 앞서 언급한 바와 같이 원문의 장과 면 및 행의 정보가 제공되도록 원시말뭉치를 다음의 〈그림 2〉와 같이 끊어서 처리하는 것을 말한다.

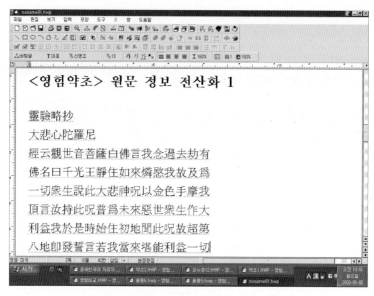

〈그림 2〉 원문 정보 제공을 위한 1차 가공 전산화 1

그 다음은 원시말뭉치를 끊어 처리한 〈그림 2〉의 말뭉치를 문헌의 장과 면 및 행의 정보를 나타내는 동시에 어절의 정보를 함께 보여주는 형태로 가공 처리를 한다.

이 작업이 끝나면 그 다음에 할 작업은 각 행별로 어절 단위의 정보(띄어쓰기)를 준다. 이는 연구자들이 필요로 하는 특정 한자를 한자음과 일대일로 대응시켜 추출해 내기 위해서 반드시 요구되는 작업이라 할 수 있다. 이때에도 각 장과 면 및 행의 정보는 한글의 기본 도구 상자에 있는 메크로를 이용하여 손쉽게 처리할 수 있다.[2]

이렇게 가공 처리한 것이 〈그림 3〉이다. 한자와 한자음 대응 전산 처

2) 메크로 처리와 관련된 자세한 내용은 남경란(2003 ㅁ)을 참고할 수 있다.

리할 때 한문 원문과 언해가 섞여 있는 자료에서가 아니라면 중세한국어 언해 자료에서 특정 어휘를 추출해 낼 때 필요한 행과 행 사이에 걸쳐 나타나는 어절들을 하나의 어절로 묶는 작업을 행할 필요가 없다. 중세한국어 문헌은 몇 몇 자료를 제외하고는 한자의 원문과 언해문이 구분되어 있는 것이 일반적이기 때문이다.

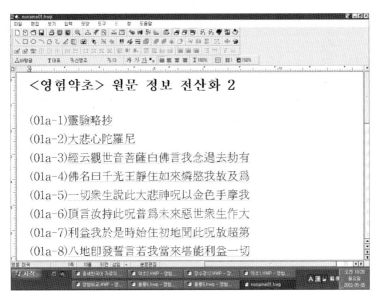

〈그림 3〉 원문 정보 제공 1차 가공 전산화 2

3. 한자 빈도 측정을 위한 2차 가공

위와 같이 원시말뭉치의 원문 정보 전산 처리가 끝나면 이를 이용하여 각 한자와 한자음의 빈도를 측정하기 위해 2차 가공 전산 처리를 해야 한다.

각 한자와 한자음의 빈도를 측정하기 위해서는 먼저 〈그림 4〉, 〈그림 5〉와 같이 한자 원문을 번역한 언해본의 원시말뭉치를 〈그림 2〉와 같이 처리하고 이를 다시 〈그림 3〉으로 처리하는 가공을 거쳐야 한다. 이때 한자 원문을 번역한 언해본이 둘 이상이고, 이 둘 이상의 언해본의 번역이 각각 다르다면 이들 모두를 병행 배열하는 방법을 선택하여 가공하는 것이 차후 국어사 연구뿐만 아니라 국어학 연구 자료로 활용하는데 매우 유용한 작업이라 아니할 수 없다. 따라서 이들 둘 이상의 언해본(가령, 하나는 초간본, 혹은 번각본이고 다른 하나는 중간본일 경우)의 원문 정보를 제시할 때는 반드시 어느 언해본인지를 알려주는 정보도 함께 제공하는 것이 가장 바람직한 방법이다.

(5) (靈번01a-03) 觀관世·셩音흠   (靈중01a-02) 관셰음

용례 (5)에서 '(靈번01a-03)'는 뒤에 오는 한자와 한자음 '觀관世·셩音흠'이 문헌 《오대진언;영험약초》의 번각본, 1장 앞면 3행에 있음을 나타내는 정보이고, '(靈중01a-02)'는 뒤에 오는 한자음 '관셰음'이 문헌 《오대진언;영험약초》의 중간본 1장 앞면 2행에 있음을 나타내는 정보인 것이다.

이들 이본들도 원문 정보가 있는 말뭉치를 다시 행별 어절 단위 정보, 즉 띄어쓰기를 찾아 그 각각의 어절에 장과 면 및 행의 정보를 나타내는 전산 작업을 해야한다.

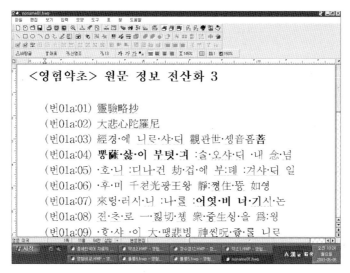

〈그림 4〉 한자 빈도 측정을 위한 이본 작업 1(번각본)

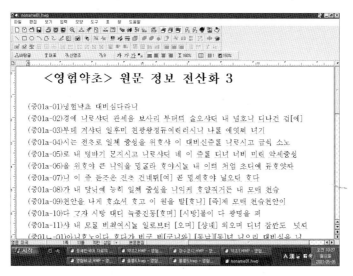

〈그림 5〉 한자 빈도 측정을 위한 이본 작업 2(중간본)

〈그림 4〉와 〈그림 5〉의 말뭉치들을 아래의 〈그림 6〉의 ①과 같이 각 어절에 장, 면, 행의 정보를 주는 작업을 한 뒤 이를 다시 〈그림 6〉의 ②와 같이 한자와 한자음이 대응되는 어절만 남기고 나머지 부분, 즉 한자는 없고 한글 번역문만 있는 어절은 모두 지워 한자와 한자음이 병행 배열된 빈도를 측정할 수 있는 기초 단계를 구축한다. 이는 한자와 한자음의 빈도뿐만 아니라 당시의 한자음 정보와 오각, 혹은 탈각된 한자음을 밝힐 수 있는 중요한 정보를 함께 제공해 줄 수 있기 때문에 반드시 요구되는 작업 중의 하나이다.

(6) 佛뿛(靈번02a-07)   佛뿙(靈번01b-12)

용례 (6)에서 살펴보면 《오대진언;영험약초》의 번각본 2장 앞면 7행에 나타나는 한자 '佛'의 대응 한자음은 '뿛'이고, 1장 뒷면 12행에 나타나는 한자음은 '뿙'로 각기 다르게 전산화되어 있음을 알 수 있다.

이 전산 처리된 말뭉치에서 우리는 그 원인을 2가지로 생각해 볼 수 있게 되는데 하나는 전산 처리자가 잘못 입력한 경우이거나 다른 하나는 처음부터 원전의 표기가 '뿛'과 '뿙'로 되어 있는 경우이다. 전산 처리자가 단순히 입력을 잘못하여 생긴 경우라면 문제가 없으나 원전의 표기가 처음부터 '뿛'과 '뿙'로 되어 있다면 연구자는 그 원인을 밝혀야 할 의무가 생기는 것이다. 우선 어느 표기가 맞는 표기인가와 다른 하나의 표기는 어떻게 해서 생겼는가를 밝히는 것이 옳을 것인데, 어느 표기가 바른 표기인가는 동일 문헌에서 표기되는 그 한자음의 빈도를 측정하여 밝힐 수 있다. 가령 한자 '佛'의 음이 '뿛'로 표기된 것이 56회이고 '뿙'로 표기 된 것이 1회 내지 2회라면 한자 '佛'의 표기는 당연히 '뿛'이 맞고 '뿙'이 틀린 것임을 쉽게 알 수 있을 것이다. 그렇다면 한

①

②

〈그림 6〉 한자 빈도 측정을 위한 전산화 2

자음 표기 '뿛'은 어떻게 생긴 것일까. 이는 원전의 목판이 여러 번, 혹은 여러 해가 지남에 따라 닳아서 마모가 생긴 경우와 목판을 팔 당시 각수(글자를 새기는 사람)의 잘못으로 생긴 경우를 생각해 볼 수 있는데 《오대진언;영험약초》 번각본 佛의 경우는 전자일 가능성이 크다.

이와 같이 한자와 한자음의 원문 정보를 입력하는 것은 국어학적인 측면뿐만 아니라 서지, 문헌정보학적인 측면에서도 매우 유용하다고 할 수 있다.

이와 같은 전산 처리 작업이 마무리되면 〈그림 6〉의 말뭉치를 각 한자와 한자음의 빈도를 측정하기 위한 전산 처리를 해야한다. 각 한자와 한자음의 빈도를 측정하기 위해서는 먼저 아래의 〈그림 7〉의 ①과 같이 원문 정보가 있는 말뭉치를 다시 각각의 한자에 장과 면 및 행의 정보를 나타내는 전산 작업을 하고 이를 다시 〈그림 7〉의 ②와 같이 끊어 빈도 측정을 위한 기초 말뭉치를 구축한다.

①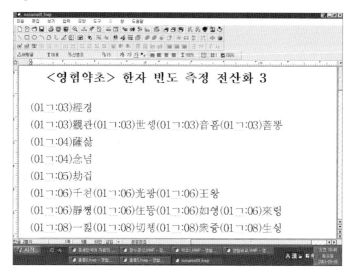

②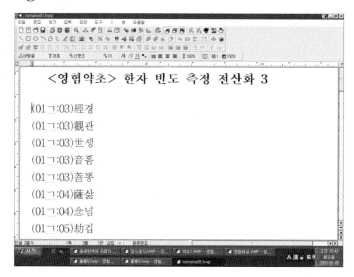

〈그림 7〉 한자 빈도 측정을 위한 전산화 3

(7) (01ㄱ:03)觀관(01ㄱ:03)世솅(01ㄱ:03)흠흠(01ㄱ:03)뿜뿡
 　　(01ㄱ:06)千천(01ㄱ:06)光광(01ㄱ:06)王왕

↓

(01ㄱ:03)觀관
(01ㄱ:03)世솅
(01ㄱ:03)흠흠
(01ㄱ:03)뿜뿡
(01ㄱ:06)千천
(01ㄱ:06)光광
(01ㄱ:06)王왕

〈그림 1〉과 같은 한문 원시말뭉치가 〈그림 2〉·〈그림 3〉·〈그림 4〉·〈그림 5〉·〈그림 6〉·〈그림 7〉과 같은 전산 처리 작업 과정을 거치면 아래의 〈그림 9〉와 같은 최종 어휘 빈도를 산출할 수 있는 자료로 만들어져 국어학 연구에 많은 정보를 제공할 수 있게 된다. 물론 〈그림 7〉의 단계에서 〈그림 9〉의 단계로 넘어 오기까지는 〈그림 8〉과 같이 장과 면 및 행의 정보를 한자음 뒤로 보내어 한자와 한자음 빈도를 측정할 수 있는 기초 단계 구축이 필요하다. 이는 앞서 언급하였듯이 최종 한자와 한자음 대응 자료를 산출할 때에는 원문의 정보보다 각 한자음의 정보가 중요하기 때문이다. 이러한 전산 처리는 앞서 언급한 한글 기본 도구 상자의 매크로를 이용하여 처리할 수 있다.

〈그림 8〉 한자 빈도 측정을 위한 전산화 4

(8) (13ㄴ:09)可캉說쉃   可캉(13ㄴ:09)   可캉(13ㄴ:09)

(08ㄴ:06)各각各각   說쉃(13ㄴ:09)   各각(08ㄴ:06)

(12ㄱ:05)艱간難난 → 各각(08ㄴ:06) → 各각(08ㄴ:06)

(15ㄱ:06)艱간難난   各각(08ㄴ:06)   艱간(12ㄱ:05)

(13ㄱ:11)甘감露롱   艱간(12ㄱ:05)   艱간(15ㄱ:06)

(04ㄴ:01)江강河헝   難난(12ㄱ:05)   甘감(13ㄱ:11)

艱간(15ㄱ:06)   江강(04ㄴ:01)

難난(15ㄱ:06)   難난(12ㄱ:05)

甘감(13ㄱ:11)   難난(15ㄱ:06)

露롱(13ㄱ:11)   露롱(13ㄱ:11)

江강(04ㄴ:01)   說쉃(13ㄴ:09)

河헝(04ㄴ:01)   河헝(04ㄴ:01)

〈그림 9〉 최종 한자와 한자음 대응 빈도 산출 자료

4. 한자 및 한자음 정보 산출을 위한 3차 가공

위에서 언급한 바와 같이 원시말뭉치의 원문 정보 전산 처리를 이용하여 각 한자의 빈도 측정을 위한 2차 가공 전산 처리가 끝이 나서 각 한자와 한자음의 빈도와 장, 면, 행의 정보가 제공되면 이를 다시 〈그림 10〉·〈그림 11〉과 같은 3차 가공 처리를 하여 연구자가 추출해 내고자 하는 특정 한자와 한자음을 찾아내는 전산 작업을 행할 수 있다.

〈그림 10〉 한자와 한자음 대응 빈도 활용 1

〈그림 11〉 한자와 한자음 대응 빈도 활용 2

(9)　　　迦강　　　강迦　　　각覺
　　　　　伽꺙　　　꺙伽　　　각各
　　　　　可캉　　　캉可　　　간艱
　　　　　覺각　　　각覺　　　감甘
　　　　　各각　　　각各　　　강迦
　　　　　艱간　　　간艱　　　강剛
　　　　　竭꼻　　　꼻竭　　　강江
　　　　　甘감　　　감甘　　　겁劫
　　　　　剛강　　　강剛　　　꺙伽
　　　　　江강　　　강江　　　꼻竭
　　　　　劫겁　　　겁劫　　　캉可

〈그림 11〉은 원시말뭉치에서 연구자가 원하는 특정 한자와 한자음을 대응 시켜 추출하고자 할 때, 원문 정보와 빈도 정보까지 포함된 말뭉치를 바탕으로 한자와 한글을 분리해서 처리해 주는 방식을 택하여 한글 기본 도구 상자에서 소트 처리 시스템을 적용하여 정순 소트 작업을 한 것이다. 이때 소트의 기준은 한국어 처리의 일반적 기준으로 하되 순서는 '가나다' 순으로 하고 비교 방향은 '앞'으로, 방법은 '발음' 순으로 하여 처리한다.

이와는 달리 특정 한자나 특정 한자음을 앞세워 그 한자에 해당하는 한자음이 어떤 것이며 몇 가지 음으로 표기되었는가를 추출해 내고자 할 때에는 〈그림 12〉의 ①과 같이 원문 정보와 빈도 정보까지 포함된 말뭉치를 바탕으로 한자와 한글을 분리해서 처리해 주는 방식을 택하여 한글 기본 도구 상자에서 소트 처리 시스템을 적용하여 정순 소트 작업을 하면 된다. 또 특정 한자음이 어떤 한자에 해당하며 그 빈도는 몇 가지인가를 추출해 내고자 할 때에는 아래의 〈그림 12〉의 ②와 같이

①

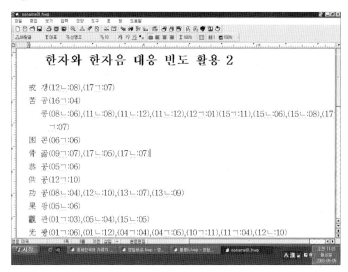

②

〈그림 12〉 한자와 한자음 대응 빈도 활용 3

원문 정보와 빈도 정보까지 포함된 말뭉치를 바탕으로 한자와 한글을
분리해서 처리해 주는 방식을 택하여 한글 기본 도구 상자에서 소트
처리 시스템을 적용하여 정순 소트 작업을 하면 된다. 정순 소트의
기준은 한국어 처리의 일반적 기준으로 하되 순서는 '가나다' 순으로
하고 비교 방향은 '앞'으로, 방법은 '발음' 순으로 하여 처리하여야
한다. 이때 주의할 점은 어절에 처리된 장, 면, 행의 정보를 앞서
언급된 〈그림 10〉·〈그림 11〉과 같이 당연히 한자, 혹은 한자음 뒤로
보내어 뒤쪽 정보를 순서대로 제공할 수 있음을 명심해야 한다.

(10)	戒 - 갱	각 - 覺, 各	
	苦 - 공, 콩	간 - 艱	
	困 - 콘	감 - 甘	
	骨 - 곪	강 - 迦	
	恭 - 공	강 - 剛, 江	
	供 - 공	겁 - 劫	
	功 - 공	꺙 - 伽	
	果 - 광	껋 - 竭	
	觀 - 관	캉 - 可	

5. 최종 한자 및 한자음 대응 자료 산출

위의 1., 2., 3., 4.와 같이 원시말뭉치의 원문 정보 전산 처리를 이용
하여 각 한자와 한자음의 빈도 측정을 위한 2차 가공과 연구자가 추출
해 내고자 하는 특정 한자를 위한 3차 가공 처리가 끝나면 〈그림 13〉과

〈그림 13〉 전산 처리를 이용한 최종 산출 한자

같이 최종 한자를 산출할 수 있다. 이때의 최종 한자 및 한자음들은 당연히 각 한자, 혹은 한자음의 빈도와 장, 면, 행의 정보가 제공될 때 그 가치가 인정될 것이다.

이렇게 산출된 한자들은 대개 국어학적으로 표기나 한자꼴, 한자음 등의 쓰임이 특이하거나 연구 거리가 많은 말뭉치로 구성되어 중세한국어 언해 자료의 특성을 밝히는 데 중요한 정보를 제공함과 동시에 한국 전통 한자음의 특성을 밝히는 기초 자료를 제공하기에 충분할 것이다.

이렇게 산출된 자료들은 대개 국어학적으로 표기나 음운, 어휘 등과 쓰임이 특이하거나 연구 거리가 많은 말뭉치로 구성되어 중세한국어 언해 자료의 특성을 밝히는 데 중요한 정보를 제공할 것이다. 동시에 한국 전통 한자음의 특성을 밝히는 기초 자료를 제공하기에도 충분할 것으로 믿는다. 이러한 전산 처리 과정을 거친다면 중세한국어 자료 정리의 완성도는 물론이거니와 기계 가독형으로 처리되고 있는 전산언어학에서 사용되고 있는 말뭉치들의 문제점을 보완하기에 충분하다. 나아가 범국가적 차원에서 진행되고 있는 한민족 언어 정보화 정책에도 유용한 정보를 제공할 것으로 본다.

음운현상 교육을 위한 전산 처리

고등학교 국어 교과서 상하에 실려 있는 고전 텍스트를 중심으로 중세국어 음운현상을 효율적으로 교육할 수 있도록 전산 처리 하는 방안을 마련할 필요가 있다.

2017년도부터 적용되는 2015 개정 교육과정에서 '중세국어'의 교육은 국어 교육의 내용 가운데 '국어지식' 영역에 포함되나, 대개는 고전문학의 교육과 깊은 연관성이 있다. 현 2015 개정 교육과정에서 한문 작품을 제외한 대다수의 고전문학 교육 자료들이 중세국어 자료이거나 그와 연관된 자료들이라는 사실에서도 이러한 사실은 쉽게 파악된다. 2015 개정 교육과정 가운데 중학교 국어 교과서에 나타난 고전 자료들의 표기방식은 거의 100% 현대어로 바꾸어 수록하고 있는 반면, 고등학교 국어 교과서에서는 핵심 자료일수록 원문 표기와 현대어 풀이를 병행하거나 훈민정음, 관동별곡 등과 같이 고어만 수록하고 있는 경우도 있다. 이와 같이 현재 사용하지도 않을 뿐만 아니라 읽기조차 어려운 중세국어 자료와 그 문법에 대한 교육은 현재의 교육 상황과 너무 동떨어진 논의처럼 보인다. 이러다 보니 "국어 교육 내에서 국어지식 교육은 언어 기능 신장에 별다른 도움이 되지 않으면서 암기할 내용은 많고 어렵기까지 한 영역이라는 인식이 학생들뿐만 아니라 교사들에게도 확산되고 있는 것"[3]이다.

이러한 인식의 바탕에는 기존의 '중세국어 문법' 관련 논의들[4]이 중세국어와 관련된 국어교육의 문제를 논의나 중세국어 문법 내용에서의 설명적 타당성 및 설명의 용이성과 관련된 논의는 배제되어 있었기 때문이다. 이와 관련하여 박형우(2005)에서는 중세국어 문법 교육이 부실한 원인을 첫째, 대학 입시 제도의 변화에 따른 교과 영역 축소 혹은 폐지의 영향, 둘째, 지금까지 '국어지식' 영역의 연구가 국어교육 전문가가 보다는 국어학 연구자들에 의해 진행되어 '어떻게 가르치고 평가할 것인가'가 아닌 '무엇이 중요하고, 그에 대한 설명은 타당한 것인가'에 중점을 두었기 때문이라고 지적한 바 있다.

중세국어 문법 교육의 부실 원인의 근본적인 문제는 중세국어 내용을 설명적 타당성과 용이성을 가지고, 그러면서도 흥미를 끌 만한 교수·학습 방법의 부재와 평가 도구 개발에 대한 연구가 부족했기 때문이다. 때문에 다수의 학생들이 중세국어 자료인 고전을 어렵다고 여겨 중도에 포기하거나 단편적으로 암기함에 따라 갈수록 우리나라 고전에 대한 기본지식이 부족해지고, 이는 곧 교과 영역 축소 혹은 폐지의 악순환으로 이어져 온 것이라 판단된다.

그러므로 여기서는 고등학교 국어 교과서 상하에 실려 있는 고전 텍

---

3) 박형우(2005:13).

4) 중세국어 교육과 관련한 대표적인 논의로는 김광해(1997), 김영욱(1998), 이도영 (1999), 민현식(2002), 박형우(2004), 이관규(2004), 박형우(2005), 김경훤(2006) 등을 들 수 있다. 박형우(2005)에서는 중세국어 문법 교육의 의의를 현재의 상황에서 확실하게 보장하는 논리는 국어 교육에서 국어문화와 관련된 부분이라 지적하면서 현재의 상황에서는 국어교육 내에서 중세국어 문법 교육의 의의나 필요성에 대해서 논의하기가 어렵다고 보았다. 또 김경훤(2006)에서는 고등학교 교육과정을 중심으로 국어 과목 속에서 국어사 관련 단원이 현저히 부족하다는 점과 국어사 관련 교육이 제대로 이루어지기 위해서는 일반계와 실업계, 그리고 기타계 고등학교 학생들의 수준에 맞춰 국어 교과서의 구성 체계를 달리 해서 교육해야 함을 지적하고 있다.

스트에서 중세국어 음운현상의 대표적 형태인 구개음화, 두음법칙, 원순모음화 등을 추출하여, 이를 바탕으로 보다 실질적이고 효율적인 중세국어 음운현상의 교육 방안을 모색하고자 한다.5)

1. 음운현상 교육자료 추출 방안

1) 말뭉치 구축

현재 2015 개정 교육과정에 포함되어 있는 고전 텍스트를 아래의 〈그림 14〉와 같이 전문을 전산화하여 말뭉치로 만든다.

이때 중세국어 음운현상 교육에서 필요로 하는 말뭉치는 음운의 변화 양상과 서지 정보 등을 제공해 줄 수 있도록 전산 처리된 말뭉치라야 하며, 반드시 교과서에 실려 있는 원문과 여러 차례 대조·수정·검토를 선행해야 한다. 왜냐하면 말뭉치가 일단 구축되어 가공되면 파급 효과가 빠르고도 신속하게, 다양한 가공과 통계 작업에 바로 사용되기 때문에 전산 입력의 오류 및 (구문, 어절, 형태소 등의)오분석에 대한 검증이 없는 상태에서 구축·활용된다면 그 말뭉치를 이용하여 추출한 자료는 무효가 될 수도 있기 때문이다.

---

5) 이하의 음운현상 교육를 위한 전산 처리는 남경란(2009)의 내용을 활용하여 기술하였음을 밝혀 둔다.

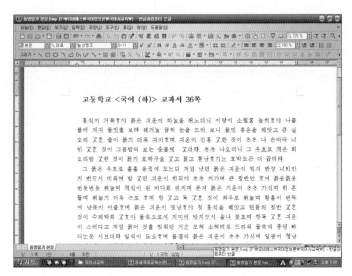

〈그림 14〉 고등학교 『국어 하』 동명일기 말뭉치

2) 정보 처리와 가공

고전 텍스트를 말뭉치로 구축한 다음에는 말뭉치에 이 연구에서 구축한 중세국어 관련 고전 텍스트의 말뭉치들은 중세국어 음운현상 교육 연구를 위해 구축되었기 때문에 기존의 말뭉치 양식6)과는 다른 '교과의 상하 권수', '원전 명칭', '게재 쪽수', '음운현상' 등의 정보가 제공되어야 한다.

---

6) 현재에 구축된 말뭉치 자료들은 대개가 원시말뭉치들로 자료에 대한 기본 정보는 헤더(haeder)와 본문(text)으로 구성되어 있는데 널리 알려져 있는 양식은 국립국어원에서 구축한 말뭉치의 양식이다. 국립국어연구원의 양식은 파일이름, 입력기, 입력자, 입력시작과 완료, 교정자, 교정시작과 완료, 서지, 입력범위, 장, 분량, 어절 수, 본문으로 구성되어 있다.

중세국어 음운현상, 또는 음운변화 교육 자료에서 실질적으로 요구되는 정보는 앞서 언급한 바와 같이 '교과의 상하 권수', '원전 명칭', '게재 쪽수', '음운현상' 등의 정보이므로 이들을 바탕으로 하여 교육자가 원하는 대로 말뭉치를 가공하는 단계는 '원문 정보 처리 단계'와 '음운현상 정보 처리 단계'의 크게 2단계로 나눌 수 있다.

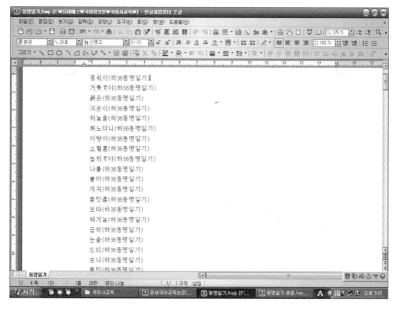

〈그림 15〉 말뭉치 1차 가공

이때 제공된 정보 가운데 '교과의 상하 권수', '원전 명칭', '게재 쪽수'를 제시한 가공을 〈그림 15〉에서와 같이 '말뭉치 1차 가공'이라 하고 '음운현상'까지 제공된 가공을 〈그림 16〉에서와 같이 '말뭉치 2차 가공'이라 한다.

중세국어 음운현상, 또는 음운변화 교육 자료에 있어서 원문의 정보는 대단히 중요하다. 특정 어휘가 문헌, 몇 쪽에 해당하는가를 알아야 교육자가 그 자료의 원문을 찾아 확인할 수 있기 때문이다. 이러한 정보를 제공할 때에는 〈그림 15〉에서 보는 바와 같이 어절별로 띄어쓰기를 하여 각 어절에 원문 정보를 제공할 수 있도록 전산 처리하여야 한다. 가령 '국어 교과서 하권'에 실린 '동명일기'라는 정보를 주고자 할 때는 먼저 '교과의 상하 권수'의 정보(하권→하)를 주고 그 다음에 쪽수의 정보(36쪽→36)와 '원전 명칭'의 정보(동명일기→동명일기, 혹은 약어[동명])를 처리한다.

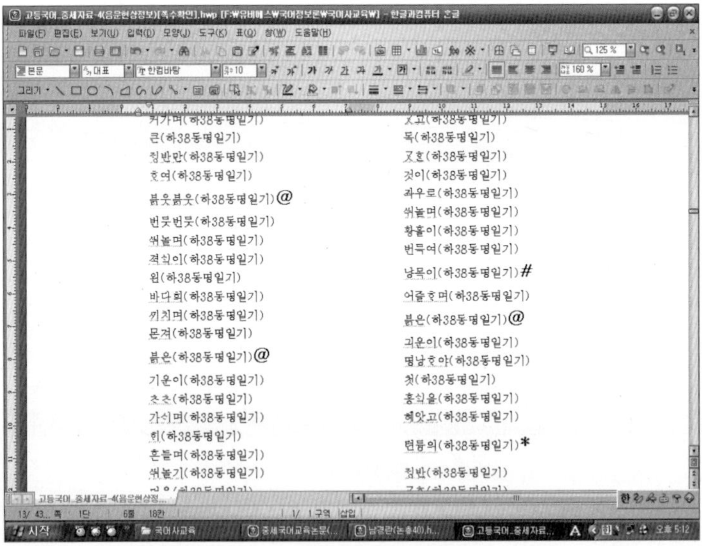

〈그림 16〉 말뭉치 2차 가공

어절별로 띄어쓰기를 하여 각 어절에 원문 정보를 제공한 '말뭉치 1차 가공'이 끝나면 중세국어 음운 교육에서 제일 중요한 '음운현상'에 대한 정보를 제공하는 〈그림 16〉의 '말뭉치 2차 가공'을 시행한다.

이때에는 임의적인 부호를 사용하여 '음운현상'의 정보를 처리할 수도 있다. 임의적인 부호를 사용하여 정보를 처리할 경우에는 반드시 정보의 일러두기를 작성해 두는 것이 좋다. 가령, 부호 '✱'은 '구개음화', 부호 '#'은 두음법칙, 부호 '@'는 '원순모음화'로 처리했음을 일러두기에 써 둔다.

3) 어절 단위 최종 어형 추출

'음운현상'에 대한 정보를 제공하는 '말뭉치 2차 가공'이 끝난 다음에는 아래의 〈그림 17〉과 같이 어절 단위의 최종 어형을 추출을 위한 가공을 해야 한다. 이때에는 〈그림 14〉, 〈그림 15〉, 〈그림 16〉과 같은 단계를 거쳐 구축된 말뭉치 전체에 〈그림 17〉과 같이 블록(F3)을 씌운 다음에 '흔글' 메뉴 가운데 '도구(K)' → '정렬(O)'를 선택해 어형들을 〈그림 32〉와 같이 코드순으로 역순 정렬을 시킨다.

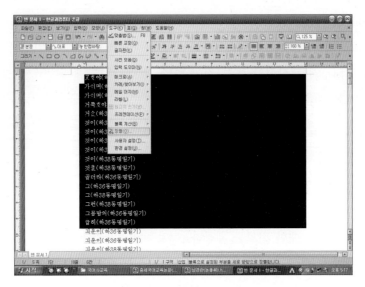

〈그림 17〉 어형 추출을 위한 가공

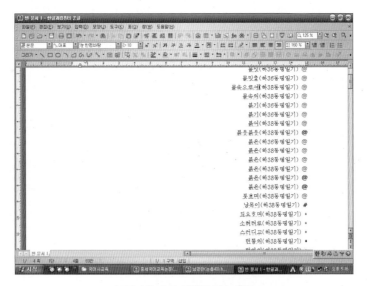

〈그림 18〉 추출 어형의 역순 색인

이와 같은 방법에 따라 고등학교 〈국어〉에 실린 고전 텍스트를 전산 처리하면 〈그림 13〉과 같은 말뭉치가 〈그림 15〉·〈그림 16〉·〈그림 17〉·〈그림 18〉과 같은 전산 처리 작업 과정을 거치면 아래의 〈그림 19〉과 같이 최종 어휘들이 '원문 정보'와 '음운현상 정보'가 함께 '가나다'순으로 처리되어 중세국어 음운현상 교육에 다양한 자료를 제공할 수 있게 된다.

이러한 전산 처리 방법으로 추출해 낼 수 있는 자료는 ①'구개음화' 가나다순 어절 자료, ②'두음법칙' 가나다순 어절 자료, ③'원순모음화' 가나다순 어절 자료 등을 들 수 있다. 이밖에도 교육자가 원하는 음운현상 관련 자료들을 얼마든지 추출해 낼 수 있다.

이렇게 추출된 자료들을 중세국어 음운현상 교육의 재료로 삼는다.

〈그림 19〉 어절 단위 최종 어형 추출

2. 기존의 음운변화 제시 방법

이제까지 중세국어 음운현상 교육 시에 음운 변화의 제시 방법은 '순시적인 관점'에서 음운의 변화 양상을 제시, 즉 기존의 중세국어 음운 현상 교육과 관련한 교수법에서의 음운 변화 양상 제시는

중세국어   ⟩   현대국어
(음운변화 전)   (음운변화)   (음운변화 후)

의 과정을 순시적으로 제시한 후, 그것을 이해하고 암기하도록 교육해 왔다.

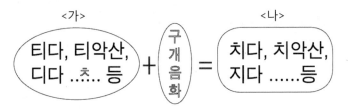

〈그림 20〉 순시적 음운변화 제시 방법

가령 위의 〈그림 20〉에서 보는 바와 같이 중세국어의 음운 현상인 '구개음화'의 이해와 인식 교육에서 '구개음화'를 겪기 전의 '중세국어 단어 묶음'에다가 '음운변화의 이름'를 더하면 음운변화를 겪은 후의 '현대국어 단어 묶음'이 된다는 식의 설명이 대부분이었다.

그러나 〈그림 20〉과 같은 기존의 음운변화 제시 방법은 생소한 단어를 먼저 보여주어, 학습자에게 [+거부감]을 느끼게 했거나, 음운변화 전의 '중세국어 단어 묶음'에 '구개음화'라는 음운변화를 '부가(+)'시킴

으로써 학습에 '+'라는 일종의 [+부담감]을 주어 학습자로 하여금 박형우(2005)의 지적과 같이 "별다른 도움이 되지 않으면서 암기할 내용은 많고 어렵기까지 한 영역이라는 인식"을 갖게 되었을 가능성이 크다.

3. 중세국어 음운의 새로운 교수법

위에서 언급한 바와 같은, 학습의 거부감 및 부담감을 해소하기 위한 방법으로 '순시적 관점'에서의 음운변화 제시 방법이 아닌 '역시적 관점'에서의 음운변화 제시 방법을 제안하고자 한다.

이 방법은 학습자에게 생소하고 낯선 중세국어 단어를 먼저 보여주는 것이 아니라 현실에 사용하고 있는 익숙한 현대국어 단어를 제시하고 이를 바탕으로 단어에 생성된 음운변화를 제거함으로써 중세국어의 어형으로 접근하도록 하는 것이다.

현대국어 (음운변화 후)	〈 (음운변화)	중세국어 (음운변화 전)

위의 '순시적인 관점'에서의 음운 변화 제시 방법에서 〈가〉와 〈나〉를 이항시킨 '역시적인 관점'에서의 음운 변화 제시 방법을 교육함으로써 학습자들이 가졌던 [+거부감]과 [+부담감]을 [+친숙성(-거부감)]과 [-부담감]으로 바꿀 수 있을 것이다.

앞서 '2.1.'의 단계를 거쳐 추출한, 중세국어 음운현상인 구개음화, 두음법칙, 원순모음화의 어형들 바탕으로 중세국어 음운의 새로운 교수 방법을 적용해 보기로 한다.

1) 구개음화 자료

고전 텍스트에서 추출해 낸 구개음화 자료는 아래의 예문에서와 같이 크게 'ㄷ류'와 'ㅌ류'로 나눌 수 있으며, 다시 이들은 각각 '한글류'와 '한자류'로 나누어 정리할 수 있다.

(1) 구개음화(ㄷ류)

㉠ 구는디고(하238관동별곡), 뎌(하231관동별곡)(하233관동별곡)(하236관동별곡), 뎌만(하235관동별곡), 됴요ᄒᆞ며(하38동명일기), 됴흔(하238관동별곡), (하40독립신문), 됴흘시고(하237관동별곡), 디고(하235관동별곡), 디나ᄃ록(하231관동별곡), 디련는다(하233관동별곡), 디여(하233관동별곡), 디위를(하233관동별곡), 디쟈(하239관동별곡), 디퍼(하228관동별곡), 스러디고(하38동명일기), 현뎌케(하32소학언해)

㉡ 가디(하239관동별곡), 솟디(하231관동별곡), 엇디(상233청산별곡), 온디마라(상237어부사시사), 펴디(하28훈민정음), ᄭᅵ돗던디(하230관동별곡), 쉬디(하231관동별곡)

㉢ 空공中듕(하239관동별곡), 汲급長댱孺유(하228관동별곡), 望망洋양亭뎡(하237관동별곡), 數수聲셩啼뎨鳥됴(하234관동별곡), 玉옥笛뎍聲셩(하230관동별곡), 長댱空공(하239관동별곡), 長댱松숑(하236관동별곡), 長댱天텬(하238관동별곡), 亭뎡子ᄌᆞ(하236관동별곡), 定뎡(하238관동별곡), 第뎨一일峰봉(하228관동별곡), 從듕容용(하236관동별곡), 晝듀夜야(하233관동별곡), 竹듁林님(하228관동별곡), 竹듁西셔樓루(하237관동별곡), 衆듕香향城셩(하231관동별곡), 中듕國귁(하28훈민정음), 直딕(하34소학언해), 千쳔丈댱(하238관동별곡), 淸쳥澗간亭뎡(하235관동별곡), 叢총石셕亭뎡(하234관동별곡), 黃황庭뎡經경一일字ᄌᆞ(하238관동별곡)

'구개음화(ㄷ류)' 예문 (ㄱ)은 '뎌, 됴요ㅎ다, 둏다, 디다, 디나다, 디리다, 디위, 딥다, 스러디다, 현뎌ㅎ다'로 정리할 수 있고, 예문 (ㄴ)은 '가디, 솟디, 엇디, 욷디, 퍼디, 씨돗던디, 쉬디'로, 예문 (ㄷ)은 '中듕, 長댱, 亭뎡, 啼뎨, 鳥됴, 笛뎍, 定뎡, 第뎨, 從둉, 晝듀, 竹듁, 衆듕, 直딕, 丈댱, 庭뎡'으로 정리할 수 있다.

(2) 구개음화(ㅌ류)
(ㄱ) 텬듕(하38동명일기), 텬하(하38동명일기), 티쓰니(하235관동별곡)
(ㄴ) 고텨(하228관동별곡)(하231관동별곡)(하231관동별곡)(하233관동별곡)(하236관동별곡)(하238관동별곡)(하239관동별곡), 뵈ᄀ티(하233관동별곡),소혀텨로(하38동명일기), 실ᄀ티(하233관동별곡), 조티마나(하231관동별곡), 플텨이셔(하233관동별곡), 썰티고(하228관동별곡)
(ㄷ) 躑텩躅튝(하236관동별곡), 天텬根근(하237관동별곡), 天텬中듕(하235관동별곡), 天텬地디(하232관동별곡)(하236관동별곡), 天텬下하(하232관동별곡), 雉티岳악(하228관동별곡)

'구개음화(ㅌ류)' 예문 (ㄱ)은 '텬듕, 텬하, 티쓰다'로 정리할 수 있고, 예문 (ㄴ)은 '고티다, ᄀ티, 플티다, 썰티다'로, 예문 (ㄷ)은 '躑텩, 躅튝, 天텬, 雉티'로 정리할 수 있다.

이들 예문 가운데 '구개음화(ㄷ류)' 예문 (ㄴ)의 어형들은 중세국어 문법에서 설명하는 보조적 연결어미 '-디'가 결합되어 있다는 공통점을 발견할 있으며, '구개음화(ㅌ류)' 예문 (ㄴ)의 어형들은 중세국어 문법에서 설명되는 강세접미사 '-티-'가 결합되어 있다는 공통점을 발견할 수 있다.

따라서 고등학교 교과서의 고전 텍스트에서 추출해 낸 중세국어 구개음화 음운변화를 교수할 때는 '뎌, 됴요ㅎ다, 둏다, 디다, 디나다, 디

리다, 디워, 딥다, 스러디다, 현뎌ᄒ다', '가디, 솟디, 엇디, 욷디, 펴디,
씨돗던디, 쉬디', '中듕, 長댱, 亭뎡, 嘀뎨, 鳥됴, 笛뎍, 定뎡, 第뎨, 從
동, 畫듀, 竹듁, 衆듕, 直딕, 丈댱, 庭뎡'이나 '텬듕, 텬하, 티ᄊ다', '고
티다, ᄀ티, 플티다, 썰티다', '蹢텩, 躅튝, 天텬, 雉티'와 같은 중세국어
어형보다는 '져, 조용하다, 좋다, 지다, 지나다, 지워, 짚다, 스러지다, 현
저하다', '가지, 솟지, 어찌, 웃지, 펴지, 깨우던지, 뛰지', '中즁, 長쟝, 亭
정, 嘀제, 鳥죠, 笛적, 定정, 第제, 從죵, 畫주, 竹죽, 衆즁, 直직, 丈쟝,
庭졍'이나 '쳔즁, 천하, 치ᄄ다', '고치다, 펼치다, 떨치다', '蹢척, 躅축,
天쳔, 雉치'와 같이 현대국어 어형을 먼저 제시하는 것이 바람직하다.
이는 곧 앞서 언급한 바와 같이, 학습자에게 생소하고 낯선 중세국어
단어를 먼저 보여주는 것이 아니라 현실에 사용하고 있는 익숙한 현대
국어 단어를 제시하고 이를 바탕으로 단어에 생성된 음운변화를 제거
함으로써 중세국어의 어형으로 접근하도록 하자는 것이다.

2) 두음법칙 자료

고전 텍스트에서 추출해 낸 두음법칙 자료는 크게 'ㄴ류'와 'ㄹ류'로
나눌 수 있으며, 다시 이들은 각각 '한글류'와 '한자류'로 나누어 정리
할 수 있다.

(1) 두음법칙(ㄴ류)
(ㄱ) 냥목이(하38동명일기), 너거(하28훈민정음), 넌닙히(상236어부사시
사), 녯(하238관동별곡), 니겨(하28훈민정음), 니근(하34소학언해)
(하34소학언해), 니러(상232청산별곡)(상232청산별곡), 니러ᄒ니(하
235관동별곡), 니르고져(하28훈민정음), 니어시니(하233관동별곡),

닐거(하238관동별곡), 닐온(하238관동별곡)
(ㄴ) 兩냥腋익(하239관동별곡), 歷녁歷녁(하231관동별곡), 離니別별(하
234관동별곡), 里니(하228관동별곡), 廬녀山산(하231관동별곡), 廬
녀山산(하233관동별곡), 玲녕瓏농(하234관동별곡), 流뉴霞하酒쥬
(하238관동별곡), 六뉵龍농(하235관동별곡), 六뉵面면(하235관동별
곡), 六뉵합합(하238관동별곡), 李니謫뎍仙션(하233관동별곡), 梨
니花화(하235관동별곡)

‘두음법칙(ㄴ류)’ 예문 (ㄱ)은 ‘냥목, 너기다, 년닙히, 녯, 닉다, 닐다, 니
르다’로 정리할 수 있고, 예문 (ㄴ)은 ‘兩냥, 歷녁, 離니, 里니, 廬녀, 玲녕,
龍농, 瓏농, 流뉴, 六뉵, 李니, 梨니’로 정리할 수 있다.

(2) 두음법칙(ㄹ류)
(ㄱ) 龍룡(하230관동별곡)

‘두음법칙(ㄹ류)’ 예문 (ㄱ)은 ‘龍룡’이 유일 예이다.

3) 원순모음화 자료

고전 텍스트에서 추출해 낸 원순모음화 자료는 크게 ‘ㅁ류’와 ‘ㅂ류’,
그리고 ‘ㅍ류’로 나누어 정리할 수 있다.

(1) 원순모음화(ㅁ류)
(ㄱ) 머므살가(하237관동별곡), 머믄(하235관동별곡), 머믈고(하235관동
별곡), 머믈셰라(하235관동별곡), 므서신고(하237관동별곡), 므어슬
(하235관동별곡), 므亽(하231관동별곡)(하238관동별곡), 믈(상232청

산별곡),(상232청산별곡), 믈결(하236관동별곡)(하38동명일기), 믈너
나니(하228관동별곡), 믈밋(하36동명일기), 믈밋출(하36동명일기),
믈속으로셔(하38동명일기), 믈속의(하38동명일기), 믈이(하228관동
별곡)(하237관동별곡), 믓것는(하231관동별곡), 스믈어듧(하28훈민
정음)

(2) 원순모음화(ㅂ류)
(ㄱ) 北북寬관亭뎡의(하228관동별곡), 佛블頂뎡臺딕(하233관동별곡), 블
거니(하238관동별곡), 븕기(하36동명일기), 븕기(하36동명일기), 븕
어(하38동명일기), 븕웃븕웃(하38동명일기), 븕은(하36동명일기)(하
38동명일기)(하38동명일기)(하38동명일기)(하38동명일기)(하38동명
일기), 븟흐며(하38동명일기), 씀거니(하238관동별곡)

(3) 원순모음화(ㅍ류)
(ㄱ) 프른(상236어부사시사), 플을(하233관동별곡)

4. 중세국어 음운변화 제시 방안

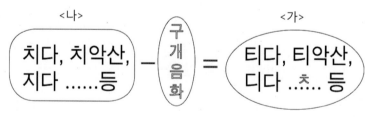

〈그림 21〉 역시적 음운변화 제시 방법

이와 같이 방법은 중세국어의 음운변화를 이해하기 위하여 보다 친

숙한 현대국어의 어형을 제시함으로써 고전읽기의 거부감을 줄일 수 있다. 또한 기존의 순시적 음운현상 제시 방법에서 역시적 음운현상 제시 방법으로 학습자의 [+친숙함][-부담감]을 달성할 수 있다. 그뿐만 아니라 중등학생들이 중세국어의 주요 음운변화를 이해함으로써 고전 텍스트의 이해를 수준 높게 향상시킬 수 있을 것이다.

사회방언 연구를 위한 전산 처리

방언은 지리적 여건과 계층·성·연령·직업·종교 등과 같은 사회적 요인에 의해 분화되는 언어 차이를 나타내는 것을 말한다. 이런 방언은 음운·문법·어휘 측면에서 독립된 언어체계를 가지는데, 방언간의 체계적인 차이를 논하는 학문분야가 방언학(dialectology)이다. 사회를 형성하고 그 사회의 구성원들과 의사소통을 함으로써 공동의 의식과 가치관을 가질 수 있게 해주는 중요한 매개체 중 하나가 언어이며, 이런 측면에서 언어의 분화는 바로 사회적 배경의 차이를 알 수 있게 해주는 중요한 단서이다. 이처럼 연령, 성, 직업, 종교 등 사회적 요인이 언어분화에 미치는 영향을 연구하는 분야를 사회방언학(soiolect)이라 한다. 이러한 방언 연구의 궁극적 목적은 "단일 지점 조사든지 전국 조사든지 간에 조사 자료를 언어학자나 일반 독자가 이용할 수 있도록 출판하거나 데이터베이스(database)를 구축하는 데 있다"[7]고 하겠다.

최근 학계에서는 컴퓨터를 이용한 방언 자료의 전산 처리 방안[8]이

---

7) 이상규(2003:146).
8) 이에 대표적인 논의로는 정인상(1985)와 김충회 외(1991) 및 소강춘(1994)를 들수 있다. 특히 정인상(1985)에서는 dBASE Ⅱ 시스템을 이용하여 방언 자료를 처리하는 방법을 제시하였는데 이는 당시의 가장 획기적인 전산 처리 방법이었다고 생각된다. 또 소강춘(1994)에서는 자료의 입력을 위해 한국어의 방언 전사에 적절한 음운표기와 음성표기형들을 확정하고, 입력 편의를 위한 별도의 표기 방법이 필요하다고 하여 IPA 기호를 이용한 전산 처리 방법을 제시하였다.

제시되었을 뿐 아니라 방언 자료의 정보화에 대한 논의9)가 지속되고 있다. 이에 따라 각종 인터넷 사이트를 통한 자료의 공유10)가 가능해진 상태이다. 그러나 각종 인터넷 사이트를 통한 공유 자료들도 아직은 그 전산 처리가 기초단계에 머무르고 있는 실정이며, 컴퓨터를 이용한 전산 처리의 방법들도 dBASE Ⅱ 시스템11)과 IPA 기호를 이용한 음운 전사 방법12) 등 음운자료 전산 처리에 한정되고 있는 실정이다.

방언은 한 언어의 분화체로서 그 자체가 독립된 언어체계를 가지며, 방언간의 체계적인 차이를 논하기 위해서는 음운의 측면이 중시되는 것은 당연하다. 그러나 화자(話者)들의 현실 생활을 좀더 적극적으로 반영하고 있다는 점을 고려할 때 어휘적 측면이 중요한 것은 사실이다.

따라서 이 글에서는 남경란(2003ㄴ)에서 구축된 어휘 자료를 바탕으로 하여 dBASE Ⅱ 시스템과 IPA 기호를 활용하지 않고 누구나 손쉽게 처리할 수 있는 흔글 문서 작성을 활용하여 자료를 처리하는 기본적인 전산 처리 방법을 소개하고자 한다.13)

---

9) 이에 대한 대표적인 곽충구(2002)와 이상규(2003)을 들 수 있다. 곽충구(2002)에서는 자료는 제보자의 조건(연령, 성별, 학력, 교육 등)에 따라 달라질 수 있음을 언급하면서 방언 자료의 정보화를 위해서는 1. 전자사전 형태의 통합 방언사전을 구축, 2. 말뭉치 구축, 3. 언어지도 작성, 4. 음성데이터베이스 구축의 필요성을 강조하였다. 이상규(2003)에서는 전자사전, 말뭉치, 음성자료 데이터베이스 구축 이외에도 1. 생활구어나 방언이 반영된 문헌 자료, 2. 국어사전에 검색되지 않은 토속어들의 정보화 구축, 3. 워드프로세스 및 전산화를 활용한 방언지도 작성방안, 4. SEAL의 사이트(언어지리의 방[A Room for Linguistic Geography])를 이용한 언어지도 제작법 등을 상세히 설명하고 있어 방언학 연구자들에게 많은 정보를 제공하고 있다.

10) 이에 대한 대표적인 사이트로는 국립국어연구원과 21세기 세종 계획의 홈페이지를 들 수 있으며, 이외에도 몇몇 개인 홈페이지를 활용할 수 있다.

11) 정인상(1985) 참조.

12) 소강춘(1994) 참조.

1. 조사 방법

1) 조사항목

방언은 한 언어의 분화체이기 때문에 방언조사에서 그 변화된 모습에 역점을 둔다는 것은 당연하다. 전국적으로 아무런 분화를 보이지 않는 항목을 조사하는 일은 방언조사에서 거의 도로(徒勞)에 가깝다고 할 수 있다. 그 항목이 전국적으로 아무런 분화를 일으키지 않는다는 사실도 중요한 정보의 하나이기는 하겠으나 그것으로써 어느 지역이 어느 지역과 언어적으로 어떻게 다른가를 알 길은 전혀 없기 때문이다. 따라서 조사항목을 선정할 때 가장 기본이 되는 조건은 각 방언의 특성을 잘 드러내 줄 유의(有意)한 분화형(分化形)을 가지는 항목부터 선정하여야 한다.[14)]

남경란(2003ㄴ)에서 구축된 어휘 자료는 한국정신문화연구원(1987)과 이상규(2000), 최명옥(1980), 최학근(1990) 등에 제시된 어휘 목록 가운데 어민들의 생활과 직접 관련을 지을 수 있는 천문, 지리, 시후, 방위, 음식, 비금류, 어패류 등을 조사항목으로 확정하여 약 270개 어휘를 조사하였다.[15)]

조사 항목을 어민들의 생활과 관련시켜 정했던 것은 사회언어학적 측면에서 동해안 어민들의 생활 문화와 언어를 살펴보기 위해 그 조사

---

13) 이하의 사회방언 연구를 위한 전산 처리는 남경란(2003ㄹ)·(2003ㅂ)과 (2004)의 내용을 활용하여 기술하였음을 밝혀 둔다.

14) 이익섭(1992:45~46).

15) 조사 항목의 선정과 조사 항목의 수 및 배분 등에 대해서는 이익섭(1984), 이상규(1998)·(2003) 등에 자세히 설명되어 있으므로 이를 참조 할 수 있다.

지역을 동해안 영덕·울진·삼척·강릉 지역의 어촌으로 정하였기 때문일 뿐 전산 처리를 위한 조사 지역은 그것이 어느 지역이든 아무런 상관이 없다. 다만 전산 처리할 때에는 이들 항목들은 관련이 있는 항목으로 분류(천문, 지리, 시후, 방위 등)하고, 동일 항목 어휘끼리는 가나다순으로 배열하는 것이 가장 좋은 방법이다.

2) 질문지

질문지는 일반적으로 격식질문지와 비격식질문지로 나뉘는데 남경란(2003ㄴ)에서는 대개 직접 질문법을 사용하였기 때문에 격식질문지에 치중하였다고 볼 수 있다. 질문지를 작성 할 때에 방언간의 어휘 분화가 가장 쉽게 일어나는 어휘들을 중심으로, 특히 어촌 경제 생활과 관련된 어휘들을 중심으로 항목을 선정하여 질문지를 작성하였다. 이들 질문지를 바탕으로 과연 사회적, 경제적 변수에 따라 강릉, 삼척, 영덕, 울진 방언들에 언어 분화 현상이 일어나고 있는가. 그렇다면 어느 지역, 어느 세대, 어느 성별에서 그 현상이 현저하게 나타나는가 등에 의미를 두고 조사하여 비교 확인하는데 주안점을 두었다.

실시된 조사는 그 동안의 업적과 선행연구에 제시된 질문지에 대한 검토를 바탕으로 어민들의 생활과 직접 관련을 지을 수 있는 천문, 지리, 시후, 방위, 음식, 어업기구, 비금류, 어패류 등의 조사항목을 설정하여 비교·분석이 용이하도록 하였다. 또 이 질문지를 중심으로 한 예비 조사를 실시하여 동해안 지역 어민들의 방언차를 보여 줄 수 있도록 이들 항목이 각 지역별, 연령별(10~20대, 30~40대, 60대 이상), 성별(남, 여)로 분석표를 만들었다. 조사 과정에서 합리적이고 효과적인 질문지를 작성하기 위해 다양한 사례들을 검토하였으며, 직접 질문하는 면접법과 서면으로 질문하는 질문법을 사용하였다.

3) 제보자

제보자는 토박이, 나이, 신체적 조건, 성별, 학업 정도 등의 여러 가지 조건을 갖추어야 하는데 남경란(2003ㄴ)은 동해안 어촌 경제 생활과 관련된 방언들을 사회언어학적 관점에서 고찰하는 것이었으므로 노년층, 장년층은 각 해당 지역에서 3대 이상 지속적으로 살아온 자들을 우선 선정하였으며, 장년층은 출생이 그 지역이 아니더라도 20년 이상 그 지역에서 거주한 사람들도 다수 포함하였다. 청소년층 역시 3대 이상이 지속적으로 살아온 자 가운데서 우선 선정하여 전통적인 방언 제보자 조건에 부합하도록 노력하였다.

그러나 실제로 연령에 적합한 제보자를 찾아 직접 면접하기에는 너무 힘이 들었다. 면사무소나 동장, 혹은 이장으로부터 소개를 받아 방문하는 것을 우선으로 하였지만, 막상 방문을 하였을 때는 대부분의 제보자들 태도가 경제활동을 핑계로 회피한다든지, 외면한다든지, 혹은 제보하기 힘들 정도의 상태가 되어 있다든지 하여 조사에 많은 어려움을 있었기 때문이다. 물론 어촌 지역의 경제가 단순한 어업 형태에서 관광업과 연계된 상업으로 전환하면서 가장 바쁘게 움직이는 여름 피서철과 맞물려 조사를 나간 본 연구자의 탓도 무시할 수는 없을 것이다. 그럼에도 불구하고 제보에 기꺼이 응해주신 각 지역의 여러 제보자들 덕분에 무사히 조사를 마칠 수 있었다. 제보자별 세대 구분 실태를 제시하면 아래와 같다.16)

① 노년층 : 60대 이후의 남·여, 무학자 우선, 지역 태생 및 생활, 어촌
생활자.
② 장년층 : 30~40대의 남·여, 중등교육자 우선, 지역 태생 및 생활, 어
촌생활자.
③ 청소년층 : 10~20대의 남·여, 학생 우선, 부모와 본인 모두 지역 태
생, 어촌생활가정.

2. 조사 어휘의 검토 결과

조사된 270개 항목을 사회언어학적 측면에서 음운과 어휘로 나누어
분석하였다. 분석 과정과 그 결과를 간략히 제시하면 다음과 같다.

첫째, 조사된 지역의 대표적인 음운 특징은 경음화와 비음화 현상과
모음 '一'와 'ㅓ'의 구분을 주로 하여 분석하였다. 조사된 항목들이 각
지역별, 연령별, 성별에서 어떻게 실현되는지를 살펴 이의 양상을 빈도
와 백분율로 표시하여 표로 제시하였다.

둘째, 어휘는 조사항목 270개를 모두 각 지역·연령·성별 특징을 나타
낼 수 있는 어휘와 각 지역·연령·성별 특수 어휘 등으로 나누어 분석하
고 이를 바탕으로 각 지역·연령·성별 조사항목 인지능력과 표준어휘
실현 능력을 및 방언형 실현능력과 일치능력 등을 빈도와 백분율로 표
를 만들어 제시하였다.

셋째, 조사·분석된 각 지역·연령·성별 음운 및 어휘적 특징을 고찰하
였다. 이들 특징을 살펴보면

(1) 270개의 어휘 항목 조사 결과 영덕과 울진에서는 대부분의 제보

---

16) 각 지역 조사 제보자는 남경란(2003ㄴ) 참조.

자들이 자음 '싸'을 'ㅅ'으로 발음하고, 모음 'ㅡ'와 'ㅓ', 'ㅔ'와 'ㅐ'는 구분되지 않으며, 삼척과 강릉에서는 자음 'ㅅ'과 '싸'이 구분되어 발음하고 있는 것으로, 모음 'ㅡ'와 'ㅓ', 'ㅔ'와 'ㅐ'에 있어서는 삼척은 구분이 안 되는 반면 강릉은 그 구분이 혼란 됨을 알았다.

(2) 지역별로 분석해 볼 때 세대 간 동일 어형 실현 빈도 가운데 가장 표준항목과 많이 일치하여 실현하는 지역은 영덕(41.2%)이고 가장 비표준항목, 즉 방언형을 많이 실현하는 지역은 삼척(75.5%)임을 알았다. 그리고 세대 전체 간 표준항목과 가장 많이 일치되게 사용하는 지역은 영덕(20.7%)이고 가장 방언형을 많이 실현하는 지역은 삼척(86.3%)임을 알 수 있었으며, 질문 어휘항목 인지능력은 영덕과 삼척이 울진과 강릉보다 훨씬 더 떨어지는 것을 알 수 있었는데 이는 각 지역의 경제적, 혹은 교육적 환경과 관련이 있는 것으로 생각된다.

(3) 연령별로 분석해 볼 때 가장 표준항목과 일치되게 실현하는 연령은 10~20대로 표준어휘 구사 능력이 다른 연령에 비해 2배 이상 높은데, 50대 이상의 연령과 30~40대 연령은 방언형을 실현하는 능력이 다른 연령에 비해 높다는 사실을 알 수 있었다. 또한 질문 어휘항목 인지능력은 10~20대가 50대 이상이나 30~40대의 인지능력보다 2배 이상 낮음을 알 수 있었으며, 특히 영덕의 10~20대의인지능력이 다른 지역의 연령들 보다 훨씬 낮음을 알 수 있었다. 이는 각 지역별, 연령별 교육 및 생활환경, 사회적응력 등과 관련이 있는 것으로 생각된다.

(4) 성별로 분석해 볼 때 전체 남성과 여성의 표준항목 사용 능력을 비교해 볼 때 여성이 남성보다 다소 더 표준항목을 사용하는 것을 알았다. 또한 전체 남성과 여성의 표준항목 사용 능력을 비교해 볼 때 여성이 남성보다 다소 더 표준항목을 사용하는 것을 알 수 있었는데 이는

각 연령별 교육의 차이와 문화의 차이 및 남성과 여성 간의 교양화법의 차이라 생각된다.

넷째, 사회언어학적 측면에서 영덕·울진·삼척·강릉의 동해안 방언은 여러 가지 면에서 공통점을 찾을 수 있었다. 영덕과 울진, 삼척과 강릉은 각각 음운적인 측면에서 보다 더 가까운 것으로, 영덕과 울진, 울진과 삼척, 삼척과 강릉은 각각 특정 어휘에서 가까운 것으로 조사되었다. 그러나 이번 조사된 항목 270개 어휘들을 비교·분석해 본 결과 영덕과 울진이 경상북도에, 삼척과 강릉이 강원도에 속해 있어 지역적인 경계는 뚜렷하지만 방언학적 측면에서는 뚜렷한 경계를 설정하기가 어려우며, 특히 10~20대의 어휘들에서는 네 지역의 경계를 구분 지을 수 없을 정도로 지역적인 경계가 모호해지고 있음을 알 수 있었다.

3. 자료의 전산 처리 방안

항목 2.에서와 같이 조사된 어휘에서 특정 어휘들이 각 지역별, 연령별, 성별로 어떠한 차이가 있는지를 연구자가 한눈에 쉽게 알아볼 수 있도록 전산 처리하는 방법에 대하여 소개하기로 한다. 이 전산 처리 방법은 앞서 언급한 바와 같이 아주 기본적인 전산 처리 방법으로 흔글 문서 작성법을 알고 있는 사람이면 누구나 쉽게 처리할 수 있는 방법이다. 본 연구자는 이러한 기본적인 방법에 따라 먼저 말뭉치를 구축하고 그런 다음에 여러 가지 자료를 추출해 낼 수 있는 시스템을 개발하는 것이 옳다고 믿기 때문에 말뭉치 구축에 있어서 전산 입력의 정확성은 반드시 우선되어야 한다.

dBASE Ⅱ 시스템과 IPA 기호를 활용하지 않고 누구나 손쉽게 처리할 수 있는 흔글 문서 작성을 활용하여 자료를 처리하는 기본적인 전산 처리 방법은 크게 ①지역별 어휘 자료 전산 처리 작업, ②연령별 어휘 자료 전산 처리 작업, ③성별 어휘 자료 전산 처리 작업, ④최종 자료 산출을 위한 마무리의 4단계로 나누어 처리할 수 있다.

이제 이들 전산처리 작업과 이를 바탕으로 최종 어휘가 산출되기까지의 과정에 대하여 살펴보기로 한다.

1) 지역별 어휘 자료 전산 처리

(1) 항목별 전산 처리

지역별 어휘 자료를 전산 처리하기 위해서는 앞서 선정해 두었던 천문, 지리, 시후, 방위, 음식, 비금류, 어패류 등의 항목별로 조사한 어휘를 정리하는 것이 필요하다. 이는 한번 정리한 자료를 지속적으로 활용하기 위한 방법으로서 반드시 지역과 연령 및 성별을 구분하여 각각 따로 정리해 두는 것이 바람직하다. 이때 항목별 표제어는 가나다순으로 배열하는 것이 좋으며, 〈그림 22〉에서와 같이 의미는 다르지만 동일한 표기를 지녔다든지, 조사 당시 제보자의 제보가 특수하다든지 하는 참고 사항들은 비고에 기입해 두는 것이 좋다.

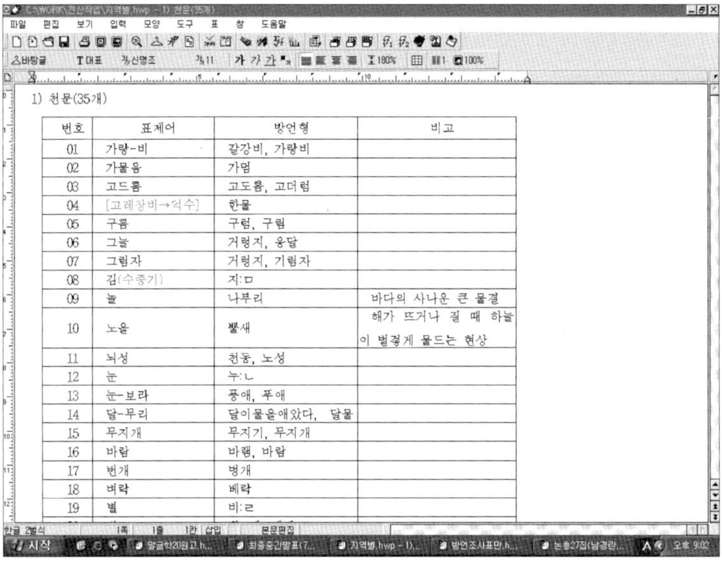

1) 천문(35개)

번호	표제어	방언형	비고
01	가랑-비	갈강비, 가랑비	
02	가물음	가멈	
03	고드름	고도롬, 고더럼	
04	[고레장비→억수]	한물	
05	구름	구럼, 구림	
06	그늘	거렁지, 웅달	
07	그림자	거렁지, 기림자	
08	김(수증기)	지:ㅁ	
09	놀	나부리	바다의 사나운 큰 물결
10	노을	뿔새	해가 뜨거나 질 때 하늘이 벌겋게 물드는 현상
11	뇌성	천동, 노성	
12	눈	누:ㄴ	
13	눈-보라	풍애, 푸애	
14	달-무리	달이물을애았다, 달물	
15	무지개	무지기, 무지개	
16	바람	바램, 바람	
17	번개	벙개	
18	벼락	베락	
19	별	비:ㄹ	

〈그림 22〉 항목별 어휘 자료 전산 처리

〈그림 22〉와 같이 항목별로 조사한 어휘를 지역별, 연령별, 성별로 구분하여 정리한 작업이 끝이 나면 아래의 〈그림 23〉·〈그림 24〉·〈그림 25〉·〈그림 26〉과 같이 표제어를 중심으로 각 지역별 자료를 따로 정리하는 전산 작업이 필요하다. 이때의 전산 처리 작업은 앞서 행해 두었던 〈그림 22〉와 같은 말뭉치 자료를 활용하기 때문에 따로 말뭉치를 구축할 필요가 없다.

(1) 영덕1)

질문어휘	50세 이상		20~40세		10~20세		비교
	남	여	남	여	남	여	
가랑-비	가랑비, 이슬비	가랑비, 이슬비	가랑비	이슬비, 가랑비	이슬비, 보슬비	가랑비, 이슬비	
고래장비	×	×	물탕처럼온다, 쫏대출비	×	×	×	
소나기	소나기	소나기	소나기	소낙비	소낙비, 소나기	소낙비, 소나기	
장마	장마	장마	장마	장마	장마	장마	
홍수	홍수	홍수	홍수	홍수	홍수	홍수	
폭풍	폭풍, 태풍	폭풍, 태풍	폭풍	태풍, 폭풍	폭풍	폭풍	
회오리-바람	회오리바람	회오리바람	회오리바람	돌개바람	회오리	회오리바람	
가물음	가뭄	가뭄	가뭄, 가물었다	가뭄	가뭄	가뭄	
번개	번개	번개	번개	번개	번개, 천둥	번개	
벼락	벼락	벼락	벼락	벼락	벼락	벼락	
뇌성	천둥	천둥	천둥	천둥	×	×	
무지개	머지개	머지개	머지개	머지개	무지개	무지개	
구름	구름	구름	구름	구름	구름	구름	
바람	바람	바람	바람	바람	바람	바람	
하늘	하늘	하늘	하늘	하늘, 하날	하늘	하늘	
달-무리	달무리	달무리	달무리	달매, 달매미	<안흠>	×	
새벽	새벽	새벽	새벽	새벽, 새벽개	새벽	새벽	
샛-별	샛별	샛별	샛별	샛별	<안흠>	샛별	
김	김	김	김, 수정기	김	김	김	

〈그림 23〉 항목별 연령·성 구분 전산 처리 1

　　미리 구축해 둔 말뭉치를 〈그림 23〉과 같이 가공 처리를 하기 위해서는 도표 상에서 연령과 성을 구분해 주는 것 외에 몇 가지 기술이 필요하다. 이 기술은 바로 〈그림 22〉에서 구축했던 말뭉치를 〈그림 23〉과 같은 도표로 옮기는 작업을 말한다. 여기에 사용되는 대표적인 기술은 '매크로'로 흔글 문서에서 거의 모든 가공 처리를 담당할 수 있는 기능이 바로 '매크로'이다.

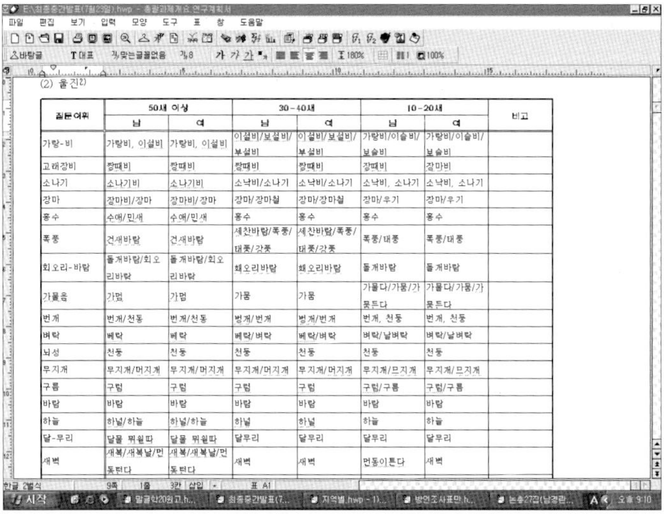

〈그림 24〉 항목별 연령·성 구분 전산 처리 2

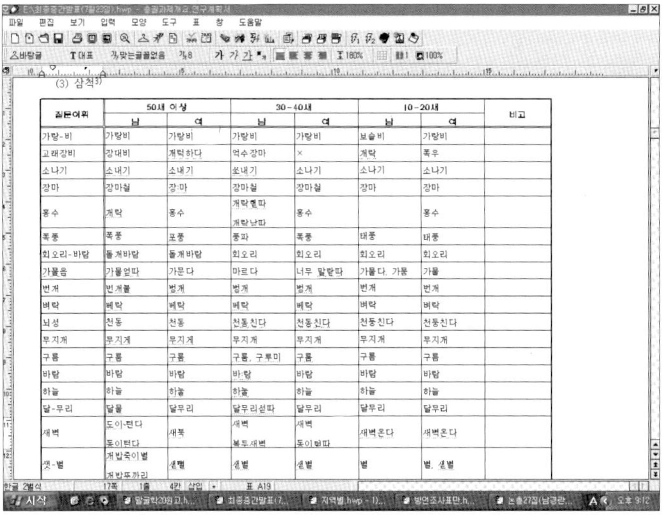

〈그림 25〉 항목별 연령·성 구분 전산 처리 3

질문어휘	50세 이상		30~40세		10~20세		비고
	남	여	남	여	남	여	
가랑-비	가랑비	가랑비	가랑비	이슬비	구슬비	구슬비	
고래장비	가물던다	고래장때비	장매비	장매비	장데비	장마,장데비	
소나기	소나기	소나기	소나기	소나기	소나기	소나기	
장마	장마	장마	장마	장마	장마		
홍수	홍수	수액	홍수	홍수	홍수	홍수	ⓐ물빨리
폭풍	폭풍	폭풍	폭풍	폭풍,태풍	태풍	태풍, 강풍	
회오리-바람	돌개바람	돌개바람 위수리바람	돌개바람	돌개바람	회오리	회오리	
가물음	가물이던다	가뭄,가뭄없	가뭄	가뭄, 가뭄덜다	가뭄	가뭄	
번개	벙개	벙개	번개,벙개	번개	번개	번개	
벼락	벼락	벼락	벼락,베락	벼락	쾅	꽈꽝	
뇌성	천둥번개친다	천둥	천둥	천둥	천둥소리	천둥소리	
무지개	무지개	무지개	무지개	무지개	무지개	무지개	
구름	구럼	구럼	구럼	구럼	구름	구름	
바람	바람	바람	바람	바람	바람	바람	
하늘	하널	하널,하늘	하널	하널	하늘	하늘	
달-무리	달무리	달물	달무리	달무리	달무리	달무리,달별	ⓑ해물 ⓒ해무리
새벽	동-이튼다	동-이튼다	새북	새북	새벽	새벽	
샛-별	샛별(아침)	샛별	샛뼐	샛뼐	금성	샛별	①개밥꾸러기(저년)

〈그림 26〉 항목별 연령·성 구분 전산 처리 4

(2) 가공 처리 방법

〈그림 22〉를 〈그림 23〉 이하와 같이 항목별 연령 및 성 구분 전산 처리를 할 때 '매크로'를 활용하는 방법을 간략히 설명한다면 다음과 같은 몇 단계로 정리할 수 있다.

첫째, 먼저 〈그림 23〉에서 보는 바와 같은 도표를 만든다. 이때에는 앞서 언급한 바와 같이 반드시 연령별, 성별 구분을 해 두어야 한다.

둘째, 〈그림 22〉의 말뭉치들 가운데 지역이 같은 것끼리 창을 열어 〈그림 23〉 이하의 도표로 옮길 수 있도록 전산 처리 준비를 행해야 한다. 이때에는 〈그림 22〉의 여러 개 말뭉치와 〈그림 23〉 도표 사이를 마우스가 자유롭게 옮겨 다닐 수 있도록 〈그림 27〉과 같이 창 겹치기를 해둘 필요가 있다.

〈그림 27〉 창 겹치기

셋째, 〈그림 23〉의 도표에 합당한 어휘 자료를 〈그림 22〉의 말뭉치에서 가져와 넣는 처리를 해야 한다. 이때는 흔글의 기본 도구 상자에서 블록(단축 키 F3)을 사용하여 옮겨오고 싶은 말뭉치 전체에 〈그림 28〉과 같이 블록을 씌우고 복사를 하여 〈그림 29〉·〈그림 30〉과 같이 〈그림 23〉의 도표에 덮어씌우기를 한다.

넷째, 비고란에 꼭 기억해 두어야할 특기 사항을 〈그림 22〉의 말뭉치에서 들고 와 기입해 둔다.

다섯째, 빠진 부분이 없나 다시 한번 확인하고 마무리한다.

이와 같은 작업 처리를 단 하나의 매크로 정의를 지정하여 처리할 수 있다. 매크로의 정의에 대해서는 추후 논의하기로 한다.

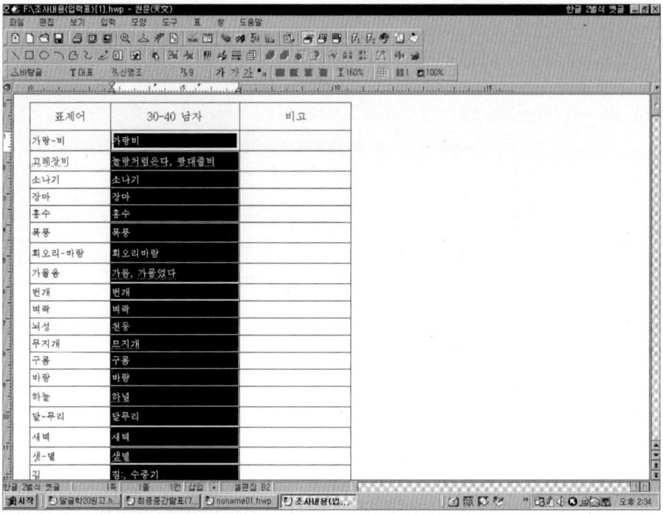

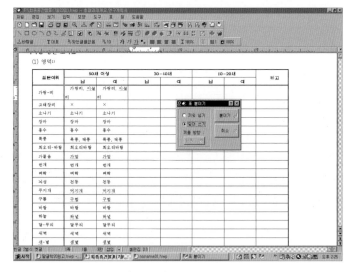

〈그림 28〉 블록 씌우기

〈그림 29〉 덮어씌우기 1

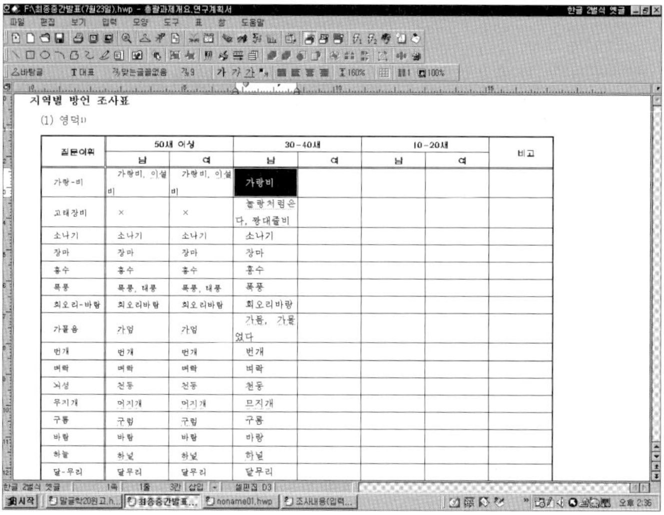

〈그림 30〉 덮어씌우기 2

(3) 지역별 특정 어휘 추출

위의 항목 (1)과 (2)의 자료를 활용하여 영덕·울진·삼척·강릉의 조사
어휘 가운데 지역별 특징을 가장 잘 비교할 수 있는 특정 어휘를 골라
아래의 〈표 1〉과 같이 빈도를 추출해 낼 수 있다.

특정 어휘는 '회오리바람, 가풀막, 징검다리, 그저께, 글피, 아래께, 사
흗날, 나흗날, 엿새, 아흐렛날, 열흘, 밤새도록, 갱, 막걸리, 흰떡, 달걀'
의 16개 항목이며, 아래의 표에서 '괄호( )' 속은 빈도를 뜻한다.[17]

---

17) 즉 조사 항목 '가풀막'의 영덕 지역 조사 어휘가 '고바위(3) : 비탈(2) : 언덕(1)'
로 처리되었을 때, 여기서 얻을 수 있는 정보는 영덕에서 조사된 어휘는 '고바
위', '비탈', '언덕'의 3가지이며, '고바위'는 제보자 3명이, '비탈'는 2명이, '언덕'
은 1명이 제보하였다는 표시이다. 이때의 제보자는 연령별, 성별 차이가 있는 대
표 제보자를 뜻한다.

<표 1> 각 지역별 특정 어휘 실현 빈도

조사항목	영덕	울진	삼척	강릉
가풀막	고바위(3) : 비탈(2) : 언덕(1)	고바위(1) : 산비탈(2) : 언덕(3)	비탈(5) : 오르막길(1)	비탈길(2) : 언덕(2) : 꼬데이〈(2) : 고개(1)
갱	콩나물꾹(2) : 탕(4)	콩나멀꾹(2) : 탕(4)	갱(3) : 국물(3)	갱(3) : 물(1)
그저께	아래(6)	아래(5) : 그저께/그제(2)	거제/그저께(5) : 얼거제(1)	거저께/그저께/거제(6) : 아래(1) : 얼그제(2)
글피	내일모래(3) : 저모래(2) : 걸피(1)	낼모래(1) : 저모레(4) : 글피(1)	걸페/글피(6)	걸페/걸피/글피(6)
나흗날	나헐/나흘(6)	나일/나헐/나흘(6)	나알/나헐(4) : 사일(2)	나일/나헐(4) : 사일(2)
달걀	개 (4) : 달걀(2)	개랄(6) : 달걀(6)	계/겨란(2) :달걀(4)	개란/겨란(2) : 달걀/달걍(5)
막걸리	막껄리(5) : 탁주(1)	막껄리(6) : 농주(4) : 동동주(2)	막걸리/막껄리(6)	막걸리(5) : 농주(1) : 탁주(1)
밤새도록	긴긴밤(3) : 거멈밤(1) : 한밤(1)	밤새기(2) : 진진밤(2) : 동지(2)	밤새기(2) : 밤새도록(3) : 진진밤(1)	밤새기(1) : 밤새도록(5) : 밤침/밤새(1)
사흗날	사헐/사흘(6)	사헐/사흘(6)	사알/사헐(4) : 삼일(2)	사헐/사일(4) : 삼일(3)
아래께	아래(4) : 어제아래(2)	아래(6)	먼제(2) : 저먼제(1) : 아래(1) : 그저께(2)	아래(4) : 거저께/그저께(2) : 저번날(1)
열흘	여럼/열헐/열흘(5) : 십일(1)	열헐/열흘(6)	열헐(4) : 십일(2)	여럼/열흘/여를(6)
아흐렛날	아허래/아흐래(5) : 구일(1)	아허레/아흐레(6)	아허래(4) : 구일(2)	아어레/아허레(4) : 구일(5)
열흘	여럼/열헐/열흘(5) : 십일(1)	열헐/열흘(6)	열헐(4) : 십일(2)	여럼/열흘/여를(6)
엿새	여새/엳쩨(5) : 육일(1)	엳새(6)	여세(4) : 육일(2)	여쩨(4) : 육일(4)
징검다리	돌따리(4) : 징검다리(2)	돌다리/돌따리(3) : 징검다리(3)	돌다리(4) : 징검다리(2)	돌다리/돌따리(5) : 징검다리(3)
회오리바람	회오리(5) : 돌개(1)	회오리(4) : 돌개(4)	회오리(4) : 돌개(2)	회오리(3) : 돌개(4)
흰떡	백찜(6)	백찜(6) : 북찜이(2) : 백석(3)	백실기(2) : 흰/힌떡(2) : 멘떡(1) : 시리떡(1)	힌떡/하얀떡(4) : 백설기(2) : 사루떡(1) : 가래떡(1)

이와 같은 전산 처리로 제공할 수 있는 정보는 대략 '음화 현상', '비음화 현상', '특정 모음의 변화 양상', '지역별 특정 어휘', '지역별 공통 어휘(①각 지역별 세대 전체간 동일 어형 실현, ②각 지역별 특정 어휘 실현 비교)', '지역별 어휘항목 인지능력', '지역별 표준항목 실현능력' 등을 들 수 있다.[18)]

2) 연령별 어휘 자료 전산 처리

(1) 연령별 전산 처리

앞의 항목 2), (1)의 〈그림 22〉과 같이 천문, 지리, 시후, 방위, 음식, 비금류, 어패류 등의 항목별로 정리한 말뭉치를 이용하여 연령별로 어휘 자료를 묶는 작업을 행해야 한다. 이때에 유의할 것은 연령별로 어휘 자료를 묶되 반드시 지역과 성별을 함께 구분하는 방법으로 가공해야 한다는 점이다. 이는 한번 정리한 자료를 지속적으로 활용하기 위한 방법으로서 차후에 다른 지역의 연령별 어휘 자료와 병행 배열하기 위한 기본 처리이기 때문이다. 이때 항목별 표제어는 가나다순으로 배열하는 것이 좋으며, 같이 성별이 다르더라도 연령과 지역이 같으면 하나의 표 안에 묶어 한꺼번에 처리하는 것이 가장 바람직한 방법이다.

---

18) 이들 지역별 정보에 대한 자세한 자료는 남경란(2003ㄴ)을 참조할 수 있다.

연령별 방언 조사표

(1) 50세 이상

| 지역 | 영덕 | | 울진 | | 삼척 | | 강릉 | |
| 질문어휘 | 50세 이상 | | 50세 이상 | | 50세 이상 | | 50세 이상 | |
	남	여	남	여	남	여	남	여
가랑-비	가랑비, 이슬비	가랑비, 이슬비	가랑비, 이슬비	가랑비	가랑비	가랑비	가랑비
고레장비	×	×	짱때비	짱때비	짱대비	깨락하다	가뭄던다	고레장때비
소나기	소나기비	소나기	소나기비	소내기	소나기	소나기	소나기
장마	장마	장마	장마비/장마	장마비/장마	장마철	장:마	장마
홍수	홍수	홍수	수매/민새	수매/민새	개락	홍수	홍수	수액
폭풍	폭풍, 태풍	폭풍, 태풍	건새바람	건새바람	폭풍	포풍	폭풍	폭풍
회오리-바람	회오리바람	회오리바람	돌개바람/회오리바람	돌개바람/회오리바람	돌개바람	돌개바람	돌개바람	돌개바람/회오리바람
가물음	가뭄	가뭄	가뭄	가뭄	가물엄따	가문다	가뭄이던다	가물,가물 업
번개	번게	번개	번게/천둥	번게/천둥	번개불	벌개	벙개	번개
벼락	벼락	벼락	벼락	벼락	벼락	벼락	벼락
뇌성	천둥	천둥	천둥	천둥	천둥	천둥	천둥별개친다	천둥
무지개	머지개	머지개	무지개/머지개	무지개/머지개	무지개	무지개	무지개	무지개
구름	구럼	구럼	구럼	구럼	구름	구럼	구럼	구럼
바람	바람	바람	바람	바람	바람	바람	바람	바람
하늘	하늘	하늘	하늘/하늘	하늘/하늘	하늘	하눌	하늘	하늘,하늘
달-무리	달무리	달무리	달물 뭐울따	달물 뭐울따	달물	달무리	달무리	달

〈그림 31〉 연령별 전산 처리 1

(2) 30-40세

| 지역 | 영덕 | | 울진 | | 삼척 | | 강릉 | |
| 질문어휘 | 30-40세 | | 30-40세 | | 30-40세 | | 30-40세 | |
	남	여	남	여	남	여	남	여
가랑-비	가랑비	이슬비, 가랑비	이슬비/보슬비/부슬비	이슬비/보슬비/부슬비	가랑비	가랑비	가랑비	이슬비
고레장비	눌탈직뤱른다, 짱대출비	×	짱때비	짱때비	억수장마	×	장때비	깻땜비
소나기	소나기	소낙비	소낙비/소나기	소낙비/소나기	롯내기	소나기	소나기	소나기
장마	장마	장마	장마/장마철	장마/장마철	장마철	장마철	장마	장마
홍수	홍수	홍수	홍수	홍수	개락혣따/개락낟따	홍수	홍수	홍수
폭풍	폭풍	태풍, 폭풍	세찬바람/폭풍/태풍/강풍	세찬바람/폭풍/태풍/강풍	풍파	폭풍	폭풍	폭풍,태풍
회오리-바람	회오리바람	돌개바람	왜오리바람	회오리바람	회오리	돌개바람	돌개바람	돌개바람
가물음	가뭄, 가믈업따	가믐	가뭄	가뭄	마르다	너무 맑받따	가뭄	가뭄, 가믐덜다
번개	번개	번게	벙게/번게	벌게/번게	벙개	벌개	번게,벌개	번게
벼락	벼락	벼락	벼락/벼락	벼락/벼락	벼락	베락	벼락,벼락	벼락
뇌성	천둥	천둥	천둥	천둥	천둥친다	천둥친다	천둥	천둥
무지개	머지개	머지게	무지게/머지게	무지게/머지게	무지게	무지게	무지게	무지게
구름	구럼	구럼	구럼	구럼	구름, 구루미	구럼	구럼	구럼
바람	바람	바람	바람	바람	바람	바람	바람	바람

〈그림 32〉 연령별 전산 처리 2

〈표 2〉 연령별 특정 어휘 실현 빈도

조사항목		영덕	울진	삼척	강릉
가풀막	1	고바위(2)	고바위(1) : 언덕(1)	비탈(2)	건데이~(2)
	2	고바위(1) : 언덕(1)	산비탈(2)	비탈(2)	비탈길(2) : 언덕(1)
	3	비탈(2)	비탈(2) : 언덕(2)	비탈(1) : 오르막길(1)	언덕(1) : 고개(1)
갱	1	콩나블국(2)	콩나멀꾹(2)	갱(2)	갱(2)
	2	탕(2)	탕/탕꾹(2)	갱(1) : 국물(1)	갱(1) : 물(1)
	3	탕(2)	탕(2)	국물(2)	×(2)
그저께	1	아래(2)	아래(2) : 그저께(1)	거제(2)	거제/거저께(3) : 아래(1)
	2	아래(2)	아래(2)	거제(1) : 언거제(1)	거제(2)
	3	아래(2)	아래(1) : 어제아래(1)	그제/그저께(2)	그저께(2) : 언그제(2)
글피	1	내리모래(1) : 저모래(1)	저모래(2)	걸페(2)	걸페/글페(2)
	2	걸피(1) : 저모래(1)	저모래(2)	걸페(2)	걸피/글피(2)
	3	내일모래(2)	글피(1) : 냇모래(1)	글피(2)	글피/글페(2)
나흗날	1	나헐(2)	나헐(2)	나헐/나알(2)	나헐(2)
	2	나헐(2)	나얼/나헐(2)	나헐(2)	나얼(2)
	3	나흘(2)	나흘(2)	사일(2) : 나흘(1)	사일(2)
달걀	1	개랄(2)	개랄(2) : 달걀(2)	계란/게랄(2) : 달걀(1)	개란/거란(2) : 달걀(1)
	2	개랄(2) : 달걀(1)	개랄(2) : 달걀(2)	달걀(2)	달걀(2)
	3	달걀(2)	개란(2) : 달걀(2)	달걀(1) : 계란(1)	달걀(2)
막걸리	1	사헐(2)	사헐(2)	사헐/사알(1)	사헐/사헌날(2)
	2	막껄리(2) : 탁주(1)	막껄리(2) : 농주(2)	막껄리(2)	막껄리(1) : 농주(1)
	3	사흘(2)	사흘(2)	삼일(2)	삼일(2)

조사항목		영덕	울진	삼척	강릉
밤새 도록	1	사헐(2)	사헐(2)	사헐/사알(1)	사헐/사헌날(2)
	2	긴긴밤(1) : 긴밤(1)	진진밤(2)	밤새기(2)	밤세도록/ 밤새기(2)
	3	사흘(2)	사흘(2)	삼일(2)	삼일(2)
사흗날	1	사헐(2)	사헐(2)	사헐/사알(1)	사헐/사헌날(2)
	2	사흘(2)	사헐(2)	사헐(2)	사얼(2) : 삼일(1)
	3	사흘(2)	사흘(2)	삼일(2)	삼일(2)
아래께	1	아래(2)	아래(2)	먼제(2)	아래(2) : 거저께(1)
	2	아래(2)	아래(2)	저먼제(1) : 아래(1)	①저번날(1) : 아래께(1)
	3	억그제(1) : 어제아래(2)	아래(2)	그저께(1) : 언그저깨(1)	아래(2) : 그저께(1)
아흐렛 날	1	아허레(2)	아허레(2)	아허레(2)	아허레(3) : 구일(1)
	2	아허레(2)	아허레(2)	아허레(2)	아허레(3) : 구일(2)
	3	구일(1) : 아흐래(1)	아흐레(2)	구일(2)	구일(2)
열흘	1	여럴(2)	열헐(2)	열헐/여럴(2)	여럴/열헐(2)
	2	열헐/여럴(2)	열헐(2)	열헐(2)	열헐(2)
	3	십일(1) : 열흘(1)	열흘(2)	십일(2) : 열흘(1)	여를(2)
엿새	1	여새(2)	옌새(2)	여세(2)	여쌔(2)
	2	옌째/여새(2)	옌새(2)	여새(2)	여쌔(2) : 육일(2)
	3	육일(1) : 옌째(1)	옌새(2)	육일(2)	육일(2)
징검 다리	1	돌따리(2)	돌다리(2)	돌다리(2)	징검다리(2) : 돌다리(1)
	2	징검다리(1) : 돌다리(1)	징검다리(1) : 돌다리(1)	돌다리(2)	돌다리(2)
	3	징검다리(1) : 돌다리(1)	징검다리(2)	징검다리(2)	돌다리(2) : 징검다리(1)
회오리 바람	1	회오리(2)	회오리(2) : 돌개(2)	돌개(2)	회오리(1) : 돌개(2)

조사항목		영덕	울진	삼척	강릉
	2	회오리(1) : 돌개(1)	홰오리(2)	회오리(2)	돌개(2)
	3	회오리(2)	돌개(2)	회오리(2)	회오리(2)
흰떡	1	백찜(2)	백찜(2) : 북씸이(2)	백실기(1) : 시리떡(1)	가래떡(1) : 힌떡(1)
	2	백찜(2)	백찜(2)	멘떡(1) : 힌떡(1)	하얀떡/힌떡(2)
	3	백찜(2) : 백설기(1)	백찜(2)	백설기(1) : 흰떡(1)	백설기(2) : 하얀떡(1)

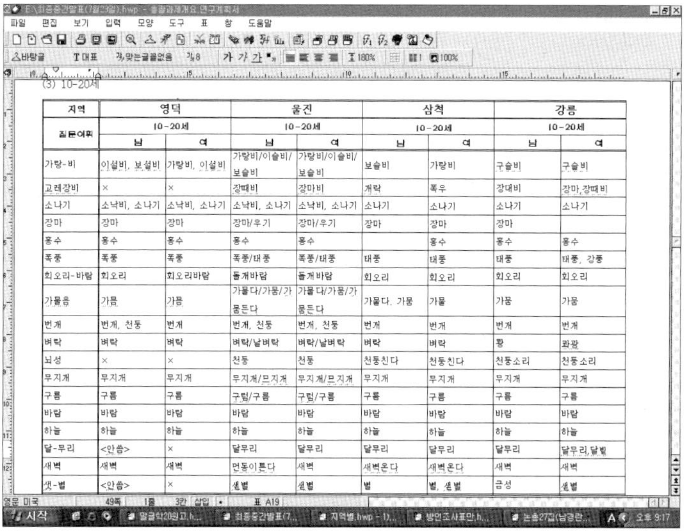

(3) 10-20세

지역	영덕		울진		삼척		강릉	
질문어휘	10-20세		10-20세		10-20세		10-20세	
	남	여	남	여	남	여	남	여
가랑-비	이설비, 보설비	가랑비, 이설비	가랑비/이슬비/보슬비	가랑비/이슬비/보슬비	보슬비	가랑비	구슬비	구슬비
고레장비	×	×	장때비	장마비	개락	폭우	장대비	장마,장때비
소나기	소낙비, 소나기	소낙비, 소나기	소낙비, 소나기	소낙비, 소나기	소나기	소나기	소나기	소나기
장마	장마	장마	장마/우기	장마/우기	장마	장마	장마	
홍수	홍수	홍수	홍수	홍수		홍수	홍수	홍수
폭풍	폭풍	폭풍	폭풍/태풍	폭풍/태풍	태풍	태풍	태풍	태풍, 강풍
회오리-바람	회오리	회오리바람	돌개바람	돌개바람	회오리	회오리	회오리	회오리
가물음	가뭄	가뭄	가물다/가뭄/가뭄든다	가물다/가뭄/가뭄든다	가물다. 가뭄	가물	가뭄	가뭄
번개	번개, 천둥	번개	번개, 천둥	번개, 천둥	번개	번개	번개	번개
벼락	벼락	벼락	벼락/날벼락	벼락/날벼락	벼락	벼락	꽝	콰광
뇌성	×	×	천둥	천둥	천둥친다	천둥친다	천둥소리	천둥소리
무지개	무지개	무지개	무지개/므지개	무지개/므지개	무지개	무지개	무지개	무지개
구름	구름	구름	구림/구름	구림/구름	구름	구름	구름	구름
바람	바람	바람	바람	바람	바람	바람	바람	바람
하늘	하늘	하늘	하늘	하늘	하늘	하늘	하늘	하늘
달-무리	<안씀>	×	달무리	달무리	달무리	달무리	달무리	달무리,달빛
새벽	새벽	새벽	먼동이튼다	새벽	새벽온다	새벽온다	새벽	새벽
샛-별	<안씀>	×	샛별	샛별	별	별, 샛별	금성	샛별

〈그림 33〉 연령별 전산 처리 3

이와 같은 방법으로 전산 처리할 때에는 앞서 행했던 〈그림 23〉·〈그림 24〉·〈그림 25〉·〈그림 26〉의 자료를 활용하면 보다 쉽게 처리할 수 있다. 여기서 사용할 수 있는 방법 역시 훈글 기본 도구 상자의 '매크로'로서 그 방법의 단계를 간략히 소개하면 다음과 같다.

첫째, 먼저 〈그림 31〉에서 보는 바와 같은 도표를 만든다. 이때에는 앞서 언급한 바와 같이 반드시 지역별, 연령별, 성별 구분을 해 두어야 한다.

둘째, 〈그림 23〉·〈그림 24〉·〈그림 25〉·〈그림 26〉의 자료들이 있는 창을 모두 열어 〈그림 31〉 이하의 도표로 옮길 수 있도록 전산 처리 준비를 행해야 한다. 이때에도 〈그림 27〉과 같은 창 겹치기를 하는 것이 좋다.

셋째, 〈그림 31〉의 도표에 합당한 어휘 자료를 〈그림 23〉·〈그림 24〉·〈그림 25〉·〈그림 26〉의 자료에서 가져와 넣는 처리를 해야 한다(〈그림 28〉·〈그림 29〉·〈그림 30〉 참조).

(2) 연령별 특정 어휘 추출

위의 항목 (1)의 자료를 활용하여 영덕·울진·삼척·강릉의 조사 어휘 가운데 연령별 특징을 가장 잘 비교할 수 있는 특정 어휘를 골라 아래의 〈표 2〉와 같이 빈도를 추출해 낼 수 있다.

특정 어휘는 지역별 어휘 추출 자료와 마찬가지인 '회오리바람, 가풀막, 징검다리, 그저께, 글피, 아래께, 사흗날, 나흗날, 엿새, 아흐렛날, 열흘, 밤새도록, 갱, 막걸리, 흰떡, 달걀'의 16개 항목이다. 아래의 표에서 '괄호( )' 속은 빈도를 뜻하며, 조사항목에서 '1'은 50대 이상의 연령을, '2'는 30~40대 연령을, '3'은 10~20대 연령을 나타내기로 한다.

이와 같은 전산 처리로 제공할 수 있는 정보는 대략 '경음화 현상', '비음화 현상', '특정 모음의 변화 양상', '연령별 특징 어휘', '연령별 공통 어휘(①연령별 전체간 동일 어형 사용, ②연령별 공통 어휘 사용 비교)', '연령별 어휘항목 인지능력', '연령별 표준항목 실현 능력' 등을 들 수 있다.[19]

4. 성별 어휘 자료 전산 처리

앞의 〈그림 32〉와 같이 천문, 지리, 시후, 방위, 음식, 비금류, 어패류 등의 항목별로 정리한 말뭉치와 항목 2.에서 행한 연령별 어휘 자료를 활용하여 〈그림 34〉 및 〈그림 38〉과 같이 성별 어휘 자료를 추출해 낼 수 있도록 전산 처리를 행해야 한다.

성별 어휘 자료는 각 지역의 성별 어휘 자료 전산 처리와 각 연령별 통합 성별 어휘 자료 전산 처리로 나누어 처리할 수 있다.

(1) 각 지역의 성별 어휘 자료 전산 처리

아래 〈그림 34〉·〈그림 35〉·〈그림 36〉·〈그림 37〉이 각 지역의 성별 어휘 자료를 전산 처리한 것이다. 이때에 유의할 것은 성별로 어휘 자료를 묶되 반드시 연령을 함께 구분하는 방법으로 가공해야 한다는 점이다. 이는 한번 정리한 자료를 지속적으로 활용하기 위한 방법으로서 차후에 다른 지역의 성별 어휘 자료와 병행 배열하기 위한 기본 처리이기 때문이다.

그리고 항목별 표제어는 가나다순으로 배열하는 것이 좋으며, 지역이 동일하더라도 성별을 구분하여 남자(혹은 여자)를 앞세우고 여자(혹은 남자)는 뒤세우는 배열 방법이 가장 무난한 방법이다. 이는 아래의 (2)에서의 전산 처리와 같이 각 연령별 통합 성별 어휘 자료를 구축하기 위해서는 반드시 필요한 작업이라 할 수 있다.

---

19) 이들 연령별 정보에 대한 자세한 자료는 남경란(2003ㄴ)을 참조 할 수 있다.

성별 방언 조사표(1)

(1) 영덕 남여

지역 / 질문어휘	영덕 50세 이상 남	영덕 30~40세 남	영덕 10~20세 남	영덕 50세 이상 여	영덕 30~40세 여	영덕 10~20세 여
가랑-비	가랑비, 이슬비	가랑비	이슬비, 보슬비	가랑비, 이슬비	이슬비, 가랑비	가랑비, 이슬비
고래장비	×	놀이처럼흔든다, 빗대올비				
소나기	소나기	소나기	소낙비, 소나기	소나기	소낙비	소낙비, 소나기
장마	장마	장마	장마	장마	장마	장마
홍수	홍수	홍수	홍수	홍수	홍수	홍수
폭풍	폭풍, 태풍	폭풍	폭풍	폭풍, 태풍	태풍, 폭풍	폭풍
회오리-바람	회오리바람	회오리바람	회오리	회오리바람	돌개바람	회오리바람
가물음	가뭄	가뭄, 가뭄없다	가뭄	가뭄	가뭄	가뭄
번개	번개	번개	번개, 천둥	번개	번개	번개
벼락	벼락	벼락	벼락	벼락	벼락	벼락
뇌성	천둥	천둥	×	천둥	천둥	×
무지개	머지개	머지개	무지개	머지개	머지개	무지개
구름	구럼	구름	구름	구럼	구럼	구럼
바람	바람	바람	바람	바람	바람	바람
하늘	하늘	하늘	하늘	하늘	하늘, 하날	하늘
달-무리	달무리	달무리		달무리	달메, 달메미	
새벽	새벽	새벽	<안출>	새벽	새벽, 새벽미	새벽

〈그림 34〉 각 지역의 성별 어휘 처리 1

(2) 울진 남여

지역 / 질문어휘	울진 50세 이상 남	울진 30~40세 남	울진 10~20세 남	울진 50세 이상 여	울진 30~40세 여	울진 10~20세 여
가랑-비	가랑비, 이슬비	이슬비/보슬비/보슬비	가랑비/이슬비/보슬비	가랑비, 이슬비	이슬비/보슬비/보슬비	가랑비/이슬비/보슬비
고래장비	챙베비	챙매비	장때비	챙맴비	챙베비	장비비
소나기	소나기비	소낙비/소나기	소낙비, 소나기	소나기비	소낙비/소나기	소낙비, 소나기
장마	장마비/장마	장마/장마설	장마/우기	장마비/장마	장마/장마설	장마/우기
홍수	수에/민세	홍수	홍수	수에/민세	새찬바람/폭풍	홍수
폭풍	건세바람	새찬바람/폭풍/태풍/갈풍	폭풍/태풍	건세바람	태풍/태풍	폭풍/태풍
회오리-바람	돌개바람/회오리바람	회오리바람	돌개바람/회오리바람	돌개바람/회오리바람	회오리바람	돌개바람
가물음	가뭄	가뭄	가뭄다/가뭄/가뭄든다	가뭄	가뭄다/가뭄/가뭄든다	
번개	번게/천둥	번게/번게	번게, 천둥	번게/천둥	번게/천둥	번게, 천둥
벼락	베락	벼락/날벼락	벼락/벼락	벼락	베락/벼락	벼락/날벼락
뇌성	천둥	천둥	천둥	천둥	천둥	
무지개	무지게/머지게	무지게/머지게	무지게/므지게	무지게/머지게	무지게/머지게	무지게/므지게
구름	구럼	구럼	구럼/구름	구럼	구럼	구럼/구름
바람	바람	바람	바람	바람	바람	바람
하늘	하날/하늘	하날	하늘	하날/하늘	하날	하늘

〈그림 35〉 각 지역의 성별 어휘 처리 2

(3) 삼척 남여

지역	삼척	삼척	삼척	삼척	삼척	삼척
	50세 이상	30-40세	10-20세	50세 이상	30-40세	10-20세
질문어휘	남	남	남	여	여	여
가랑-비	가랑비	가랑비	가랑비	가랑비	가랑비	가랑비
고래장비	장대비	×	폭우	게락하다	게락하다	게락하다
소나기	소네기	소나기	소네기	소네기	소네기	소네기
장마	장마철	장마철	장마	장·마	장·마	장·마
홍수	게락	홍수	홍수	홍수	홍수	홍수
폭풍	폭풍	폭풍	태풍	포풍	포풍	포풍
회오리-바람	돌게바람	회오리	회오리	돌게바람	돌게바람	돌게바람
가물음	가물 업파	너무 말란따	가물	가문다	가문다	가문다
번개	번게불	벙게	번개	번게	번게	번게
벼락	벼락	벼락	벼락	벼락	벼락	벼락
뇌성	천둥	천둥친다	천둥친다	천둥	천둥	천둥
무지개	무지게	무지게	무지게	무지게	무지게	무지게
구룸	구룸	구룸	구룸	구룸	구룸	구룸
바람	바람	바람	바람	바람	바람	바람
하늘	하늘	하늘	하늘	하늘	하늘	하늘
달-무리	달움	달무리	달무리	달무리	달무리	달무리
새벽	도이-튼다	새벽	새벽혼다	새벽	새벽	새벽

〈그림 36〉 각 지역의 성별 어휘 처리 3

(4) 강릉 남여

지역	강릉	강릉	강릉	강릉	강릉	강릉
	50세 이상	30-40세	10-20세	50세 이상	30-40세	10-20세
질문어휘	남	남	남	여	여	여
가랑-비	가랑비	가랑비	구슬비	가랑비	이슬비	구슬비
고래장비	가품던다	장대비	장대비	고래장때비	장때비	장마,장때비
소나기	소나기	소나기	소나기	소나기	소나기	소나기
장마	장마	장마	장마	장마	장마	
홍수	홍수	홍수	수에	홍수	홍수	홍수
폭풍	폭풍	폭풍	태풍	폭풍	폭풍,태풍	태풍, 강풍
회오리-바람	돌게바람	돌게바람	회오리	돌게바람 히우리바람	돌게바람	회오리
가물음	가뭄이던다	가뭄	가뭄	가뭄,가뭄업	가뭄, 가뭄덜다	가뭄
번개	벙게	번게,벙게	번개	벙게	번게	번게
벼락	벼락	벼락	황	벼락	벼락	뻐락
뇌성	천둥번게친다	천둥	천둥소리	천둥	천둥	천둥소리
무지개	무지게	무지게	무지게	무지게	무지게	무지게
구룸	구럼	구룸	구룸	구럼	구름	바람
바람	바람	바람	바람	바람	바람	바람
하늘	하늘	하늘	하늘	하늘,하늘	하늘	하늘
달-무리	달무리	달무리	달무리	달믈	달무리	달무리,달빛

〈그림 37〉 각 지역의 성별 어휘 처리 4

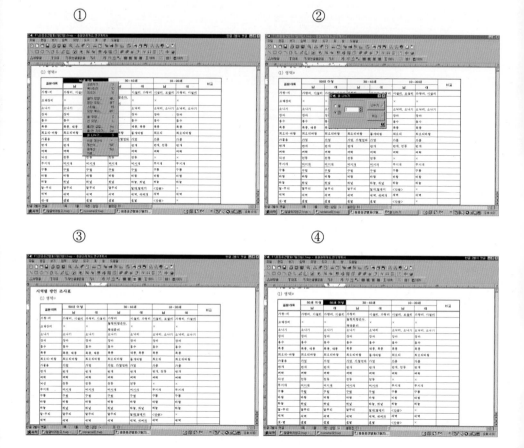

이와 같은 방법으로 전산 처리할 때에는 앞서 행했던 〈그림 23〉·〈그림 24〉·〈그림 25〉·〈그림 26〉의 자료를 활용하면 보다 쉽게 처리할 수 있다. 여기서 사용할 수 있는 방법은 앞서 여러 차례 언급한 바와 같이 흔글 기본 도구 상자의 '매크로'를 활용하는 것으로 그 단계를 간략히 소개하면 다음과 같다.

첫째, 먼저 〈그림 23〉·〈그림 24〉·〈그림 25〉·〈그림 26〉의 도표에서 각각의 성별에 연령 표시를 행한다. 이 전산 처리는 다음의 〈그림 38〉의 ①, ②, ③, ④와 같은 방법으로 처리 할 수 있다.

각각의 성별에 연령을 표시하는 방법은 먼저 〈그림 38〉의 ①과 같이 연령을 표시하고자 하는 표의 칸에 블록(단축 키 F5)을 씌운 다음, ②와 같이 마우스 오른쪽을 클릭하거나 흔글 기본 도구 상자에서 셀 나누기(단축 키 S)를 지정하여 칸을 두 개로 나눈다. 〈그림 17〉의 ③과 같이 칸을 두 개로 나눈 뒤 ④와 같이 연령을 표시하면 모든 처리가 끝이 난다.

둘째, 〈그림 37〉·〈그림 38〉·〈그림 39〉·〈그림 40〉의 자료들을 모두 연령 표시 처리를 한 뒤, 이들 창을 모두 열어 도표로 옮길 수 있도록 전산 처리 준비를 행해야 한다. 이때에도 〈그림 41〉과 같은 창 겹치기를 활용하면 된다.

셋째, 도표에 합당한 어휘 자료를 〈그림 37〉·〈그림 38〉·〈그림 39〉·〈그림 40〉의 자료에서 가져와 넣거나(〈그림 7〉·〈그림 8〉·〈그림 9〉 참조) 혹은 오른쪽으로 가져온 표 전체를 붙이는 작업(아래 〈그림 39〉·〈그림 40〉·〈그림 41〉 참조)을 할 수 있다.

① ②

③ ④

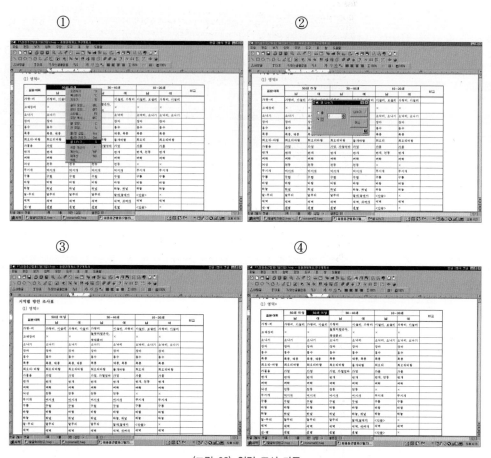

〈그림 38〉 연령 표시 가공

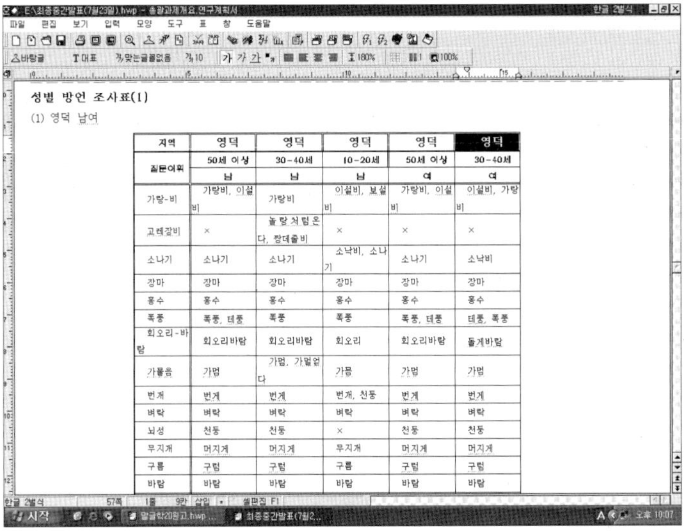

〈그림 39〉 표 전체 붙이는 가공 1

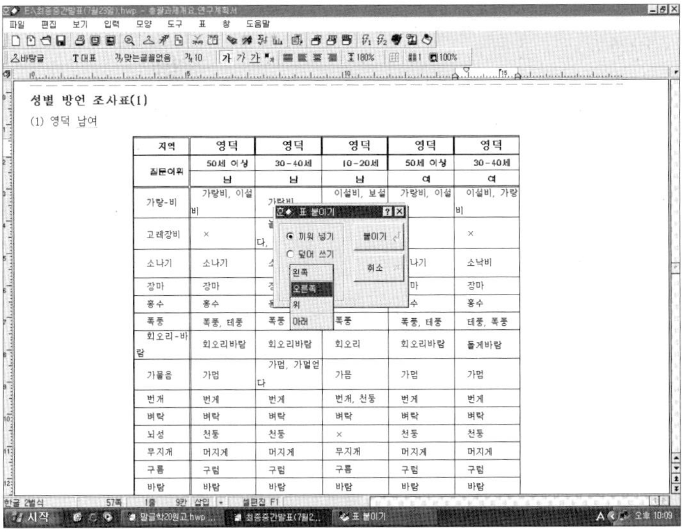

〈그림 40〉 표 전체 붙이는 가공 2

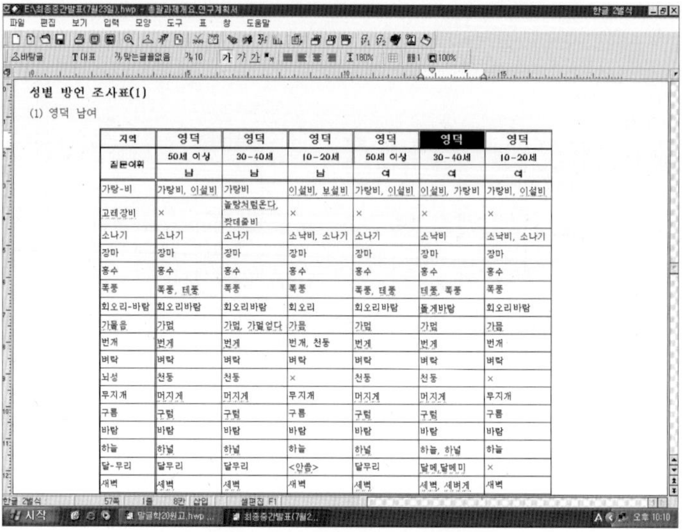

〈그림 41〉 표 전체 붙이는 가공 3

(2) 각 연령의 성별 어휘 자료 전산 처리

성별 어휘를 전산 처리하는 방법은 아래의 〈그림 42〉·〈그림 43〉·〈그림 44〉와 같이 각 연령별 통합 성별 어휘 자료를 전산 처리하는 방법이 있다. 이때에 유의할 것은 성별로 어휘 자료를 묶되 반드시 지역과 연령을 함께 구분하는 방법으로 가공해야 한다는 점이다. 이는 한번 정리한 자료를 지속적으로 활용하기 위한 방법으로서 차후에 다른 지역의 연령 및 성별 어휘 자료와 병행 배열하기 위한 기본 처리이기 때문이다. 그리고 항목별 표제어는 가나다순으로 배열하는 것이 좋으며, 연령이 같더라도 지역별로 나누어 처리하되 반드시 성별을 구분하여 남자(혹은 여자)를 앞세우고 여자(혹은 남자)는 뒤세우는 배열 방법이 가장 무난한 방법이다.

성별 방언 조사표(2)

(1) 50세 이상 성별비교

지역 / 질문어휘	영덕 50세 이상 남	울진 50세 이상 남	삼척 50세 이상 남	강릉 50세 이상 남	영덕 50세 이상 여	울진 50세 이상 여	삼척 50세 이상 여	강릉 50세 이상 여
가랑-비	가랑비,이슬비	가랑비,이슬비	가랑비	가랑비	가랑비,이슬비	가랑비,이슬비	가랑비	가랑비
고래갈비	×	짱대비	장대비	가룸단다	×	짱대비	개력하다	고래갈때비
소나기	소나기	소나기비	소내기	소나기	소나기	소나기비	소낙기	소나기
장마	장마	장마비/장마	장마철	장마	장마	장마비/장마	장마	장마
홍수	홍수	수매/민개	계락	홍수	홍수	수매/민개	홍수	수매
폭풍	폭풍,태풍	건새바람	퐁풍	퐁풍	폭풍,태풍	건새바람	퐁풍	퐁풍
회오리-바람	회오리바람	돌개바람/회오리바람	돌개바람	가품이던다	회오리바람	돌개바람/회오리바람	돌개바람	가품,가물업/회오리바람
가물음	가멈	가멈	가룸엄단	가품이던다	가멈	가멈	가룸	가멈
번개	번개	번개/천둥	번개불	번게	번개	번개/천둥	번게	번게
벼락	벼락	벼탁	벼락	벼락	벼락	벼락	벼락	벼락
뇌성	천둥	천둥	천둥번게친다	천둥	천둥	천둥	천둥	천둥
무지개	머지개	무지개/머지개	무지개	무지개	머지개	무지개/머지개	무지개	무지개
구름	구림	구림	구름	구림	구림	구림	구름	구림
바람	바람	바람	바람	바람	바람	바람	바람	바람
하늘	하널	하널/하늘	하늘	하널	하널	하널/하늘	하늘	하널,하늘
달-무리	달무리	달물 뒤울탄	달물	달무리	달무리	달물 뒤울탄	달무리	달물
새벽	새벽	새복/새복날/새복	도이~판다	동~이뗜다	새벽	새복/새복날/번	새복	동~이뗜다

〈그림 42〉 각 연령별 성별 어휘 처리 1

(2) 30-40세 성별비교

지역 / 질문어휘	영덕 30-40세 남	울진 30-40세 남	삼척 30-40세 남	강릉 30-40세 남	영덕 30-40세 여	울진 30-40세 여	삼척 30-40세 여	강릉 30-40세 여
가랑-비	가랑비	이슬비/보실비/부실비	가랑비	가랑비	이슬비,가랑비	이슬비/보실비/부실비	가랑비	이슬비
고래갈비	놀 탕 적 텄던 다,짱대울비	짱대비	억수장마	장때비	×	짱대비	×	장때비
소나기	소나기	소낙비/소나기	쏘내기	소나기	소낙비	소낙비/소나기	소나기	소나기
장마	장마	장마/장마철	장마철	장마	장마	장마/장마철	장마철	장마
홍수	홍수	홍수	개탁했다/개탁낱다	홍수	홍수	홍수	홍수	홍수
폭풍	폭풍	세찬바람/폭풍/태풍/강풍	퐁파	폭풍	태풍,폭풍	세찬바람/폭풍/태풍/강풍	폭풍	폭풍,태풍
회오리-바람	회오리바람	돌개바람	회오리	돌개바람	회오리바람	돌개바람	회오리	돌개바람
가물음	가멈,가물얼타	가뭄	마르다	가뭄	가멈	가물	너무 말랖타	가뭄,가뭄덜다
번개	번개	번게/번게	번게	번게,번게	번개	번게/번게	번게	번게
벼락	벼락	벼탁/벼락	벼락	벼락,벼락	벼락	벼탁/벼락	벼락	벼락
뇌성	천둥	천둥	천둥	천둥친다	천둥	천둥	천둥친다	천둥
무지개	머지개	무지개/머지개	무지개	무지개	머지개	무지개/머지개	무지개	무지개
구름	구림	구림	구름,구루미	구림	구림	구림	구름	구림
바람	바람	바람	바람	바람	바람	바람	바람	바람
하늘	하널	하널	하늘	하널	하늘,하널	하널	하늘	하널

〈그림 43〉 각 연령별 성별 어휘 처리 2

(3) 10-20세 성별비교

지역 질문어휘	영덕 10~20세 남	울진 10~20세 남	삼척 10~20세 남	강릉 10~20세 남	영덕 10~20세 여	울진 10~20세 여	삼척 10~20세 여	강릉 10~20세 여
가랑-비	이슬비, 보슬비	가랑비,이슬비/보슬비	보슬비	구슬비	가랑비, 이슬비	가랑비/이슬비/보슬비	가랑비	구슬비
고래갈비	×	장때비	계탁	장대비	×	장마비	폭우	장마,장대비
소나기	소낙비, 소나기	소낙비, 소나기	소나기	소나기	소낙비, 소나기	소나기	소나기	
장마	장마	장마/우기	장마	장마	장마	장마/우기	장마	
홍수	홍수	홍수		홍수	홍수	홍수	홍수	
폭풍	폭풍	폭풍/태풍	태풍	태풍	폭풍	폭풍/태풍	태풍	태풍, 강풍
회오리-바람	회오리	돌개바람	회오리	회오리	회오리바람	돌개바람	회오리	회오리
가뭄	가뭄	가물다/가뭄/가뭄든다	가물다, 가뭄	가뭄	가뭄	가물다/가뭄/가뭄든다	가뭄	가뭄
번개	번개, 천둥	번개, 천둥	번개	번개	번개	번개, 천둥	번개	번개
벼락	벼락	벼락/벼락	벼락	황	벼락	벼락/날벼락	벼락	꽈광
뇌성	×	천둥	천둥친다	천둥소리	×	천둥	천둥친다	천둥소리
무지개	무지개	무지개/므지개	무지개	무지개	무지개	무지개/므지개	무지개	무지개
구름	구름	구럼/구름	구름	구름	구름	구럼/구름	구름	구름
바람	바람	바람	바람	바람	바람	바람	바람	바람
하늘	하늘	하늘	하늘	하늘	하늘	하늘	하늘	하늘
달-무리	〈안씀〉	달무리	달무리	달무리	×	달무리	달무리	달무리,달밤
새벽	새벽	먼동이튼다	새벽온다	새벽	새벽	새벽	새벽온다	새벽
샛-별	〈안씀〉	샛별	별	금성	×	샛별	별, 샛별	샛별

〈그림 44〉 각 연령별 성별 어휘 처리 3

(3) 성별 특정 어휘 추출

위의 항목 (1)과 (2)의 자료를 활용하여 영덕·울진·삼척·강릉의 조사 어휘 가운데 성별 특징을 가장 잘 비교할 수 있는 특정 어휘를 골라 아래의 〈표 3〉과 같은 빈도를 추출해 낼 수 있다.

특정 어휘는 지역별·연령별 어휘 자료와 동일한 '회오리바람, 가풀막, 징검다리, 그저께, 글피, 아래께, 사흗날, 나흗날, 엿새, 아흐렛날, 열흘, 밤새도록, 갱, 막걸리, 흰떡, 달걀'의 16개 항목이다. 아래의 표에서 '괄호( )' 속은 빈도를 뜻하며 조사 항목의 배열 순서는 가나다순으로 처리하였다.

〈표 3〉 성별 특정 어휘 실현 빈도

조사 항목		50대 이상	30~40대	10~20대
가풀막	남	고바위(1) : 언덕빼기(1) : 비탈(1) : 꼬데이ᄉ(1)	고바위(1) : 비탈류(3) : 언덕빼기(1)	비탈(3) : 언덕빼기(2)
	여	고바위(2) : 비탈(1) : 꼬데이ᄉ(1)	비탈류(3) : 언덕빼기(1)	비탈(2) : 언덕빼기(1) : 오르막(1) : 고개(1)
갱	남	콩나믈죽(2) : 갱(2)	탕(2) : 갱(2)	탕(2) : 국물(1) : ×(1)
	여	콩나믈죽(2) : 갱(2)	탕(2) : 갱(2)	탕(2) : 국물(1) : ×(1)
그저께	남	아래(3) : 거제류(2)	아래(2) : 거제류(2)	아래(2) : 그저께류(2)
	여	아래(2) : 거제류(4)	아래(2) : 거제(2)	아래(1) : 그저께류(3)
글피	남	내리모레(1) : 저모레(1) : 걸페(2)	저모레(1) : 걸피(3)	내일모레(1) : 글피(3)
	여	저모레(2) : 걸페(2)	저모레(2) : 걸페(2)	내일모레(2) : 글피(2)
나흗날	남	나헐(4)	나헐/나얼(4)	나흘(2) : 사일(2)
	여	나헐/나알(4)	나헐/나얼(4)	나흘(3) : 사일(2)
달걀	남	개럅/겨란(4) : 달걀(1)	개란(2) : 달걀(4)	개란(1) : 달걀(4)
	여	개럅/겨란(4) : 달걀(3)	개럅(2) : 달걀(3)	계란/개란(2) : 달걀(3)
막걸리	남	막껄리(4) : 농주(1)	막껄리(4) : 농주(1) : 탁주(1)	막껄리류(4) : 동동주(1)
	여	막껄리(3) : 농주(1) : 탁주(1)	막껄리(4) : 농주(2)	막껄리류(4) : 동동주(1)
밤새도록	남	거멈밤(1) : 밤새기/밤도록(3)	긴긴밤(2) : 밤새기(2)	×(1) : 동지(1) : 밤새도록(2)
	여	긴긴밤(2) : 밤새기/밤새(2)	진진밤(2) : 밤새기(2)	한밤(1) : 동지(1) : 밤새도록(2)
사흗날	남	사헐(4)	사흘/사얼(4) : 삼일(1)	사흘(2) : 삼일(2)
	여	사헐/사알(4)	사흘/사얼(4)	사흘(2) : 삼일(2)
아래께	남	아래(3) : 먼제(1)	아래(2) :저먼제(1) : 저번날(1)	아래류(3) : 그저께류(3)
	여	아래(3) : 먼제(1) : 거저께(1)	아래(4)	아래류(3) : 언거저께(1)
아흐렛날	남	아허레(4)	아허레(4) :구일(1)	아흐레(1): 구일(3)
	여	아허레(4) :구일(1)	아허레(4): 구일(1)	아흐레(2) :구일(2)
열흘	남	여럴/열헐6(4)	열헐(4)	열흘(2) : 십일(2)

조사 항목		50대 이상	30~40대	10~20대
	여	여릴/열헐(4)	여릴/열헐(4)	열흘(4) : 십일(1)
엿새	남	거범밤(1) : 밤새기/밤도록(3)	긴긴밤(2) : 밤새기(2)	×(1) : 동지(1) : 밤새도록(2)
	여	여새/연새(4)	여새/연쨰(4) : 육일(1)	연새(2) : 육일(2)
징검다리	여	징검다리(1) : 돌다리(4)	돌다리(4)	징검다리(3) : 돌다리(1)
	여	사헐/사알(4)	사흘/사얼(4)	사흘(2) : 삼일(2)
회오리바람	여	회오리(3) : 돌개바람(3)	회오리(2) : 돌개바람(2)	회오리(3) : 돌개바람(1)
	여	아래(3) : 먼제(1) : 거저께(1)	아래(4)	아래류(3) : 얻거저께(1)
흰떡	남	아허레(4)	아허레(4) : 구일(1)	아흐레(1) : 구일(3)
	여	백찜(1) :북씸이(1) : 흰떡(1) : 시리떡(1)	백찜(2) : 흰떡(2)	백찜(2) : 백설기(2) : 하얀떡(1)

이와 같은 전산 처리로 제공할 수 있는 정보는 대략 '경음화 현상', '비음화 현상', '특정 모음의 변화 양상', '성별 특징 어휘(①전체 비교, ②연령별 남·여 비교, ③성별 특정 어휘 비교)', '성별 공통 어휘(①성별 전체간 동일 어형 사용, ②성별 공통 어휘 사용 비교)', '성별 어휘항목 인지능력', '성별 표준항목 사용능력' 등을 들 수 있다.[20]

---

20) 이들 성별 정보에 대한 자세한 자료는 남경란(2003ㄴ)을 참조 할 수 있다.

IV. 말뭉치 구축과 활용

원문과 어휘 빈도 산출 말뭉치 구축

1. 원전 검토 작업

원시말뭉치를 전산으로 처리할 때는 반드시 문헌(혹은 녹취·녹화 등)의 원본과 여러 차례 대조·수정·검토를 선행해야 한다. 이는 원시말뭉치가 일단 구축되어 가공되면 파급 효과가 빠르고도 신속하므로 다양한 빈도 측정과 통계 작업에 바로 사용되기 때문에 전산 입력의 오류 및 (구문, 어절, 형태소)오분석에 대한 검증이 없는 상태에서 구축·활용된다면 그 말뭉치를 이용하여 처리한 모든 정보는 무효가 될 수도 있기 때문이다. 뿐만 아니라 이는 이미 익히 우리가 잘 알고 있는 문법 정보에서의 중의성 문제, 형태음소적 교체의 맞춤법 문제와도 결부되어 연쇄적 문제를 돌출 시킬 수 있다. 특히 국어학에서 특정 품사의 분포나 변화 양상 등을 산출해 내고자 할 때는 더더욱 그러하다. 그러므로 원시말뭉치를 가공하고자 할 때는 반드시 원본과의 수정·검토 작업을 해야 한다.[1]

---

1) 이하의 원문과 어휘 빈도 산출 말뭉치 구축은 남경란(2003ㅁ)의 내용 일부분을 발췌하여 기술하였음을 밝혀 둔다.

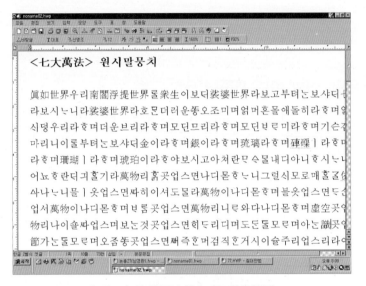

〈그림 45〉 중세한국어 언해 자료 원시말뭉치

2. 원문 정보 제공을 위한 1차 가공

원시말뭉치의 수정·검토 작업이 끝난 뒤에는 먼저 연구자가 원하는 중세한국어 언해 자료의 원시말뭉치(〈그림 45〉)를 원문 정보가 제공되도록 1차 가공 전산 처리를 해야한다. 이 1차 가공이란 다름이 아닌 원문의 장(張)과 면(面) 및 행(行)에 맞게 원시말뭉치를 아래의 〈그림 46〉과 같이 끊어서 처리한다.

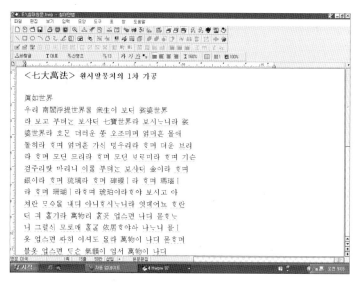

〈그림 46〉 원문 정보 제공을 위한 1차 가공 전산화 1

　지금까지 구축된 말뭉치들은 대개 장까지만 확인할 수 있도록 처리
되어 있으나 본 연구자가 구축한 말뭉치들은 모두 면과 행까지 함께 나
타내 주는 방식으로 처리되어 있어 연구자들이 보다 더 손쉽게 이용할
수 있도록 하였다.

　중세한국어, 또는 국어사 연구에 있어서 원문의 정보는 대단히 중요
하다. 특정 어휘, 또는 구문이 어느 문헌, 몇 장(張), 어느 면(面), 몇 행
(行)에 해당하는가를 알아야 연구자가 그 자료의 원문을 찾아 확인할
수 있기 때문이다. 그러므로 이러한 정보를 제공하기 위한 전산 처리의
전 단계가 바로 〈그림 46〉인 것이다.

　그 다음은 원시말뭉치를 끊어 처리한 〈그림 46〉의 말뭉치를 문헌의
장(張)과 면(面) 및 행(行)의 정보를 나타내는 동시에 어절의 정보를 나

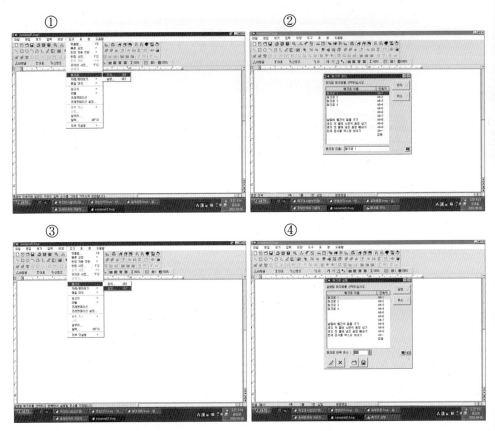

〈그림 47〉 기본 도구 상자에서의 매크로 실행 순서

타내는 형태로 가공 처리를 한다. 가령 '1장 앞면 1행'이라는 정보를 주고
자 할 때는 먼저 장의 정보(1장→01)를 주고 그 다음에 면의 정보(앞면→
a, 뒷면→b)[2]와 행의 정보(1행→-1, 9행→-9)[3]를, 즉 (01a-1)로 처리한다.[4]

---

2) 면의 정보를 처리할 때는 연구자, 혹은 전산 처리자가 그 앞면과 뒷면의 정보를
   나타내주는 기호는 임의로 정할 수 있다(앞면→ㄱ, ㅇ : 뒷면→ㄴ, ㄷ 등등).
3) 만약 행의 정보가 10행이 넘을 경우에는 행의 정보를 나타내는 숫자는 두 자리

이러한 처리 작업이 끝나면 그 다음에 할 작업은 각 행별로 어절 단위의 정보 태그(tag)를 준다.[5] 이는 연구자들이 필요로 하는 특정 어휘를 추출해 내기 위해 꼭 필요한 작업이라 할 수 있다. 이때 각 장과 면 및 행별로 정보를 주는 작업은 한글의 기본 도구 상자에서 매크로[6]를 이용하여 처리하면 단 몇 분 안에 처리할 수 있다.

매크로를 실행할 때는 〈그림 47〉의 ①번과 같이 먼저 한글 기본 도구 상자에서 매크로의 정의를 정해야 한다. 연구자, 혹은 전산자가 원하는 정보를 순서대로 기억해 두었다가 한꺼번에 그대로 다시 실행하는 기능을 매크로라 하는데 이때의 기억 정보는 100가지를 한꺼번에 기억해준다. 기억되는 100가지 입력 정보는 하나의 정의로 택할 수 있고 이러한 정의는 한글에서는 모두 11개를 저장할 수 있는데, 이때 유의해야 할 사항은 한번 저장한 정의는 아래의 〈그림 47〉의 ④와 같이 500회 반복(한글 3.0에서는 5,000회 실현) 실현되지만 그 정의 위에 다른 정의를 덮어씌웠을 경우에는 덮어씌우기 전의 정의는 모두 사라진다는 사실이다. 중세한국어, 또는 국어사 자료의 전산화 처리에서는 이 메크로 방법을 활용하여 그 작업의 속도를 조절하거나, 자료를 다양화 할 수 있다. 이에 대한 자세한 방법은 추후 다시 설명하기로 한다.

이렇게 매크로 정의를 활용하여 작업한 것이 다음의 〈그림 48〉 1이

수로 하면 더욱 효율적이다(-01, -02, -03····11, -12 등).

4) 만약 '몰애(칠대01a-4)'라는 어휘 정보가 있다면 이 어휘 뒤에 처리되어 있는 정보 '(칠대01a-4)'는 "문헌 《칠대만법》의 1장 앞면 4행에 나타나므로 그 곳을 찾아 보면 된다"는 의미를 제공하고 있는 것이다.

5) 태그란 말뭉치의 문법 정보 주석에 사용되는 코드를 의미하는 것으로 본 연구자가 구축한 말뭉치는 전부 띄어쓰기로 정보를 제공함을 원칙으로 한다.

6) '매크로'란 한글에서 사용자가 입력하는 키보드 입력 순서를 기억해 두었다가 한꺼번에 그대로 다시 실행하는 기능이다.

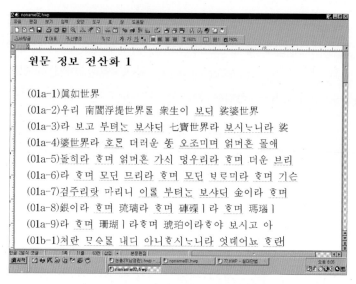

〈그림 48〉 원문 정보 제공 1차 가공 전산화 1

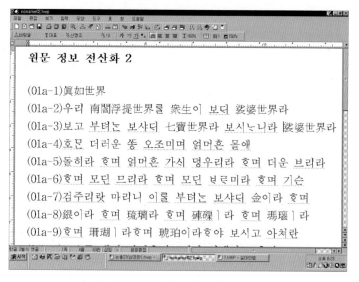

〈그림 48〉 원문 정보 제공 1차 가공 전산화 2

다. 그리고 각 행별 어절 단위 정보까지 처리가 되면 그 다음에는 〈그림 48〉 2와 같이 행과 행 사이에 걸쳐 나타나는 어절들을 하나의 어절로 묶는 작업을 행해야 한다. 이때 분리된 어절을 하나의 어절로 묶는 방법은 어절이 시작되는 첫 부분의 원문 정보를 기본 정보로 삼는 것이 타당하다. 이러한 작업들은 가공된 말뭉치를 이용하여 어휘 빈도 측정을 하기 위해서는 꼭 필요한 기초작업이라 할 수 있다.

> (1) (01a-3)라 보고 부텨는 보샤딕 七寶世界라 보시느니라 娑
>   (01a-4)婆世界라 호문 더러움 쫑 오조미며 얽머흔 몰애
>   ⇩
>   (01a-3)보고 부텨는 보샤딕 七寶世界라 보시느니라 娑婆世界라
>   (01a-4)호문 더러움 쫑 오조미며 얽머흔 몰애

3. 어휘 빈도 측정을 위한 2차 가공

위의 2.와 같이 원시말뭉치의 원문 정보 전산 처리가 끝나면 이를 이용하여 각 어절의 빈도를 측정하기 위한 2차 가공 전산 처리를 해야한다.

각 어절의 빈도 측정을 위해서는 먼저 〈그림 47〉의 ②와 같이 원문 정보가 있는 말뭉치를 다시 행별 어절 단위 정보, 즉 띄어쓰기를 찾아 그 각각의 어절에 장(張)과 면(面) 및 행(行)의 정보를 나타내는 전산 작업을 한다. 이렇게 전산 처리를 행한 것이 아래의 〈그림 49〉의 ①과 ② 이다.

①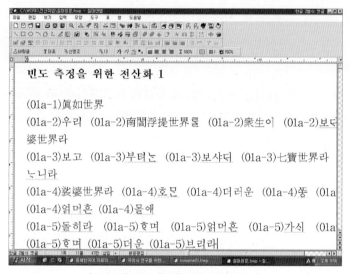

〈그림 49〉 빈도 측정을 위한 전산화 1-①

②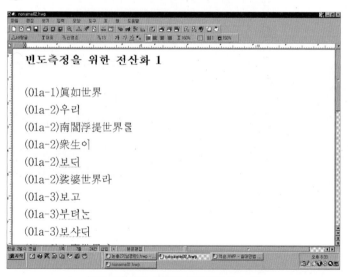

〈그림 49〉 빈도 측정을 위한 전산화 1-②

(2) (01a-3)보고 부텨ᄂᆞᆫ 보샤ᄃᆡ 七寶世界라 보시ᄂᆞ니라 娑婆世界라
　　(01a-4)호ᄆᆞᆫ 더러움 쏭 오조미며 얽머흔 몰애
　　　　　　　　　　　⇩
(01a-3)보고　　(01a-3)부텨ᄂᆞᆫ　　(01a-3)보샤ᄃᆡ　　(01a-3)七寶世界라
(01a-3)보시ᄂᆞ니라 (01a-3)娑婆世界라
(01a-4)호ᄆᆞᆫ (01a-4)더러움 (01a-4)쏭 (01a-4)오조미며 (01a-4)얽머
흔 (01a-4)몰애
　　　　　　　　　　　⇩

(01a-3)보고	(01a-4)호ᄆᆞᆫ
(01a-3)부텨ᄂᆞᆫ	(01a-4)더러움
(01a-3)보샤ᄃᆡ	(01a-4)쏭
(01a-3)七寶世界라	(01a-4)오조미며
(01a-3)보시ᄂᆞ니라	(01a-4)얽머흔
(01a-3)娑婆世界라	(01a-4)몰애

　일단 〈그림 49〉의 ①과 ②처럼 전산 처리가 끝나면 다시 이를 아래의 〈그림 50〉과 같이 장과 면 및 행의 정보를 어절 뒤로 보내어 어절의 빈도를 측정할 수 있는 기초 단계를 구축해야한다. 이는 어절의 빈도 측정을 위해서는 장, 면, 행의 정보보다 어절의 정보가 중요하기 때문이다. 최종 어절을 산출할 때에도 어절의 첫 부분에 맞춰 가나다순, 발음순으로 소트를 하거나 혹은 역순, 코드순으로 처리하기 때문에 원문의 정보도 중요하지만 어절의 정보가 훨씬 더 중요한 것이다.

(3) (01a-3)보고　　　　　　　　　　보고(01a-3)
　　(01a-3)부텨ᄂᆞᆫ　　　　　　　　부텨ᄂᆞᆫ(01a-3)
　　(01a-3)보샤ᄃᆡ　　　　　　　　　보샤ᄃᆡ(01a-3)
　　(01a-3)七寶世界라　⇨　　　　七寶世界라(01a-3)

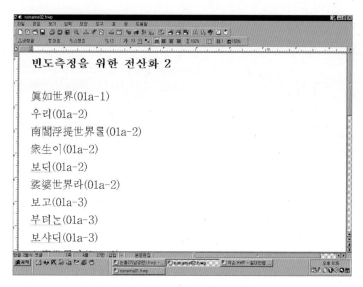

〈그림 50〉 빈도 측정을 위한 전산화 2

(01a-3)보시ᄂ니라		보시ᄂ니라(01a-3)
(01a-3)娑婆世界라		娑婆世界라(01a-3)
(01a-4)호ᄆ		호ᄆ(01a-4)
(01a-4)더러움		더러움(01a-4)
(01a-4)쏭	⇨	쏭(01a-4)
(01a-4)오조미며		오조미며(01a-4)
(01a-4)얽머혼		얽머혼(01a-4)
(01a-4)몰애		몰애(01a-4)

이와 같은 전산 처리 작업이 마무리되면 〈그림 50〉의 말뭉치를 다시 아래의 〈그림 51〉과 같이 한글 기본 도구 상자에서 소트 처리 시스템을 적용하여 빈도 측정을 위한 소트 작업을 한다. 소트 처리를 하기 전에 먼저 〈그림 51〉의 ①과 같이 처리하고자 하는 어절, 또는 어휘의 분량

① ②

〈그림 51〉 소트 처리 방법

을 정해 이를 블록으로 씌우고 〈그림 51〉의 ②와 같이 소트 처리를 해야한다. 이때 소트의 기준은 한국어 처리의 일반적 기준으로 하되 순서는 '가나다' 순으로 하고 비교 방향은 '앞'으로, 방법은 '발음' 순으로 하여 처리한다.

이와 같은 방법으로 소트를 처리하면 아래의 〈그림 52〉와 같이 문헌의 원시말뭉치가 연구자들이 연구하기에 알맞은 어휘들이 가나다순으로 배열되면서 빈도를 측정할 수 있는 상태로 모여지게 된다. 이때의 가나다순은 한글과 한자의 구분이 없이 차례 매김을 한다.

(4)	1	보고(01a-3)			8	더러움(01a-4)
	2	부텨는(01a-3)			12	몰애(01a-4)
	3	보샤딕(01a-3)			1	보고(01a-3)
	4	七寶世界라(01a-3)			3	보샤딕(01a-3)
	5	보시느니라(01a-3			5	보시느니라(01a-3
	6	娑婆世界라(01a-3)	→		2	부텨는(01a-3)
	7	호믄(01a-4)			6	娑婆世界라(01a-3)

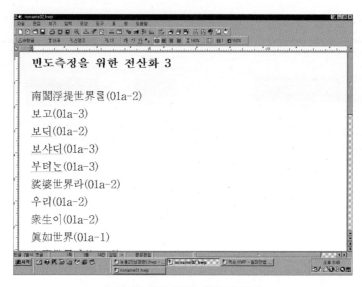

〈그림 52〉 빈도 측정을 위한 전산화 3

8 더러움(01a-4)	9 쏭(01a-4)
9 쏭(01a-4)	11 얽머흔(01a-4)
10 오조미며(01a-4)	10 오조미며(01a-4)
11 얽머흔(01a-4)	4 七寶世界라(01a-3)
12 몰애(01a-4)	7 호믄(01a-4)

이상의 방법에 따라 중세한국어 언해 자료를 전산 처리하면 〈그림 59〉와 같은 원시말뭉치가 〈그림 46〉·〈그림 47〉·〈그림 48〉·〈그림 49〉·〈그림 50〉·〈그림 51〉·〈그림 52〉와 같은 전산 처리 작업 과정을 거치면 아래의 〈그림 53〉과 같은 최종 어휘들이 빈도 정보와 함께 가나다순으로 처리되어 국어학 연구에 다양한 정보를 제공할 수 있게 된다.

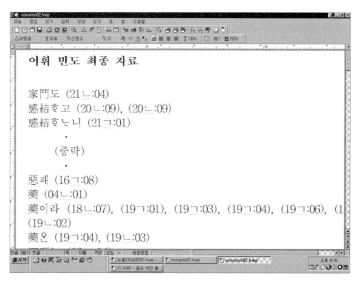

〈그림 53〉 최종 어휘 빈도 산출 자료

4. 어휘 정보 산출을 위한 3차 가공

위의 3.2와 3.3.과 같이 원시말뭉치의 원문 정보 전산 처리를 이용하여 각 어절의 빈도 측정을 위한 2차 가공 전산 처리가 끝이 나서 각 어절의 빈도와 장, 면, 행의 정보가 제공되면 이를 다시 〈그림 55〉·〈그림 57〉과 같은 3차 가공 처리를 하여 연구자가 추출해 내고자 하는 특정 어휘를 찾아내는 전산 작업을 행할 수 있다. 이것이 바로 〈그림 54〉의 정순과 〈그림 56〉의 역순의 소트 작업이다.

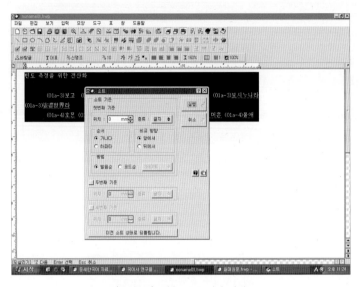

〈그림 54〉 정순 소트 처리 방법

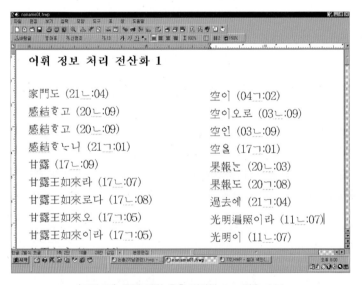

〈그림 55〉 특정 어휘 추출 전산화 1 - 정순 소트

〈그림 55〉는 원시말뭉치에서 연구자가 원하는 특정 어휘 추출을 위해 원문 정보와 빈도 정보까지 포함된 말뭉치를 바탕으로 한자와 한글을 분리해서 처리해 주는 방식7)을 택하여 한글 기본 도구 상자에서 소트 처리 시스템을 적용하여 정순 소트 작업을 한 것이다. 이때 소트의 기준은 한국어 처리의 일반적 기준으로 하되 순서는 '가나다' 순으로 하고 비교 방향은 '앞'으로, 방법은 '발음' 순으로 하여 처리한다. 이러한 전산 처리는 특정 품사나 특수 어휘, 특정 한자 등을 추출하고자 할 때 사용할 수 있는 매우 유용한 전산 처리 방법이다.

정순 소트와는 달리 조사, 어미, 첨사 등 문법 형태소나 부사어 등의 부류를 한꺼번에 추출하고자 할 때는 아래의 〈그림 57〉과 같이 원문 정보와 빈도 정보까지 포함된 말뭉치를 바탕으로 한자와 한글을 분리해서 처리해 주는 방식을 택하여 한글 기본 도구 상자에서 소트 처리 시스템을 적용하여 역순 소트 작업을 하면 된다. 소트의 기준은 〈그림 56〉과 같이 한국어 처리의 일반적 기준으로 하되 순서는 '가나다' 순으로 하고 비교 방향은 '뒤'로, 방법은 '발음' 순으로 하여 처리하여야 한다. 이때 주의할 점은 어절에 처리된 장, 면, 행의 정보를 앞서 언급된 〈그림 52〉와 같이 당연히 어절 뒤로 보내어야 어절의 뒤쪽 정보를 순서대로 제공할 수 있음을 명심해야 한다.

---

7) 본 연구자가 구축한 말뭉치 자료는 모두 한자와 한글을 분리해서 처리해 주는 방식으로 전산화 시켰는데 이러한 방식에 대해서는 추후 다시 언급하기로 한다.

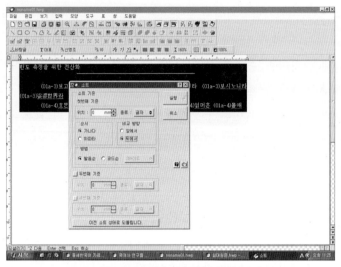

〈그림 56〉 역순 소트 처리 방법

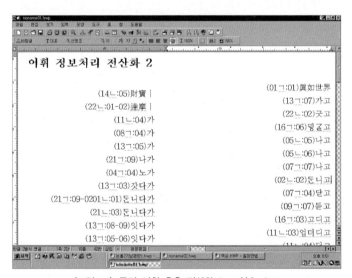

〈그림 57〉 특정 어휘 추출 전산화 2 – 역순 소트

5. 최종 어휘 산출을 위한 마무리

위의 3.2., 3.3., 3.4.와 같이 원시말뭉치의 원문 정보 전산 처리를 이용하여 각 어절의 빈도 측정을 위한 2차 가공과 연구자가 추출해 내고자하는 특정 어휘를 위한 3차 가공 처리가 끝나면 〈그림 58〉과 같이 연구자가 필요로 하는 최종 어휘를 산출할 수 있다. 이때의 최종 어휘들은당연히 각 어절의 빈도와 장, 면, 행의 정보가 제공될 때 그 가치가 인정될 것이다.

이렇게 산출된 어휘들은 대개 국어학적으로 표기나 음운, 형태, 어휘등의 쓰임이 특이하거나 연구 거리가 많은 말뭉치로 구성되어 중세한국어 언해 자료의 특성을 밝히는 데 중요한 정보를 제공함과 동시에 중세한국어의 통사적, 어휘적 특성을 밝히는 기초 자료를 제공하기에 충분할 것이다.

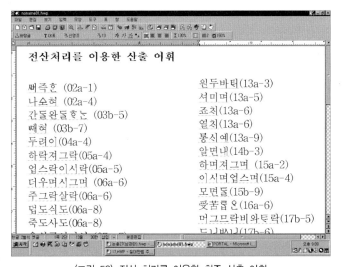

〈그림 58〉 전산 처리를 이용한 최종 산출 어휘

한국어의 통시적 말뭉치 구축과 활용

국어 자료에 있어서의 시간적인 위치란 '서명(書名)'과 '간행 연대'라 정의할 수 있다. 이를 전산언어학적인 차원에서 본다면 '서명'은 공간의 의미로, '간행 연대'는 곧 시간의 의미로 대응시킬 수 있을 것이다. 따라서 이 글에서 제시하는 시간적 위치 속에는 '서명'과 '간행 연대', 즉 시간과 공간이 함께 존재한다.

일반적으로 원문의 시간적인 정보는 말뭉치의 헤더(header)에만 제공되어 있을 뿐 본문(text)의 기본적인 측정단위에는 시간정보가 전혀 제공되지 않고 있다.

```
<title>소학언해1 도산서원본,
전자파일</title><edition><date>19?</date>전산입력</edition><extent>1603 어절</extent>
<idno>a6cg0013.hwp(Ksheh010.hwp)</idno>
<title>소학언해1 도산서원본</title>
<pubPlace>서울</pubPlace>
<publisher>홍문각</publisher>
<date>1984</date>
<creation><date>1586</date></creation>
<catRef scheme='SJ21' target='P6CG'>역사자료: 16세기, 언해/번역자료, 교민서류</catRef>
<date></date>
<resp>입력자</resp><name>송○○</name>
[item]소학범1장~소학116장[/item]
```

〈그림 59〉 일반적 원문 정보 처리의 예

  이와는 달리 본 연구자는 본문에 속에 '서명' 정보를 추가하고 여기에 권(卷)과 장(長), 행(行)의 기본적인 정보를 제공한 데이터베이스를 지속적으로 구축하고 있다.

  그러나 국어 어휘 변화의 통시적인 연구를 위한 데이터베이스를 구축할 때에는 시대별 어휘 빈도 조사를 통해 점진적인 어휘 확산이 어떻게 실현되고 있으며, 어떤 형태들이 있으며, 현재는 어떤 의미로 사용되고 있는지를 고찰해야 한다는 사실을 감안할 때 시간적인 위치에서 '서명'과 '간행연대'가 동시에 제공되는 것이 바람직하다. 이때의 이들 시간 정보는 본문의 권(卷)과 장(長), 행(行) 뿐만 아니라 각 어휘에까지 제공됨을 뜻한다.

  이와 같이 시간 정보가 제공된 데이터베이스는 어휘의 최초 출현 시기와 최후 출현 시기의 정보를 연구자에게 제공해 주며 아울러 그 어휘가 어떠한 변화를 거쳐 오늘에 이르렀는가를 한눈에 살펴볼 수 있는 정보까지 제공해 줄 수 있기 때문에 하나의 정보를 추가함으로써 얻어지는 정보는 실제로 연구를 행하는 연구자들에게는 다양하게 (가령 정순 색인이나 역순 색인 등) 활용될 수 있을 것이다.8)

---

8) 이하는 남경란(2004)의 내용을 활용하여 기술하였음을 밝혀 둔다.

〈그림 60〉 '서명' 정보 제공 자료

〈그림 61〉 행별 시간 정보 처리

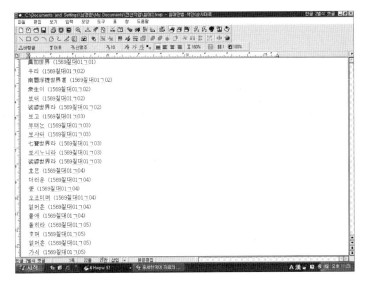

〈그림 62〉 어휘별 시간 정보 처리

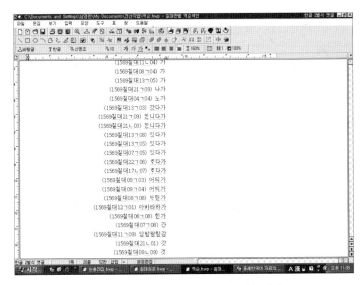

〈그림 63〉 시간 정보 처리된 어휘의 역순 색인

국어 자료 가운데서도 어휘 변화를 통시적으로 고찰하기 위해서는 데이터베이스를 구축할 때 실질적으로 요구되는 정보는 방점, 이본 병행, 한자와 한자음, 한자와 번역문 등의 정보라 할 수 있다. 이러한 정보들은 대개 정밀하고 세밀한 것들로, 이러한 정보를 추출하기 위해서는 크게 7단계로 가공 처리할 수 있다.

1.원문 정보 처리 단계, 2.방점 정보 처리 단계, 3.한자와 한자음 대응 정보 처리 단계, 4.한문과 번역문 대응 정보 처리 단계, 5.어휘 빈도 산출을 위한 전산 처리 단계, 6.이본별 통사구문 병행 전산 처리 단계, 7. 본별 어절 병행 전산 처리 단계, 8.차자 자료 전산 처리 단계가 그것인데 이 가운데 2. 방점 정보 처리 단계는 다시 ①언해문에서의 처리 단계와 ②한자음에서의 처리 단계로 나눌 수 있으며 이들 말뭉치 가공 7단계는 그 각각이 다시 5에서 7단계의 세부 단계로 나누어 가공할 수 있다.9)

위에서 제시한 시간 정보는 '서명'이라는 공간적 의미와 '간행연도'라는 시간적 의미의 관계에 근거해서 체계는 순차적으로, 예를 들어 간행연도, 서명, 권장차 등과 같이 나열할 수도 있고, 역차적으로 예를 들어 권·장차, 서명, 간행연도 등으로 나열할 수 있다. 이렇게 순차적일 수도 있고 역차적일 수도 있는 나열이 시간정보의 근본을 이룬다.10)

---

9) 보다 더 자세한 정보 처리는 남경란 (2003ㄷ)을 참조할 수 있다.

10) 현대 사회에서는 시간적 추론은 시계와 달력이라는 외부적 체계에 의해서 지원된다. 그러나 인간의 인지에 대한 실재적인 모형은 함수 명제에 시간도장, 예를 들어 [2000년 10월 19일 목요일 9:45:24]와 같은 각인을 제공할 수 있는 절대적인 내부적 시계를 설정해서는 안 된다. 그것은 통상적 순환적 사건이 결여되어 있는 상황에 의해서 보여줄 수 있다. 예를 들어 창 없는 빈 독방에 시계도 없이 갇혀 있으면 인간은 고통스럽게도 시간적 정위를 잃게 된다. 이와 유사한 공간적인 추론도 장소 사이의 관계와 거리를 특징짓는 지도와 기호의 외적 체계에 의

이처럼 시간 정보의 순서를 나열하는 것은 각각의 개별 문헌 속에 표기된 어휘들의 '서명' 정보와 '시간(간행 연대)' 정보, 그리고 '이형태'들의 정보를 구조화하여 동시에 색출할 수 있게 하는 기초로서의 기능을 가능하게 한다. 뿐만 아니라 〈그림 63〉에서와 같이 역순으로 처리된 정보들은 각 어휘의 시대별 추이를 한눈에 볼 수 있게 하므로 국어 어휘 변화의 통시적 연구를 위해서는 데이터베이스를 처음 구축할 당시에 처리해 주는 것이 가장 바람직한 방법이라 하겠다.

그렇기 때문에 시간적 정보의 처리는 연구자의 연구 범위와 활용 능력에 따라 언제든지 재구성될 수 있음을 전제로 한다.

1. 어휘 변화 연구를 위한 정보 처리

이 글에서의 재구성은 잠정적으로 지금부터 논의될 서로 다른 세 개의 정보, 즉 어휘(최초 출현), 유사 어휘(이형태, 변이형), 그리고 의미(현재의 사전적 의미)정보에 기반을 두고 있다. 이들 정보를 추출하기 위해서는 다음과 같은 3가지 단계가 만족되어야 한다.

1. 어휘 정보 - 가장 이른 시기에 나타나는 어휘에 관한 정보 처리(최초 출현 서명의 시대정보)
2. 유사 어휘 정보 - 최초 어휘에 대한 변이형의 정보 처리(서명, 간행

해서 지원 받는다. 그러나 마치 절대적인 내적 시계가 없이 시간적으로 추론을 할 수 있는 것과 같이, 공간적인 추론도 외적인 환경을 표상하는 내적인 지도상에서 인지 주체의 위치를 끊임없이 갱신시키는 절대적인 위치 체계가 없이도 가능하다(롤란트 하우써 2002 참조).

연대, 저자, 경전별 분류)
　3. 의미 정보 - 현재의 의미에 관한 정보 처리(사전 표제어 및 정의)

　연구자가 국어 어휘의 통시적 변화에 대한 연구를 수행하기 위해서는 원시말뭉치를 이 연구에 합당한 말뭉치로 재구성해야 한다. 그러기 위해서는 먼저 기본 말뭉치에서 필요한 어휘의 정보를 추출하고, 그 다음에 추출된 어휘들을 모으고, 모아진 어휘를 연구자의 연구를 위한 새로운 말뭉치로 구축하는 과정을 거쳐야 한다.

　새로운 말뭉치는 2 부류로 나누어 이루어질 수 있다. 하나는 연구자가 현재 의미정보로부터 진행하여 과거의 유사한 어휘 정보들을 추출하는 것이고, 또하나는 연구자가 어휘 정보를 해독하고 이를 바탕으로 유사어휘 정보와 관련지어 현재의 의미정보로 재구성하는 것이다.

　예를 들어, 현대 어휘 '짐짓'에 대한 시간적(서명·간행 연대) 정보를 고찰하고자 한다면, 우선 고대·중세 시기의 원시말뭉치를 가져와 위에서 제시한 〈그림 62〉와 같은 새로운 말뭉치를 구축해야 할 것이다. 다시 말해 본문의 권(卷)과 장(長), 행(行) 뿐만 아니라 각 어휘에까지 시간 정보를 처리하는 가공과정을 거쳐 새로운 말뭉치를 구축해야 한다는 사실을 전제로 해야 한다. 그런 다음에 이미 구축해 놓은 말뭉치에서 '짐짓'과 관련된 유사어휘(변이형)들을 모두 추출하여 모은 후 이들을 문헌과 시대별로 나열한다. 이렇게 되면 자연스럽게 연구자는 이들 변이형 가운데서 가장 이른 시기부터 가장 늦은 시기까지의 어휘를 도출하게 될 것이다.

　'짐짓'과 관련된 어휘 가운데 본 연구자가 찾은 가장 이른 시기의 어휘는 12세기에 간행된 〈대방광불화엄경소〉의 12장 11행에 나타나는 '故ㅿ'이다.[11]

(1) 王ㅎ 名稱ㄴ 周ㄴ 聞ㅣㅁㅅㅎㄱ 十方ㅊㅓ 我又 等ㅣㄴㄱㄱ 欽
ㄴㅁㄴㄱㄹㅅ… 風ㄴ 故ㅿ 來ㄴㅜㄹ 至ㅿㅁㄴㄱㅣ 此ㅣㅿ
(1000화소12:11) 吾又ㄹ 曹ㄱ 今ㄴㄱ 者 各ㅜㄹ 有ㄴㅁㄴㄱ
ㅣㅁ 所ㄴ 求ㄱㄹ

(1-1)[12] 王의 名稱을 周ㅅ 十方아긔 聞이곡신 我우 等ㄷ흔은 風을 欽
ㅅ곳홀ㄷ로 故거 來ㅎ아금 此이듸 至거곳호다 吾울 曹은 今흔
者各아금 求홀 所을 有두곳혼이라

예문 (1)은 대략 '왕의 이름을 두루 사방에서 듣고서 우리들은 (왕의) 교화를 흠모하였기에 일부러 와서 이 곳에 이르렀습니다' 정도로 해석[13]할 수 있고 각주 8)에서 제시한 용례는 ①'일부러 출가해서 해탈을 얻어 모든 즐거움에서 받을 바가 없다는 것을 보이시며', ②'같지 않으며 다르지 않아서 일부러 불러 續諦라 하며', ③'일부러 얻어서 聽聞하고 受持하고 讀하고 誦할 것이다'와 같은 정도로 해석 가능하므로 이들 12~13세기 문헌자료에 나타나는 '故ㅿ'는 그 독음을 중세한국어 문헌에서 발견되는 '짐짓'의 변이형 '짐즉'과 관련하여 읽거나 혹은 의미상 유사성을 지닌 '부러'[14] 정도로 읽어도 무방할 듯하다.

---

11) 이 용례는 비슷한 시기에 간행된 것으로 추정되는 여러 문헌에서도 발견되는데, 그 예를 제시하면 다음과 같다.
①故ㅿ 出家ㄴㅜㄹ 解脫ㄴ 得ㅜ 於諸ㄱ 欲樂ㅜㅓ 受ㄷㄹ 所ㅜ 無ㄷㄱㄹ
ㄴ 示ㅣㅓㅜ (1300화엄18:17)
②一非ㄴㅜ 異非ㄴㅿㅜ 故ㅿ 名ㅜ 續諦ㅜㄴㅓㅣㅜ (1300구인14:08)
③故ㅿ 得ㅜㄹ 聽聞ㄴㅎ 受持ㄴㅎ 讀ㄴㅎ 誦ㄴㅎㄴㅓㅓㅣ (1300금광14:01)
12) (1-1)에서 부호 '-'는 본 연구자가 입겿 문장을 순서대로 다시 새겨 읽음을 뜻한다.
13) 이때 '此ㅣㅿ'는 '至ㅿ-(니르게)'의 낙착점 처소에 해당하는 것으로, 'ㅣ' + 'ㅿ'로 분석할 수 있으며 이 'ㅿ'는 다시 'ㄷ' + '이(처소격)'로 분석할 수 있다.
14) 이 독음에 대해서는 김동소·남경란(2003)을 참조할 수 있다. '故ㅿ'는 '부러〈*불거?'('ㄹ'음 아래 'ㄱ'이 탈락)를 표기한 것으로 보인다.

다음으로, 최초 출현 어휘 정보와 관련되는 유사 어휘 정보를 추출해
야 하는데, 본 연구자가 추출한 '故초'의 변이형들은 중세한국어 문헌
자료에서 찾을 수 있는 '짐줏, 짐즉, 짐줏, 짐짓, 짐즌' 등이 있고 '진짓,
진진, 진줏'과 같이 표기가 유사하여 의미까지 동일한 것처럼 보이는
유형들이 있다. 이 때 변이형들이 표기된 서명과 그 문헌이 간행된 연
대의 정보가 함께 제공된다면 자연스럽게 어휘의 통시적 변화를 추출
하게 될 것이다. 이제 이들 변이형들의 시간 정보에 따라 통시적 흐름
에 대해 살펴보기로 한다.

(2) 짐줏 업게 ᄒᆞ시니 〈1445 용가 64〉
　　소리 내요믈 微微히 호믈 짐줏 짓ᄂᆞ다 〈1481 두시초十六 51〉
　　짐줏 닐오듸 〈1481 삼강烈 21〉
　　짐즌 서르 숫어리ᄂᆞ다 〈1481 두시초十 6〉
　　짐줏 달애야 〈1485 관음경 8〉
　　ᄃᆞ토와 沐浴ᄒᆞ야 짐즌 서르 숫어리ᄂᆞ다 〈1632 두시重九 31〉
　　이야 짐짓 국ᄾᅵ이로다 〈17C 태평광기一 13〉
　　짐줏 이 글월을 셰워 〈1677 박통사重中 10〉
　　짐줏 이 글월을 셰워 〈1677 박통사重上 54〉
　　내 짐줏 무럿더니 〈1704 小兒 13〉
　　夕陽이 거읜 적의 江風이 짐즉 부러 歸帆을 보늬ᄂᆞ 듯 〈蘆溪莎提〉

(3) 內從 내 진딧 업수미 아니니 〈1459 월석一 36〉
　　眞金은 진딧 金이라 〈1459 월석七 29〉
　　진딧 血蝎와 〈1466 구급방下 90〉
　　진짓 기운이 〈1481 두시초八 56〉
　　진짓 셕우황을 〈1489 구간六 59〉
　　원슈를 갑고져 ᄒᆞ니 진짓 올흔 션빅라 〈1588 소학四 31〉

우각쯤 흔가 진짓쯤 흔가 〈1674 박통초上 38〉
四皓ㅣ 진줏 것가 〈1704 청어노걸대 p.41〉
진딧 有福혼 〈1765 박통사新一 29〉
그듸 진짓이냐 〈18C 십구사략一 18〉
진줏 망녕된지라 〈1796 경신록 36〉

　용례 (2)를 참조로 할 때 현대어 '짐짓'은 대략 '짐줏' → '짐즐' → '짐짓' → '짐줏' → '짐즉'의 어휘 변화 양상을 띠고 있음을 알 수 있다. 다시 말해 시간정보를 부여함으로써 이 변이형들이 시간의 흐름에 따라 1445년부터 18C까지 '짐줏' → '짐즐' → '짐짓' → '짐줏' → '짐즉'으로 변화하였음을 알 수 있게 된다. 뿐만 아니라 용례 (3)에서와 같이 표기가 유사하여 의미까지 동일한 것처럼 생각될 수 있는 유형, '진딧' → '진짓' → '진줏'의 변화 양상도 비교해 볼 수 있게 될 것이다. 그러나 이 두 가지 어형, 즉 '짐줏' → '짐즐' → '짐짓' → '짐줏' → '짐즉'류와 '진딧' → '진짓' → '진줏'류는 그 의미가 서로 다른 어형으로 전혀 상관이 없는 별개의 어휘이다. 이는 시간 정보에 한문 원문의 정보를 추가하면 보다더 쉽게 알게 된다(아래의 논의 참고).
　마지막으로, 추출된 어휘 정보 및 유사 어휘 정보를 바탕으로 연구자가 현재에 사용되는 의미 정보를 통해 국어 어휘의 통시적 변화에 대한 연구를 수행할 수 있게 되는 것이다.

　　(4) '짐줏, 짐즐, 짐짓, 짐줏, 짐즉' : 짐짓
　　　　'진줏, 진짇, 진짓' : 진짜

　위와 같이 새롭게 구축된 어휘 정보와 유사 어휘 정보는 단 한번 정의되는 반면에, 국어 어휘의 통시적 변화 연구는 연구자의 연구 수행

능력에 따라 다양하게 재구성될 수 있다. 가령, 위와 같이 만들어진 말
뭉치에 다른 연구자는 유사 어휘 정보에서 처리된 각종 정보 이외에 한
문원문의 정보를 추가하면 국어 어휘 변화 연구와 더불어 번역학적 연
구성과에까지도 도달할 수 있게 된다. 위에서 논의된 두 가지 어형, 즉
'짐줏' → '짐즏' → '짐짓' → '짐줏' → '짐즉'류와 '진딧' → '진짓' →
'진줏'류에 원문의 한자 정보를 추가하여 살펴보면 연구자들은 매우 흥
미로운 결론에 도달하게 될 것이다.

> (5) 짐줏 업게 ᄒᆞ시니(酒故齊之) 〈1445 용가 64〉
>   소리 내요믈 微微히 호몰 짐줏 짓ᄂᆞ다(故作發聲微) 〈1481 두시초 16:51〉
>   짐즏 서르 숫어리ᄂᆞ다(故相喧) 〈1481 두시초十 6〉
>   ᄃᆞ토와 沐浴ᄒᆞ야 짐즏 서르 숫어리ᄂᆞ다(爭俗故相喧) 〈1632 두시重九 31〉
>   짐줏 이 글월을 셰워(故立此文) 〈1677 박통사重中 10〉
>   짐줏 이 글월을 셰워(故立此文) 〈1677 박통사重上 54〉
>   짐줏(故意兒) 〈1775 역어補 56〉
> (6) 眞金은 진딧 金이라 〈1459 월석七 29〉
>   진딧 血蝎와(眞) 〈1466 구급下 90〉
>   진짓 기운이(眞氣) 〈1481 두시초八 56〉
>   진짓 셕우황을(眞雄黃) 〈1489 구간六 59〉
>   진짓 총나못 거픐실(眞懞) 〈1674 박통초上 27〉
>   진딧 有福흔(眞是有福氣的) 〈1765 박통사新一 29〉

용례 (5)는 '짐줏' → '짐즏' → '짐짓' → '짐줏' → '짐즉'류들에 해
당하는 원문의 한문 정보를, 용례 (6)은 '진딧' → '진짓' → '진줏'류에
해당하는 원문의 한문 정보를 추가한 것이다. 이들을 살펴보면 용례 (5)
는 모두 한자 '故'를 번역한 것임을 알 수 있고, 용례 (6)은 모두 한자
'眞'을 번역한 것임을 알 수 있다. 다시 말해 '짐줏' → '짐즏' → '짐짓'

→ '짐줏' → '짐즉'류는 한자 '故'의 새김과 관련지어야 하며, '진딧'
→ '진짓' → '진즛'류는 한자 '眞'과 관련지어야 한다는 것이다.

그렇다면 중세한국어의 언해 자료에서 이들 한자 '故'와 '眞'의 새김
을 찾아 그 유사성을 살펴보는 것도 이들을 변별할 수 있는 좋은 방법
일 것이다.

먼저, 중세한국어 언해 자료에서 한자 '故'는 그 새김을 대략 12가지
정도로 정리할 수 있는데 '녯〈두시언해 초8:35〉', '전ᄎ〈법화경 3:165〉',
'그런ᄃ로〈금강경삼가해 3:29〉', '그럴ᄉᆡ('-ㄹ ᄊᆡ)〈야운자경 44〉', '늙다
〈법화경 2:105〉', '고로〈관음경 1〉', '그러모로〈소학언해 범례1〉', '그저
〈법화경 2:219〉', '부러〈용비어천가 64〉', '연고〈소학언해 6:54〉', '묵다
〈신증유합 하 17〉', '짐줏〈용비어천가 64〉'류가 그것이다.

> (7) 짐줏 업게 ᄒᆞ시니(酒故齊之) 〈1445 용가 64〉
>   부러 ᄲᅢᅘᅧ디 아니ᄒᆞ야(不故拔) 〈1461 능엄경六 96〉
>   그저 믿고대 이시며(故在本處) 〈1463 법화경二 219〉
>   듣글 비ᄒᆞ시 ᄀᆞ론 젼ᄎ라(塵習自障故也) 〈1463 법화경三 165〉
>   오라 늙다 니ᄅᆞ시고(曰久故) 〈1463 법화경二 105〉
>   녯 ᄀᆞ올히라와 됴토다(勝故鄕) 〈1481 두시초八 35〉
>   그런ᄃ로 無相혼 들아를디로다(故知無相也) 〈1482 금삼해三 29〉
>   무글 고(故) 〈1574 유합下 17〉
>   그럴ᄉᆡ(故로) 〈1577 야운자경 44〉
>   검약을 디킈연는 연고로(守約故) 〈1588 소학六 54〉
>   그러모로 公이 德과 그르시 이러(故로) 〈1588 소학六 5〉

이에 반해 중세한국어 언해 자료에서 한자 '眞'은 그 새김을 대략 8
가지 정도로 정리할 수 있는데 '眞性〈두시언해초 10:5〉', '眞實〈능엄경

2:2〉’, ‘眞本〈두시언해초 16:15〉’, ‘진실로〈박통사중상 32〉’, ‘잘〈박통사신석언해상 17〉’, ‘됴다〈우역방 10〉’, ‘춈〈신증유합하 18〉〈석봉천자문 17〉’ 그리고 ‘진딧〈월인석보 7:29〉’류가 그것이다.

> (8) 眞金은 진딧 金이라 〈1459 월석七 29〉
> 眞實ᄒᆞᆫ 性을 일니라(遺失眞性) 〈1461 능엄경二 2〉
> 내의 게을우미 이 眞性인디 아ᄂᆞ니라(知余懶是眞) 〈1481 두시초十 5〉
> 옮겨 사곤거시 슬져 眞本을 일흐니라(傳刻肥失眞) 〈1481 두시초 16:15〉
> 됴ᄒᆞᆫ 쟉셜차(眞茶) 〈1541 우역방 10〉
> 춈 진(眞) 〈1574 유합下 18〉〈1583 석봉 17〉
> 진실로 나를 애 쀠오ᄂᆞ니라(眞箇氣殺我) 〈1677 박통사重上 32〉
> 잘 짐작ᄒᆞ엿다(眞猜着了) 〈1765 박통사新上 17〉

그런데 용례 (7)에서 한자 ‘故’의 새김은 ‘녯’, ‘낡다’, ‘묵다’의 ‘오래된’이라는 의미와 나머지 ‘까닭’, ‘원인’ 등의 두 가지 의미로 나누어 생각할 수 있고, 용례 (8)에서 한자 ‘眞’의 의미는 거의 모두 ‘참/진짜’라는 의미를 지닌다고 할 수 있다.

이는 앞서 용례 (2)와 (3)에서 논의된 두 가지 어형, 즉 ‘짐즛’ → ‘짐즐’ → ‘짐짓’ → ‘짐즛’ → ‘짐즉’류와 ‘진딧’ → ‘진짓’ → ‘진즛’류는 서로 다른 어형으로, 전자는 ‘일부러’ 혹은 ‘짐짓’이라는 의미로 후자는 ‘참’ 혹은 ‘진짜’의 의미로 사용된 것이므로 이 두 가지 어형은 전혀 상관이 없는 별개의 것이라는 사실이다.15)

이렇듯 ‘서명’과 ‘간행연대’라는 시간 정보에 원문의 한자정보까지

---

15) 일부 연구에서는 이를 하나의 어형으로 보고 이들 어휘들을 하나로 묶어 어휘의 통시적 변화를 논의하기도 하였다.

제공된 말뭉치는 시대적 흐름과 관계없이 연구자들에게 지속적으로 다양하게 활용될 수 있는 가치를 지닌다.

2. 정보의 활용

1장에서와 같이 어휘 정보, 유사 어휘 정보, 의미 정보를 활용하여 구축된 말뭉치는 다음과 같이 3가지의 어휘 변화 양상으로 구분할 수 있다.

> 1) 어휘 정보 = 유사 어휘 정보 = 의미 정보
> 2) 어휘 정보 = 유사 어휘 정보 ≠ 의미 정보(혹은 ϕ)
> 3) 어휘 정보(혹은 ϕ) ≠ 유사 어휘 정보 = 의미 정보

1)은 최초로 출현하는 어휘와 이와 유사한 변이형들 및 현재와 사용 의미가 같거나 유사한 경우를 뜻하며, 2)는 최초로 출현하는 어휘와 변이형들은 유사한 점이 있으나 현재와 사용 의미가 다르거나 아예 사라지고 없는 경우를 뜻하며, 3)은 최초로 출현하는 어휘들이 다른 어휘들보다 후대에 출현하면서 현재와 사용 의미가 같거나 유사한 경우를 뜻한다. 이제 이러한 3가지 양상들을 구체적인 예를 들어 살펴보기로 한다.

3. 어휘 정보 = 유사 어휘 정보 = 의미 정보

이는 최초로 출현하는 어휘와 이와 유사한 변이형들 및 현재와 사용

의미가 같거나 유사한 경우로 앞서 검토한 바 있는 어형 '故ㅊ' → '짐
즛' → '짐즌' → '짐짓' → '짐즛' → '짐즉'류가 그것이다. 이들의 최초
출현 어휘는 12세기에 간행된 것으로 추정되는〈대방광불화엄경소〉12
장 11행에 나타나는 '故ㅊ'이고 이 어휘는 다시 15세기에 '짐즛'으로,
16세기에는 '짐즌'으로, 17세기에는 '짐짓'과 '짐즉'으로, 그리고 18세기
에는 '짐짓'으로 변화되어 현재의 '짐짓'에 이르게 된 것이므로 이들
'故ㅊ' → '짐즛' → '짐즌' → '짐짓' → '짐즛' → '짐즉'은 음운상 약
간의 변화가 있으나 의미상으로는 거의 동일하다.

이렇게 추출된 어휘들을 시간적 추이에 따라 도식화하면 다음과 같다.

어휘 \ 연도	12C	1445	1481	1485	1632	17C	1677	1704	18C
故ㅊ	O								
짐즛		O	O	O			O	O	
짐즌			O		O				
짐짓						O			
짐즛							O		
짐즉									O

4. 어휘 정보 = 유사 어휘 정보 ≠ 의미 정보(혹은 ∮)

최초로 출현하는 어휘와 변이형들은 유사한 점이 있으나 현재와 사
용 의미가 다르거나 그 어형이 아예 사라지고 없는 경우로 여기에는 현
대어 '다시'의 의미에 해당하는 어휘들을 들 수 있다.

현대어의 '다시'에 해당하는 최초의 출현 어휘는 13세기에 간행된 것
으로 추정되는〈구역인왕경〉2장 13행에 나타나는 '復ㆆ'를 들 수 있고

이와 유사한 변이형들로는 'ㄴ외/ㄴ외야/ㄴ외여/노야/노여/노의여/뇌여'
류와 '가ᄉ야/가시야/가시여'류, 그리고 '다시'를 들 수 있다.

〈구역인왕경〉 2장 13행에 나타나는 '復ㅎ'를 '亦'의 의미, 즉 '또'를
표기한 것으로 볼 수도 있으나 일반적으로 구결 자료에서는 현재의 의
미 '또'의 의미에 해당하는 것은 용례 (9)와 같이 '亦刀'로 표기된다.

> (9) 凡ㅎ 所ヒ 受⁴尸 物ヒ火ヒ⌒尸入ㄱ 悉ㅎ 亦刀 如支丶口ヒ分
> (1100화소09-12)

그러므로 이 표기가 '또'에 해당하는 표기라면 적어도 '復ㅎ'가 아니
라 '復刀'로 표기되어야 할 것이다. 따라서 '復ㅎ'는 아래의 용례 (10)에
서과 같이 중세한국어의 문헌 자료에 나타나는 'ㄴ외'와 관련된 표기일
가능성이 크다.

> (10) ㄴ외야 모든 相이 달오미 업스리라(無復諸相之異矣)
> 〈1461 능엄경四 10〉

이 가운데 '다시'의 경우는 현재와 사용 의미가 동일하지만 '復ㅎ',
'ㄴ외/ㄴ외야/ㄴ외여/노야/노의여/노여/뇌여'류와 '가ᄉ야/가시여/가시
야'류는 현재에 그 어형이 사라지고 없는 경우이다.

이들 어형이 사라진 데는 15세기에서부터 현재까지 널리 분포되어
사용된 '다시'의 어형이 다른 어형들보다 그 어휘 세력이 우세하였기
때문으로 보인다.

(11) 其花ㄱ 上ㄴㄱ 至ㆅ 非想非非想天ㅏ十 · 光ㄲ 亦ㄴㄱ 復ㅎ 爾
ㄴㅎㄴㄴㄱ 乃ㅣ 至ㅣㄴㅌㅅㄱ 他(1200구인02-13) 方恒河沙
ㄴ 諸ㄴㄱ 佛ㄴ 國土ㅏ十 ·

(12) ㄴ외 잇ᄂᆞᆫ 거시 업스리니(更無所有) 〈1461 능엄경一 86〉

ㄴ외야 모든 相이 달오미 업스리라(無復諸相之異矣) 〈1461 능엄
경四 10〉

ㄴ외여 기튼 類잇디아니ᄒᆞ니 〈1475 내훈二下 13〉

노야 돋디 아닌ᄂᆞ니라(再不出痘) 〈1663 두창上 17〉

노의여 아니 호리이다(再也不敢) 〈1674 박통초上 37〉

뇌여란 이런 일 모로ᄂᆞᆫ 말 니ᄅᆞ디 말라(再來休說這般不曉事的
話) 〈1677 박통사重中 18〉

이ᄆᆞᆷ 이ᄉᆞ랑 견졸디 노여 업다 〈1687 송강一 11〉

(13) 가ᄉᆞ야 어위 큰 恩惠ᄂᆞᆫ 업고(更無寬大恩) 〈1481 두시초甘五 37〉

뫼히 가시여 프르도다(山更碧) 〈1481 두시초七 24〉

가시야 퍼러 ᄒᆞ도다 〈1482 남명집下 72〉

(14) 다시 쓰샤(酒復用之) 〈1445 용가 77〉

復는 다시ᄒᆞᄂᆞᆫ 뜨디라 〈訓諺〉

다시 깅(更) 〈1574 유합下 45〉

다시 복(復) 〈1583 석봉 4〉

다시곰 극진히 行下ᄒᆞ시니 〈新語七 9〉

다시곰 욱이디 〈1613 계축일기 p.77〉

다시곰(再三) 〈1748 동문下 50〉〈1799 한청문감 242c〉

다시곰(再三) 〈1775 역어補 53〉

이렇게 추출된 어휘들을 시간적 추이에 따라 도식화하면 다음과 같다.

연도 어휘	13C	1445	1461	1475	1481	1482	1573	1584	1663	1674	1677	1687
復ㅎ	○											
ㄴ외			○									
ㄴ외야			○									
ㄴ외여				○								
노야									○			
노의어										○		
뇌여											○	
노여												○
가ᄉ야					○							
가싀어					○							
가싀야						○						
다시		○	○	○	○	○	○	○	○	○	○	○

5. 어휘 정보(혹은 ʄ) ≠ 유사 어휘 정보 = 의미 정보

　최초로 출현하는 어휘들이 다른 어휘들보다 후대에 출현하면서 현재
와 사용 의미가 같거나 유사한 경우로 여기에는 현대어 '빽빽이(密)'의
의미에 해당하는 어휘를 들 수 있다.

　현대어의 '빽빽이'에 해당하는 최초의 출현 어휘는 앞서 4.2.나 4.3.에
서 언급된 어휘들은 대개가 12~13세기라는 시간을 지니고 있으나 '빽빽
이'에 해당하는 최초의 출현 어휘는 〈월인석보〉나 〈법화경 언해〉 등 15
세기에 간행된 문헌에서 '칙칙기', '칙칙기', '특트기'라는 어형으로 표
기되고 있다. 뿐만 아니라 이 어형들은 16세기까지 사용되다가 현재는
그 어형이 사라지고 대신 17세기 이후에 '빽빽이'에 해당하는 어형 '빅
빅이'와 '븩븩이'가 세력을 얻어 오늘날까지 그 자리를 대신하게 된 경

우이다.

(15) 니 마ᅀ니 ᄀ죽고 조코 칙칙ᄒ시며 〈1459 월석二 41〉
니 히오 ᄀ죽고 칙칙ᄒ샤(齒白齊密) 〈1463 법화경 七 148〉
가ᄉ매 칙치기 어즈러이 담겨세라(側塞煩胸襟) 〈1481 두시초十五 3〉
칙치기 사계예 서료딕(密密蟠沙界) 〈1482 금삼해二 21〉
칙칙ᄒᆯ 칠(挊) 〈1527 훈몽자회下 24〉
칙칙 밀(密) 〈1574 유합下 28〉

(16) 生死ㅅ 칙칙흔 수프를 여희디 아니ᄒ야 〈1482 남명집上 47〉
雲霧는 칙칙ᄒ야(密) 〈1632 두시重十二 23〉
니피 칙칙ᄒ니 우는 미야미 하도다(葉密鳴蟬稠) 〈1674 박통초卄二 4〉

(17) 密雲은 특특흔 구루미라 〈1459 월석十 76〉
慈ㅣ 특특디 아니ᄒ시면 能히 너비 利티 몯ᄒ시리라 〈1463 법화경三 10〉
구루미 특트기 펴시며 〈1496 진언권공 33〉

(18) 빅빅ᄒᆯ 밀(密) 〈1583 석봉 24〉
빅빅흔 대수헤 쏘 겨으레 笋ㅣ 나며(密竹腹冬笋) 〈1632 두시重一 14〉
빅빅ᄒ야(密密) 〈1663 痘要 16〉
두 편의 빅빅이 버려셔시니 〈1690 譯三十 1〉
빅빅(稠密貌) 〈1748 동문下 57〉
빅빅 〈1799 한청문감 403d〉
빅빅ᄒ다(稠密) 〈1799 한청문감 351a〉

이렇게 추출된 어휘들을 시간적 추이에 따라 도식화하면 다음과 같다.

연도 어휘	1459	1463	1481	1482	1496	1527	1574	1583	1632	1663	1674	1690	1748	1799
칙칙	○	○	○	○		○	○							
칙칙				○					○		○			
특특	○	○			○									
빅빅								○				○	○	○
빅빅									○	○				○

연구자 중심의 말뭉치 구축과 활용

15세기 문헌 자료를 전산 처리할 때는 오류가 없는 말뭉치를 구축하는 것이 가장 좋은 것임은 틀림없으나 말뭉치 구축 작업이 매우 지난하고도 시간 투자가 많이 소모되기 때문에 오류 없이 완벽하게 구축하기는 어렵다. 그렇기 때문에 구축된 말뭉치를 활용하여 연구자가 원하는 영역, 혹은 주제로 질적 연구에 활용하기 위해서는 반드시 연구자가 원시말뭉치를 문헌의 원전과 비교·대조 작업을 거쳐 오류 부분을 바로잡는 작업을 선행해야 한다.

연구자가 원하는 주제, 혹은 영역에 맞게 말뭉치를 가공하여 이를 연구에 활용하기 위해서는 첫째, 국어 자료에 있어서의 중요한 '서명(書名)'과 '간행 연대'라는 시간적 의미를 반드시 함께 정보 처리하는 것이 좋다.

둘째, 국어 어휘 변화의 통시적인 연구를 위한 데이터베이스를 구축할 때에는 적어도 세 개의 정보, 즉 최초 출현 서명의 시대 정보를 포함한 어휘 정보, 최초 어휘에 대한 변이형의 정보를 처리한 유사 어휘 정보, 그리고 현재 사용 의미에 관한 정보 처리에 기반을 두어야 한다.[16)]

---

16) 이하의 연구자 중심의 말뭉치 구축과 활용은 남경란(2014)의 내용을 활용하여 기술하였음을 밝혀 둔다.

1. 개인 구축 말뭉치

이 글에서의 개인 구축 말뭉치는 본 발표자가 구축한 중세한국어 문헌 자료 말뭉치 30여 종(이본 포함 150여 권)과 고려시대부터 조선시대까지의 구결 자료 40여 종(이본 포함 300권 이상)을 뜻한다. 이 말뭉치는 1995년부터 시작하여 현재까지 진행되고 있으며, 전산 처리하는 과정에서 말뭉치 구축은 수차례 시행착오를 겪는 경험을 하였다. 그리하여 본 연구자가 구축한 말뭉치는 기본적으로 원전과 거듭되는 대조 및 수정 작업을 통해 원시 말뭉치가 원전이 갖고 있는 정보와 거의 동일한 정보를 주고자 노력하였다.

특히 15세기 문헌 연구 및 국어사 연구에서 문헌 자료의 원전과의 대조 및 검토가 없이 영인본이나 복사본 등을 토대로 말뭉치를 구축하거나 전산 처리를 한 입력자가 전공에 대한 사전 지식이 충분히 없는 상태에서 말뭉치가 구축되었음에도 불구하고 전공자의 재검토가 없는 상태에서 그대로 가공 처리된다면 그에 따르는 문제점은 굳이 말로 표현할 필요가 없다. 더군다나 방점의 경우는 원본 자체의 잡티와 영인 과정, 혹은 복사 과정에서 발생할 수 있는 잡티, 복사물질의 부착 등으로 인해 방점이 아닌 것이 방점으로 처리되는 경우가 허다히 발생하므로 반드시 원전과의 대조가 필요하다.[17]

그 결과, 기본적으로 전통한자 및 한자음을 대응시켜 통계적 빈도를 산출해 낼 수 있도록 구축하였으며, 방점은 물론이거니와 연구자가 관심을 가지는 특정 어휘, 원문의 한자 대응, 한자 원문과 번역문[혹은 언해문]의 병행 배열뿐만 아니라 원전의 이본이 있다면 몇 개의 이본이든

---

17) 남경란(2003ㄷ) 참조

이본 병행 배열까지 나타낼 수 있도록 말뭉치를 구축하였다.

　본 연구자가 구축한 문헌 자료의 원시 말뭉치와 그 양식을 간략히 소개하면 아래의 [표 4]와 같다.

[표 4]

```
(1) ≪月印釋譜≫ 권19
01. 문헌 소개 : 이 문헌은 1999년 7월 초에 경북 고령에 소재하고 있는 가야
            대학교에 소장된 자료를 정리하던 중에 경북대학교 문헌정보학
            과 남권회 선생님에 의해 발견되었다. ≪월인석보≫ 권19가 발
            견되기 전까지 알려져 있던 ≪월인석보≫는 전체 25권 가운데
            1459년 초간본 권 1, 2, 7, 8, 9, 10, 11, 12, 13, 14, 15,
            17, 18, 23, 25와 번각본 4, 21, 22의 총 18권이었으며, 내용
            을 전혀 알 수 없었던 권은 3, 5, 6, 16, 19, 20, 24권이었다.
            때문에 이때 발견된 ≪월인석보≫ 권19는 초간본과 번각본 모
            두 발견된 적이 없었던 유일본으로 그 가치는 매우 크며, 국어
            학적인 가치 역시 매우 크다.
02. 입력 경위 : 필자는 선생님의 특별한 배려로 귀중한 자료를 전산 처리하는
            기회를 얻었으며, 이듬해 2000년 1월에는 국어사 자료학회에
            서 간행하는 <국어사 자료 연구>가 창간되면서 남권회 선생님
            공동으로 ≪월인석보≫ 권19의 서지 및 ≪월인석보≫ 권19와
            ≪법화경≫ 권7과의 본문을 대조병행하여 소개하기도 하였다.
03. 파일이름 : 월인석보 권19
04. 입력기 : 한글97
05. 입력자 : 남경란
06. 수정자 : 남경란·김동소·남권희
07. 서명 : 月印釋譜 第十九
08. 저자 : 世祖
09. 판차사항 : 목판본
10. 간행연대 : 1459년(세조 5년)
11. 형태사항 : 四周雙邊, 半匡 22.3×17.0cm, 有界, 7行15字, 上下大黑口,
            上下內向黑魚尾 ; 32.8×22.5cm
12. 일반주기 : 제27-29, 64-65, 121장 缺張, 제4, 5, 50-73의 좌우하단,
            74-76의 좌우상단, 104-106의 상반, 112-120 상반부 파손
13. 版心題 : 月印釋譜 十九
14. 원문정보 : 방점, 한자, 한자음
15. 특이사항 :
            ① 표기 및 음운 - 동국정운식 한자음 표기
            ② 어휘 - 걷·내뱌-, 즐에, 띄·유-, 밧·긷·써·라, :엿·봐, 솨·줄 등
16. 표지서명 : 月印釋譜 第十九
17. 분량 : 31쪽
18. 유의 사항
            ① 원전이 훼손되거나 빠진 부분이 있다.
            ② 누군가의 손에 의해 편철이 바뀌고 임의로 필사하여 면수(面數)를
              잘못 기록하고 있는 부분이 여러 장 나타난다.
            ③ 훼손되어 보이지 않는 부분은 필자가 '[ ]'로 처리하여 전산화한
              것이다.
20. 전산 처리 결과
            ① 진언의 표기가 ≪석보상절≫의 표기와 ≪오대진언≫의 표기와 상당
              한 차이가 있다.
            ② ≪법화경≫ 권7과 내용이 유사하다.
            ③ 중세한국어 문헌에서 흔히 볼 수 없는 어휘들이 많다.
```

앞에서 보는 바와 같이 본 발표자가 구축한 문헌 자료의 원시 말뭉치들은 (1)문헌 소개, (2)입력 경위, (3)파일이름, (4)입력기, (5)입력자, (6)정자, (7)서명, (8)저자, (9)판차 사항, (10)간행연대, (11)형태사항, (12)일반주기, (13)판심제, (14)원문정보, (15)특이사항, (16)표지서명, (17)전산분량, (18)유의사항, (19)본문, (20)전산처리결과로 구성되어 있다. 이 가운데 (15)의 특이사항은 표기법, 음운, 어휘를 중심으로 간략히 제시하고, (18)의 유의사항과 (20)의 전산 처리 결과는 3가지 정도의 중요한 사항만 제시하는 것을 원칙으로 삼았다.

이와 같은 방법으로 구축된 말뭉치를 소개하면 대략 다음과 같다.

1) 중세 문헌 자료

01. 《경민편》 이본 수종
   ① 자료의 특성 : 1579년 진주판, 1658년 남원판, 개인 소장의 구결판본 등 이본
   ② 전산화 현황 : 원문 입력, 한자 입력, 이본 병행 입력, 색인

02. 《구급간이방》
   ① 자료의 특성 : 1489년 편찬된 의약서로 현존하는 판본은 16세기 중엽에 간행되었을 것으로 추정되는 번각본으로 권 1·2·3·6·7이 전해진다. 권 7은 홍문각에서 영인
   ② 전산화 현황 : 원문 입력, 한자 입력, 정순·역순 색인

03. 《구급방》

　① 자료의 특성 : 1466년 을해자 활판본으로 간행되었을 것으로 추정
　　하는 의약서로 현존하는 판본은 16세기 중엽에 간행되었을 것으로
　　추정되는 번각본이다. 일본 호사문고에 소장되어 있음

　② 전산화 현황 : 원문 입력, 한자 입력, 정순·역순 색인

04. 《구급신방》 이본

　① 자료의 특성 : 절첩형태의 수진본
　② 전산화 현황 : 원문 입력

05. 《구황촬요》

　① 자료의 특성 : 1584년 해주 번각본, 1654년 영천군수 이구(李昫)가
　　간행한 것 등
　② 전산화 현황 : 원문 입력

06. 《영가대사증도가남명천선사계송(남명집)》

　① 자료의 특성 : 1482년 간행
　② 전산화 현황 : 원문 입력, 한자 입력, 색인

07. 《무예제보》

　① 자료의 특성 : 훈련도감자판. 1610년 최기남 편찬
　② 전산화 현황 : 원문 입력, 색인

08. 《물명고》

　① 자료의 특성 : 연대 미상
　② 전산화 현황 : 원문입력

09. 《몽산화상육도보설》

   ① 자료의 특성 : 1567년 순창의 취암사 간행의 후쇄본

   ② 전산화 현황 : 원문 입력, 입곁본과 병행 대조 입력, 색인

10. 《백병구급신방》 이본 수종

   ① 자료의 특성 : 절첩 형태의 수진본

   ② 전산화 현황 : 원문 입력

11. 《번역소학》 (권3·4)

   ① 자료의 특성 : 이 책은 1518년에 1300질을 간행하여 배포. 지금까지 번각본 6-10권이 알려져 있으며 권3-4도 같은 시기(선조 연간)에 번각된 것으로 추정. 일부 영인

   ② 전산화 현황 : 원문 입력, 한자 입력, 색인

12. 《법집별행록》

   ① 자료의 특성 : 1522년 간행 목판본

   ② 전산화 현황 : 원문 입력, 한자 입력, 색인

13. 《벽온방》

   ① 자료의 특성 : 16세기말에서 17세기 초에 간행된 것으로 추정되는 판본으로 최근 공개된 자료. 일부 낙장만 알려짐

   ② 전산화 현황 : 원문 입력

14. 《벽온신방》

   ① 자료의 특성 : 1653년

   ② 전산화 현황 : 원문 입력

15. 《삼략언해》 이본 수종
① 자료의 특성 : 1771년 충청도 홍주의 신평(新坪)에서 간행된 책,
1813년 嶺營판 등
② 전산화 현황 : 각 이본 원문 입력, 이본 병행 입력

16. 《석보상절》
① 자료의 특성 : 서, 권 3·6·9·11·13·19·21·23·24 대구가톨릭대학교
에서 어휘 색인집 발간
② 전산화 현황 : 원문 입력, 한자·방점 입력, 정순·역순 색인, 전체 어
휘 색인

17. 《불설금강정수구》 (수구령험, 수구즉득다라니)
① 자료의 특성 : 1569년 쌍계사 간행본
② 전산화 현황 : 원문 입력, 색인

18. 《불설아미타경》
① 자료의 특성 : 1461년 간행
② 전산화 현황 : 원문 입력

19. 《언간독·증보언간독》
① 자료의 특성 : 19세기 추정본
② 전산화 현황 : 원문 입력, 이본 병행 비교 입력, 색인, 이본 병행 비
교색인

20. 《언해구급방(上, 下)》
① 자료의 특성 : 1607년 내의원 활자본(훈련도감자)
② 전산화 현황 : 원문 입력, 한자 입력, 정순·역순 색인

21. 《주자증손어씨향약》

　① 자료의 특성 : 1518년 간행

　② 전산화 현황 : 원문 입력, 한자 입력, 색인

22. 《오대진언》〈영험약초〉

　① 자료의 특성 : 1485년 초간본, 1550년 번각본, 16세기 말경에 간행 된 것을 추정되는 중간본. 중간본은 대구가톨릭대학교 〈전통문화연 구〉에 영인

　② 전산화 현황 : 원문 입력, 한문 입력, 이본 병행 대조 입력, 색인

23. 《원각경》

　① 자료의 특성 : 대구가톨릭대학교에서 원문 및 어휘 색인집 발간

　② 전산화 현황 : 원문 입력, 한자·방점 입력, 정순·역순 색인, 전체 어 휘 색인

24. 《월인석보 19》

　① 자료의 특성 : 〈국어사자료연구〉 창간호에 자료집. 그외 권4 등도 입력된 상태

　② 전산화 현황 : 원문 입력, 한자·방점 입력, 정순·역순 색인

25. 《성관자재구수육자선정》

　① 자료의 특성 : 1560년 간행

　② 전산화 현황 : 원문 입력, 정순·역순 색인

26. 《육조법보단경(上, 中, 下)》

　① 자료의 특성 : 1496년 학조대사에 의해 간행된 것. 하권은 1551년 전주의 원암사에서 번각한 것임. 홍문각에서 하권 영인. 하권의 서

지와 국어학적 특징에 대해서는 연구됨

② 전산화 현황 : 상·중·하권 원문 입력, 한자·방점 입력, 장차별 입력, 정순 색인, 역순 색인

27. 《장수경》 이본 수종

① 자료의 특성 : 16세기 자료. 지방에서 언해되고 간행된 것으로 추정. 경북대학교에서 영인. 19세기와 20세기 초에 걸쳐 간행된 이본 3종이 더 있음

② 전산화 현황 : 원문 입력, 이본 병행 입력, 색인

28. 《천자문》 이본 수종

① 자료의 특성 : 1650년 석봉 천자문, 1601년 이해룡 천자문, 1575년 전후의 강릉판 천자문. 이 가운데 석봉 천자문은 〈국어사자료연구〉에 영인

② 전산화 현황 : 원문 입력, 한자 입력, 이본 병행 대조 입력

29. 《칠대만법》

① 자료의 특성 : 1569년 지질방사 간행

② 전산화 현황 : 원문 입력, 색인

30. 《훈몽자회》

① 자료의 특성 : 1527년 간행. 을해자 활판본

② 전산화 현황 : 원문 입력, 한자 입력

31. 기타 입력 자료

(1) 석보상절, 원각경, 남명집, 구급방, 동문유해, 월인석보4, 목우자수심결, 몽산화상법어약록 등

(2) 삼학역어, 한영자전, 자류주석, 신자전, 자전석요, 훈몽자회 등

(3) 향가, 향약채취월령, 향약집성방, 향약구급방, 촌가구급방, 두창경험방, 구급신방, 우마양저염역병(필사본 포함), 분문온역이해방, 삼국사기 지리지 등

(4) 구급방, 구급간이방, 언해구급방 필사본, 물명고, 언간독 이본, 증보언간독, 수구령험, 수구즉득다라니 등

(5) 그 밖의 새로 발견된 자료

2) 입곁[구결] 자료

(1) 석독 자료

01. 《대방광불화엄경소》 권35

   ① 자료의 특성 : 11세기 간행의 절첩본. 지질이나 먹색, 판각의 마모가 거의 없는 초인본으로 추정. 고려 석독 입곁 자료. 입곁(口訣)의 기입 시기는 12세기초경으로 추정. 문자체계와 특징 등에 대해서는 연구되었음

   ② 전산화 현황 : 원문 입력, 입곁 입력, 장차별 입력, 입곁 정순·역순 색인

02. 《대방광불화엄경(주본)》 권14

   ① 자료의 특성 : 판식과 서체로 미루어 고려 숙종 연간 이후 판본(절첩본). 11세기 말에서 12세기 초에 간행된 것으로 추정. 고려 석독 입곁 자료.

   ② 전산화 현황 : 원문 입력, 입곁 입력, 장차별 입력, 입곁 정순·역순 색인

03. 《합부금광명경》 권3

   ① 자료의 특성 : 13세기 중엽이후의 간행본으로 추정. 고려 석독 입겿 자료

   ② 전산화 현황 : 원문 입력, 입겿 입력, 장차별 입력, 입겿 정순·역순 색인

04. 《구역인왕경》

   ① 자료의 특성 : 고려 석독 입겿 자료

   ② 전산화 현황 : 원문 입력, 입겿 입력, 장차별 입력, 입겿 정순·역순 색인

05. 《유가사지론》

   ① 자료의 특성 : 고려 석독 입겿 자료

   ② 전산화 현황 : 원문 입력, 입겿 입력, 장차별 입력, 입겿 정순·역순 색인

(2) 음독 자료

01. 《능엄경》 이본 수종

   ① 자료의 특성 : 이 책의 판본들은 그 저본이 같고 중국에서 소자본 10권 2책으로 편철되어 12세기말에 간행·전래되었으며, 14세기말까지 두 차례이상 번각됨. 고려 및 조선 초기 음독 입겿 자료. 각 이본별 문자체계, 특징, 결합유형 등에 대해서는 연구되었음

   ② 전산화 현황 : 원문 입력, 각 이본별 입겿 입력, 장차별 입력, 입겿 정순·역순 색인

02. 《몽산화상육도보설》 이본 수종

   ① 자료의 특성 : 弘治 十年(1497)의 영남대본·고려대본·국립 중앙도

서관본

② 전산화 현황 : 원문 입력, 각 이본별 입곁 입력, 장차별 입력, 입곁 정순·역순 색인

03. 《범망경》 이본 수종

① 자료의 특성 : 이본 모두 1306년 紹環의 지문이 있는 판목에서 인출된 것. 고려 음독 입곁 자료. 입곁의 자형이나 결합유형 등이 유사함. 문자체계와 결합유형 등에 대해서는 연구되었음

② 전산화 현황 : 원문 입력, 각 이본별 입곁 입력, 이본 대조 입력, 장차별 입력, 입곁 정순·역순 색인

04. 《법화경》 이본 수종

① 자료의 특성 : 1405년, 1422년, 1443년 간행본. 조선 초기 음독 입곁 자료. 각 이본별 문자체계, 특징, 결합유형 등에 대해서는 연구되었음

② 전산화 현황 : 원문 입력, 각 이본별 입곁 입력, 장차별 입력

05. 《불설사십이장경》 이본 수종

① 자료의 특성 : 1361년 송판계열의 원암사 간행본과 1384년 원판계열의 회암사 간행본. 고려 음독 입곁 기입된 자료. 각 이본별 문자체계, 특징, 결합유형 등에 대해서는 연구되었음

② 전산화 현황 : 원문 입력, 각 이본별 입곁 입력, 장차별 입력

(3) 기타 자료

(1) 《유가사지론》을 제외한 석독 자료 원문 입력, 입곁 입력, 정순·역순 색인, 자료 전체 합친 정순·역순 색인 등 자료집 출간을 위한 모든 작업.

(2) 그 밖의 새로 발견된 자료

2. 질적 연구를 위한 기초 말뭉치 가공과 활용

앞에서도 언급한 바와 같이 15세기 문헌 연구에 있어서 문헌이 가지고 있는 본래의 원문 정보는 대단히 중요하다. 그리고 연구자가 원하는 주제에 필요한 용례들을 추출하기 위해서는 더욱 그러하다. 연구자가 원하는 어휘, 또는 구문이 어떤 문헌의 몇 장(張)에 해당하는지를 알아야 하고, 심지어는 앞면(面)에 있는지 뒷면에 있는지, 혹은 몇 행(行)에 있는지를 알 수 있어야 한다. 이는 연구자가 주제에 꼭 필요한 용례라고 판단되었을 때는 반드시 원전을 확인하여 비교하고 수정하는 작업을 해야 신뢰도 높은 근거 자료로 활용할 수 있기 때문이다. 그렇기 때문에 위와 같은 정보들을 제공한 말뭉치를 구축해 둔다면 언제든지 연구자가 그 자료의 원문을 빠르고 정확하게 찾아 확인할 수 있다.

본 연구자가 질적 연구를 위해 필요하다고 생각되는 주요 기초 말뭉치 가공은 대략 다음과 같은 4단계의 작업들이다.

> 1단계 - 원시 말뭉치와 원전과의 대조 및 수정 작업
> 2단계 - 어절 및 구문 정보를 제공하기 위한 가공
> 3단계 - 한자 및 한자음 제공하기 위한 가공
> 4단계 - 병행 구문 제공을 위한 가공

이제 본 연구자가 1999년 7월 2일에 구축해 둔 원시 말뭉치를 바탕으로 이와 같은 4단계 전산 처리 과정에 대해 소개하고자 한다.

1) 원시말뭉치 가공 및 활용

입력 일자 : 1999.07.02.   입력자 : 남경란(대구가톨릭대 박사과정)

<月印釋譜第十九>

(월十九.001ㄱ1) 月·월印·힌千천江강之징曲·콕第·똉十·씹九·궇
(월十九.001ㄱ2) 釋·셕譜·봉詳·쌍節·졇第·똉十·씹九·궇
(월十九.001ㄱ3) 其끵三삼百·빅二·싱十·씹五·옹
(월十九.001ㄱ4) 無뭉盡·찐意·힁 :문·주·봉샤·뎌 :엇던 因힌
(월十九.001ㄱ5) 緣원·으·로 觀관世·솅音음 일·훔·을
(월十九.001ㄱ6) ·이리 굳·ㄴᆞ·니잇·가
(월十九.001ㄱ7) 世·솅尊존·이 對·됭答·답·ㅎ샤·뎌 :아모
(월十九.001ㄴ1) ·란 愛·ᄝᆞᆼ꿈·꿍ㅣ라·도 觀관世·솅音음
(월十九.001ㄴ2) 일ᄏᆞ라 :다 버·서 ·나·ᄂᆞ니·라
(월十九.001ㄴ3) 其끵三삼百·빅二·싱十·씹六·륙
(월十九.001ㄴ4) ·블·에 ·드러·도 ·ᄉᆞ·디 아·니ᄒᆞ·며 ·믈·에 ·드
(월十九.001ㄴ5) 러·도 녀·튼 ·듸 나·리·니
(월十九.001ㄴ6) 鬼·귕國·귁·에 ·ᄢ러·디여·도 :모딘 搜·ᄝᆞᆼᄒᆞ
(월十九.001ㄴ7) ·리 :업스·며 病·뼝患·ᅘ 귓것·도 ·눈·으·로 :몯
(월十九.002ㄱ1) 보·리·니
(월十九.002ㄱ2) 其끵三삼百·빅二·싱十·씹七·칧 孽
(월十九.002ㄱ3) 須슝彌밍山산·애 올·아 ·ㄴᆞ·이 미·러·도
(월十九.002ㄱ4) 虛헝空콩ㅅ 가·온·뎌 ·쳐 ·긇 머·믈리니
(월十九.002ㄱ5) :모딘 ·놈·이 조·치·여 金금剛강山산·애
(월十九.002ㄱ6) 디어도 ᄒᆞ :낱 터럭·도 아·니 :헐리·니
(월十九.002ㄱ7) [其끵三삼]百·빅二·싱十·씹[八]
(월十九.002ㄴ1) [禁·금][繫·곙]枷강鎖솽ㅣ라·도 [][]
(월十九.002ㄴ2) ·희·리어·며 ·날 주·긿 ·갈·토 것 거디·리·니
(월十九.002ㄴ3) 怨ᅙᅯᆫ讐쓩·ㄹ·를 맞·나아·도 賊·쯕心심·올

〈그림 64〉 본 연구자가 구축한 원시 말뭉치 자료

 앞의 〈그림 59〉와 〈표 4〉에서도 알 수 있었듯이 세종말뭉치와 본 연구자가 구축한 말뭉치의 차이점은 원전의 정보를 어디까지 제공하는가이다. 다시 말해 세종말뭉치는 문헌의 이름과 권수, 그리고 문헌의 장(張)과 면(面), 그리고 띄어쓰기까지 제공하는 반면, 본 연구자의 말뭉치는 문헌의 이름과 권수, 그리고 문헌의 장(張)과 면(面), 그리고 띄어쓰기뿐만 아니라 행(行)의 정보까지도 동시에 제공하는 말뭉치이다.[18]

말뭉치 구축에 있어서의 행의 정보 제공은 연구자가 찾고자 하는 특정 어휘, 특정 한자, 혹은 특정 한자음 등을 찾을 때 매우 유용한 정보가 된다. 그렇기 때문에 처음 원시말뭉치를 구축할 때부터 행의 정보를 함께 제공하는 전산 처리가 중요하다.

이 말뭉치를 원전과의 여러 차례 비교·검토를 거쳐 원전과 거의 동일하다는 신뢰가 서면 이 말뭉치는 단일 문헌의 연구 자료로서의 다양한 가공을 할 수 있다. 그뿐만 아니라 동일한 신뢰도를 가진 다른 문헌의 말뭉치들과 섞어 15세기 국어, 또는 중세한국어의 특성을 밝히는 여러 가지 연구 자료로 활용될 수 있다.

그러기 위해서는 앞서 제시한 바와 같은 말뭉치 가공이 전제되어야 한다.

위의 〈그림 64〉를 사용하여 '2단계 - 어절 및 구문 정보를 제공하기 위한 가공', '3단계 - 한자 및 한자음 제공하기 위한 가공', '4단계 - 병행 구문 제공을 위한 가공'하는 방법은 아래와 같다.

2) 어절 및 구문 정보 제공 말뭉치 가공 및 활용

문헌 자료에 사용된 각 어절을 확인하고 필요한 어절의 빈도를 측정하기 위해서는 아래의 〈그림 65〉와 같이 말뭉치의 어절 마다 각각의 어절이 소속되어 있는 원문에 동일한 정보를 주도록 가공하는 것이 관건이다.

---

18) [그림 8]에서의 원문 정보 제시 방법은 먼저 서명, 권차, 장차, 면, 행의 순이다. 이때 면의 정보는 연구자, 혹은 전산 처리자가 그 앞면과 뒷면의 정보를 나타내 주는 기호는 임의로 정할 수 있다.(앞면→ㄱ, ㅇ : 뒷면→ㄴ, ㄷ 등등) 가령, (월十九001ㄱ기)는 월인석보 19권 1장 앞면 1행이라는 뜻이다.

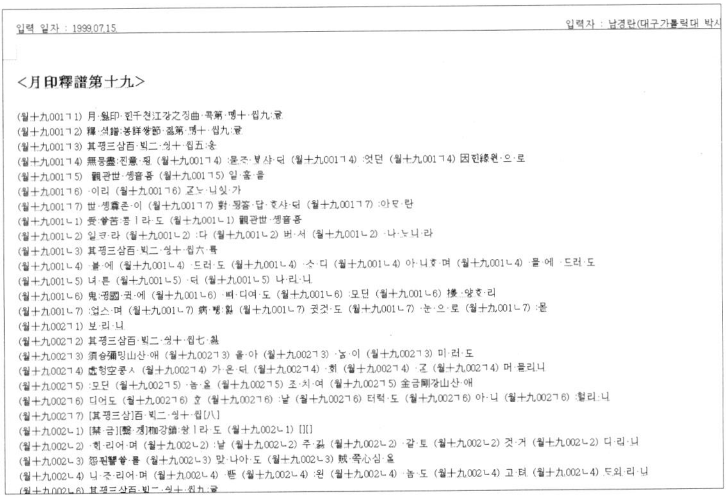

입력 일자 : 1999.07.15. 입력자 : 남경란(대구가톨릭대 박사

<月印釋譜第十九>

(월十九001ㄱ1) 月·월印·힌千쳔江강之징曲·곡第·똉十·씹九:궁
(월十九001ㄱ2) 釋·셕譜:봉詳쌍節·졇第·똉十·씹九:궁
(월十九001ㄱ3) 其끵三삼百·빅二·싱十·씹五:옹
(월十九001ㄱ4) 無뭉盡:찐意·핑 (월十九001ㄱ4) :묻ᄌᆞ·ᄫᆞ샤·ᄃᆡ (월十九001ㄱ4) :엇던 (월十九001ㄱ4) 因힌緣원·으·로
(월十九001ㄱ5) 觀관世·솅音흠 (월十九001ㄱ5) 일·훔·을
(월十九001ㄱ6) ·이리 (월十九001ㄱ6) ᄀᆞᆮᄂᆞ·니잇·가
(월十九001ㄱ7) 世·솅尊존·이 (월十九001ㄱ7) 對·됭答·답·ᄒᆞ샤·ᄃᆡ (월十九001ㄱ7) :아ᄆᆞ·란
(월十九001ㄴ1) 受·쓯苦:콩ㅣ라·도 (월十九001ㄴ1) 觀관世·솅音흠
(월十九001ㄴ2) 일ᄏᆞ·라 (월十九001ㄴ2) :다 (월十九001ㄴ2) 버·서 (월十九001ㄴ2) ·나·ᄂᆞ니·라
(월十九001ㄴ3) 其끵三삼百·빅二·싱十·씹六·륙
(월十九001ㄴ4) ·블·에 (월十九001ㄴ4) ·드러·도 (월十九001ㄴ4) ·ᄉᆞ·디 (월十九001ㄴ4) 아·니ᄒᆞ·며 (월十九001ㄴ4) ·믈·에 ·드러·도
(월十九001ㄴ5) 녀·튼 (월十九001ㄴ5) ·ᄃᆡ (월十九001ㄴ5) 나·리·니
(월十九001ㄴ6) 鬼:귕國·귁·에 (월十九001ㄴ6) ·ᄠᅵ·디여·도 (월十九001ㄴ6) :모딘 (월十九001ㄴ6) 樣·양ᄒᆞ·리
(월十九001ㄴ7) :업스·며 (월十九001ㄴ7) 病·뼝·뾠 (월十九001ㄴ7) 귓것·도 (월十九001ㄴ7) ·눈·으·로 (월十九001ㄴ7) :몯
(월十九002ㄱ1) 보·리·니
(월十九002ㄱ2) 其끵三삼百·빅二·싱十·씹七·칧
(월十九002ㄱ3) 須숭彌밍山산·애 (월十九002ㄱ3) 올·아 (월十九002ㄱ3) ·ᄂᆞᆷ·이 (월十九002ㄱ3) 미·러·도
(월十九002ㄱ4) 虛헝空콩ㅅ (월十九002ㄱ4) 가·온·ᄃᆡ (월十九002ㄱ4) ·ᄒᆡ (월十九002ㄱ4) ·ᄀᆞ (월十九002ㄱ4) 머·믈리니
(월十九002ㄱ5) :모딘 (월十九002ㄱ5) ·ᄂᆞᆷ·ᄋᆞᆯ (월十九002ㄱ5) 조·치·여 (월十九002ㄱ5) 金금剛강山산·애
(월十九002ㄱ6) ᄠᅥ러디어도 (월十九002ㄱ6) ᄒᆞᆫ (월十九002ㄱ6) :낟 (월十九002ㄱ6) 터럭·도 (월十九002ㄱ6) 아·니 (월十九002ㄱ6) :헐리:니
(월十九002ㄱ7) [其끵三삼]百·빅二·싱十·씹[八]
(월十九002ㄴ1) [禁·금][繫·곙]枷강鎖:솽ㅣ라·도 (월十九002ㄴ1) [][]
(월十九002ㄴ2) ·ᄒᆡ·리어·며 (월十九002ㄴ2) :날 (월十九002ㄴ2) 주·긼 (월十九002ㄴ2) ·갈·토 (월十九002ㄴ2) 것·거 (월十九002ㄴ2) 디·리·니
(월十九002ㄴ3) 怨훤讐쓯·를 (월十九002ㄴ3) 맛·나아·도 (월十九002ㄴ3) 慈·ᄍᆞᆼ心심·ᄋᆞᆯ
(월十九002ㄴ4) 니·ᄅᆞ·리어·며 (월十九002ㄴ4) ·ᄠᅳᆮ (월十九002ㄴ4) :왼 (월十九002ㄴ4) ·ᄂᆞᆷ·도 (월十九002ㄴ4) 고·텨 (월十九002ㄴ4) ᄃᆞ외·리·니
(월十九002ㄴ6) 其끵三삼百·빅二·싱十·씹九:궁

〈그림 65〉 어절 정보를 제공하기 위한 말뭉치 가공 자료

이때의 최종 도출 어절들은 아래의 용례 (3)', (4)'와 같이 행이 분리된 어절을 하나로 모아 정보를 제공하는 것이 말뭉치로서의 그 가치가 높아진다.

(3) (월十九001ㄱ4) 無뭉盡:찐意·핑 :묻ᄌᆞ·ᄫᆞ샤·ᄃᆡ :엇던 因힌
(월十九001ㄱ5) 緣원·으·로 觀관世·솅音흠 일·훔·을
(월十九001ㄱ6) ·이리 ᄀᆞᆮᄂᆞ·니잇·가

(4) (월十九001ㄱ7) 世·솅尊존·이 對·됭答·답·ᄒᆞ샤·ᄃᆡ :아ᄆᆞ
(월十九001ㄴ1) ·란 受:쓯苦:콩ㅣ라·도 觀관世·솅音흠
(월十九001ㄴ2) 일ᄏᆞ·라 :다 버·서·나·ᄂᆞ니·라

(3)' 無뭉盡:찐意·핑(월十九001ㄱ4) :묻ᄌᆞ·ᄫᆞ샤·ᄃᆡ(월十九001ㄱ4) :엇던(월十九001ㄱ4) 因힌緣원 ·으·로(월十九001ㄱ4) 觀관世·솅音흠(월十九001ㄱ5) 일·훔·을(월十九001ㄱ6)·이리(월十九001ㄱ6) ᄀᆞᆮ

ㄴ·니잇·가(월十九001ㄱ6)

(4)' 世·솅尊존·이(월十九001ㄱ7) 對·됭쫑·답·ㅎ샤·디(월十九001ㄱ7)
:아ᄆ·란(월十九001ㄱ7) 受 :쓩苦·콩ㅣ라·도(월十九001ㄴ1) 觀관
世·솅音흠(월十九001ㄴ1) 일ㅋ·라(월十九001ㄴ2) :다(월十九001
ㄴ2) 버·서(월十九001ㄴ2)·나·ᄂ니·라(월十九001ㄴ2)

그런데 이때 분리된 어절은 그 어절 첫 부분이 있는 행을 기본 정보
로 삼는다. 이는 위의 용례 (3)'에서와 같이 1장 앞면 4행에 있는 '因힌'
과 1장 앞면 5행에 있는 '緣원·으·로'를 어절 첫 부분인 '因힌'에 붙여
'因힌緣원·으·로(월十九001ㄱ4)'로 정보를 표기하는 방식을 뜻한다.

이렇게 가공된 말뭉치를 활용하면 아래의 용례 (5)와 같은 어절 색인
을 만들 수 있다.

(5) 《월인석보 권19》 1장 앞면에서 1장 뒷면을 활용한 어절 색인

無뭉盡:찐意·힁(월十九001ㄱ4)	·곤ㄴ·니잇·가(월十九001ㄱ6)
:묻주·ᄫᅡᆞ샤·디(월十九001ㄱ4)	觀관世·솅音흠(월十九001ㄱ5)
:엇던(월十九001ㄱ4)	觀관世·솅音흠(월十九001ㄴ1)
因힌緣원·으·로(월十九001ㄱ4)	·나·ᄂ니·라(월十九001ㄴ2)
觀관世·솅音흠(월十九001ㄱ5)	:다(월十九001ㄴ2)
일·훔·읗(월十九001ㄱ6)	對·됭쫑·답·ㅎ샤·디(월十九001ㄱ7)
·이리(월十九001ㄱ6)	:묻주·ᄫᅡᆞ샤·디(월十九001ㄱ4)
·곤ㄴ·니잇·가(월十九001ㄱ6) ⇒	無뭉盡:찐意·힁(월十九001ㄱ4)
世·솅尊존·이(월十九001ㄱ7)	버·서(월十九001ㄴ2)
對·됭쫑·답·ㅎ샤·디(월十九001ㄱ7)	世·솅尊존·이(월十九001ㄱ7)
:아ᄆ·란(월十九001ㄱ7)	受:쓩苦·콩ㅣ라·도(월十九001ㄴ1)
受:쓩苦·콩ㅣ라·도(월十九001ㄴ1)	:아ᄆ·란(월十九001ㄱ7)
觀관世·솅音흠(월十九001ㄴ1)	:엇던(월十九001ㄱ4)
일ㅋ·라(월十九001ㄴ2)	·이리(월十九001ㄱ6)
:다(월十九001ㄴ2)	因힌緣원·으·로(월十九001ㄱ4)
버·서(월十九001ㄴ2)	일·훔·읗(월十九001ㄱ6)
·나·ᄂ니·라(월十九001ㄴ2)	일ㅋ·라(월十九001ㄴ2)

위의 어절 색인은 연구자가 원하는 바에 따라 얼마든지 다양하게 구
상할 수 있다. 가령 방점 정보를 우선시 할 것인지, 어휘 정보를 우선시

할 것인지, 혹은 어미 또는 조사 정보를 우선시 할 것인지 등은 연구자가 어절 색인을 할 때 어떤 정보 처리를 하는지에 따라 순서는 조정할 수 있다.

3) 한자 및 한자음 제공하기 위한 가공

문헌 자료에 사용된 각 한자와 한자음을 제공하기 위해 말뭉치를 가공할 때에는 아래의 용례 (3)'', (4)''와 같이 각 한자, 혹은 한자음의 장, 면, 행의 정보를 제공할 때 한자 및 한자음 추출 말뭉치로서의 질적 가치가 높아진다. 이때 한자와 한자음을 제외한 조사나 어미 등은 제거하고 정보 처리를 하는 것이 좋다.

(3)'' 無뭉盡:찐意·힁(월十九001ㄱ4) 因힌緣원(월十九001ㄱ4) 觀관世·솅音흠(월十九001ㄱ5) 世·솅尊존·(월十九001ㄱ7) 對·됭答·답(월十九001ㄱ7) 受:쓩苦:콩(월十九001ㄴ1) 觀관世·솅音흠(월十九001ㄴ1)

(4)'' 無뭉(월十九001ㄱ4) 盡:찐(월十九001ㄱ4) 意·힁(월十九001ㄱ4) 因힌(월十九001ㄱ4) 緣원(월十九001ㄱ4) 觀관(월十九001ㄱ5) 世·솅(월十九001ㄱ5) 音흠(월十九001ㄱ5) 世·솅(월十九001ㄱ7) 尊존·(월十九001ㄱ7) 對·됭(월十九001ㄱ7) 答·답(월十九001ㄱ7) 受:쓩(월十九001ㄴ1) 苦:콩(월十九001ㄴ1) 觀관(월十九001ㄴ1) 世·솅(월十九001ㄴ1) 音흠(월十九001ㄴ1)

이러한 결과로 도출된 한자들은 아래의 용례 (6)과 같이 연구자 중심 정보 처리 말뭉치로 구성되어 15세기 문헌 자료에 나타나는 한자꼴, 한자음 등 한국 전통 한자음의 특성을 밝히는 기초 자료로 활용하기에 충분할 것이다.

(6) 《월인석보 권19》 1장 앞면에서 1장 뒷면에 사용된 한자 및 한자음 용례

苦·콩(월十九.001ㄴ1)	世·솅(월十九.001ㄴ1)
觀관(월十九.001ㄱ5)	受·숭(월十九.001ㄴ1)
觀관(월十九.001ㄴ1)	攘·양(월十九.001ㄴ6)
國·귁(월十九.001ㄴ6)	緣원(월十九.001ㄱ4)
鬼·귕(월十九.001ㄴ6)	音픔(월十九.001ㄱ5)
答·답(월十九.001ㄱ7)	音픔(월十九.001ㄴ1)
對·됭(월十九.001ㄱ7)	意·읭(월十九.001ㄱ4)
無뭉(월十九.001ㄱ4)	因힌(월十九.001ㄱ4)
病·뼝(월十九.001ㄴ7)	尊존·(월十九.001ㄱ7)
世·솅(월十九.001ㄱ5)	盡·찐(월十九.001ㄱ4)
世·솅(월十九.001ㄱ7)	
·콩苦(월十九.001ㄴ1)	·솅世(월十九.001ㄴ1)
관觀(월十九.001ㄱ5)	·숭受(월十九.001ㄴ1)
관觀(월十九.001ㄴ1)	·양攘(월十九.001ㄴ6)
·귁國(월十九.001ㄴ6)	원緣(월十九.001ㄱ4)
·귕鬼(월十九.001ㄴ6)	픔音(월十九.001ㄱ5)
·답答(월十九.001ㄱ7)	픔音(월十九.001ㄴ1)
·됭對(월十九.001ㄱ7)	·읭意(월十九.001ㄱ4)
뭉無(월十九.001ㄱ4)	힌因(월十九.001ㄱ4)
·뼝病(월十九.001ㄴ7)	존尊(월十九.001ㄱ7)
·솅世(월十九.001ㄱ5)	·찐盡(월十九.001ㄱ4)
·솅世(월十九.001ㄱ7)	

위의 한자 및 한자음 색인 역시 연구자가 원하는 바에 따라 얼마든지 다양하게 구상할 수 있다. 가령 한자 정보를 우선시 할 것인지, 한자음 정보를 우선시 할 것인지, 혹은 방점 정보를 우선시 할 것인지 등은 연구자가 어절 색인을 할 때 어떤 정보 처리를 하는지에 따라 순서는 조정할 수 있다. 이때 만약 방점 정보를 우선시 한다면 방점을 나타내는 기호는 동일한 문헌, 혹은 말뭉치들에서 일괄적으로 처리를 하는 것이 좋은데, 이때 각 성조를 표기하는 기호는 전산 처리자 각 개인이 나름 대로 획일성만 부여하면 된다.[19]

---

19) 본 연구자는 상성은 일반 전각기호의 문자코드에서 코드번호 '34da'의 ' : '로 처리하고, 거성 역시 일반 전각기호의 문자코드에서 코드번호 '3404'의 '·'로 처리

4) 병행 구문 제공을 위한 가공

　병행 구문 제공을 위한 가공은 여타의 다른 가공 말뭉치보다 다양하게 구축할 수 있다. 먼저 한문과 번역문(언해문)을 병행 배열한 가공을 구축할 수 있고, 동일 문헌의 이본 병행 구문 배열, 비동일 문헌의 동일 구문 병행 말뭉치를 가공할 수 있다. 그뿐만 아니라 차자 표기 자료와 언해 자료의 병행 배열 말뭉치, 음독 구결 자료와 한글 구결 병행 배열 말뭉치, 음독 구결 자료와 한글 구결 자료 및 언해문 병행의 말뭉치 등 연구자가 구축하고자 하는 그 어떤 병행 구문도 가공할 수 있는 방법이다.

　한문과 번역문을 병행 배열한 말뭉치는 그 당시에 어떤 한자가 어떤 의미로 번역되었는가 하는 정보와 그 의미에 해당하는 한자는 무엇이고 몇 가지인가, 어떤 한자에 해당하는 번역문은 몇 가지인가, 번역되어지지 않은 한자는 어떤 것들이 있는가, 한문 원문에 없으나 번역자가 임의로 넣은 문장, 혹은 어절은 무엇인가 등의 귀중한 정보를 제공할 수 있다. 그리고 비동일 문헌의 동일 구문 병행 말뭉치는 문헌을 번역한 사람의 번역 특징, 그리고 번역 어휘 선택, 번역 방식 등을 알 수 있는 중요한 단서를 찾게 해 준다. 그렇기 때문에 이 말뭉치를 가공하기 위해서는 무엇보다도 문헌의 원전과 원시 말뭉치의 검증은 더욱 중요한 사전 작업이라 할 수 있다.

　이제 위에서 제시한 〈그림 65〉의 문헌과 비동일 문헌에 나타나는 동일 구문 병행 말뭉치 가공에 대해 알아보자.

하고 있다.

> **[월석19]** 그 ·쁴 無뭉盡:찐意·횡菩뽕薩·삻·이 ·즉재(월008ㄱ-2) 座·쫭로·셔 :니르·샤 ·올흔 엇·게 : 메밧·고 合(월008ㄱ-3)·톱掌:쟝·ᄒᆞ·야 부텨 向·향·ᄒᆞᆺ·바 :술·ᄫᅡ 샤(월008ㄱ-4)·디 世·솅尊존·하 觀관世·솅音흠菩뽕薩·삻(월008ㄱ-5)·이 :엇던 因힌緣원·으·로 일·후·미 觀관(월008ㄱ-6)世·솅音흠·이시·니잇·고(월008ㄱ-7)
>
> **[법화07]** 그 ·쁴 無뭉盡:찐意·횡菩뽕薩·삻·이 ·즉재 座·쫭로·셔 :니르·샤 ·올흔 엇·게(법043ㄱ-5) : 메와쑤·시·고 合·톱掌:쟝 向·향 佛·뿛·ᄒᆞ·샤 ·이:마·롤 :술·오샤·디 世·솅尊존·하 觀관世·솅音흠菩(법043ㄱ-6)뽕薩·삻·은 :엇던 因힌緣원·으·로 일·후·미 觀관世·솅音흠·이시·니잇·고(법043ㄱ-7)
>
> **[월석19]** 강·초 普·퐁門몬·ᄋᆞᆯ 나·토샤·디 無뭉盡:찐意·쯼·롤 因힌·ᄒᆞ·야 니르와ᄃᆞ·샤·문 普·퐁門몬 圓원行·혱·이 應·ᇰ·ᄒᆞ·야 現·현(월008ㄴ-1)·ᄒᆞ·미 無뭉盡:찐·호·몰 表·뵤·ᄒᆞ시·니·라 苦·쾽愚ᇰ이 讚·잔·ᄒᆞ·야 닐·오·디 世·솅界·갱(월008ㄴ-2) 無뭉邊변·ᄒᆞ·야 ᄃᆞ트·리 攝·셥攝·셥·ᄒᆞ·며(월008ㄴ-3) 慧·ᅘᅨᆼ慧·ᅘᅨᆼ노 ·어·즈러 볼·씨·라(월008ㄴ-4) 衆·즁生ᄉᆡᆼ·이 無뭉數·숭·ᄒᆞ·야 業·업·이 茫망茫망·ᄒᆞ·며(월008

〈그림 66〉 병행 구문 추출 가공 말뭉치 자료

위의 〈그림 66〉의 가공 말뭉치 가운데 용례 (7)과 (8)을 활용하여 비동일 문헌의 어절 병행 비교 색인을 축출하는 방법은 다음과 같다.

(7) [월석19] 그·쁴 無뭉盡:찐意·횡菩뽕薩·삻·이·즉재(월008ㄱ-2) 座·쫭로·셔 :니르·샤·올흔 엇·게 :메밧·고 合(월008ㄱ-3)·톱掌:쟝·ᄒᆞ·야 부텨 向·향·ᄒᆞᆺ·바 :술·ᄫᅡ샤(월008ㄱ-4)·디 世·솅尊존·하 觀관世·솅音흠菩뽕薩·삻(월008ㄱ-5)·이 :엇던 因힌緣원·으·로 일·후·미 觀관(월008ㄱ-6)世·솅音흠·이시·니잇·고(월008ㄱ-7)

(8) [법화07] 그·쁴 無뭉盡:찐意·횡菩뽕薩·삻·이 ·즉재 座·쫭로·셔 :니르·샤·올흔 엇·게(법043ㄱ-5) :메와쑤·시·고 合·톱掌:쟝 向·향 佛·뿛·ᄒᆞ·샤·이:마·롤 :술·오샤·디 世·솅尊존·하 觀관世·솅音흠菩(법043ㄱ-6)뽕薩·삻·은 :엇던 因힌緣원·으·로 일·후·미 觀관世·솅音흠·이시·니잇·고(법043ㄱ-7)

용례 (7)과 (8)은 다른 두 개의 문헌에 기록된 동일 원문의 번역들이다. 이들 번역문의 차이점이 명확히 드러나게 하기 위해는 어절 병행 비교 색인보다 쉬운 것은 없다.

> (7)' 그(월十九008ㄱ2)·쩨(월十九008ㄱ2) 無뭉盡:찐意·횡菩뽕薩·삻·이
> (월十九008ㄱ2)·즉재(월十九008ㄱ2) 座·짱로·셔(월十九008ㄱ3) :
> 니르·샤(월十九008ㄱ3)·올흔(월十九008ㄱ3) 엇·게(월十九008 ㄱ
> 3) :메밧·고(월十九008ㄱ3) 合·합掌:쟝·ㅎ·야(월十九008ㄱ4) 부텨
> (월十九008ㄱ4) 向·향·ㅎᅀ·ᄫᅡ(월十九008ㄱ4) :술·ᄫᅡ샤·디(월十
> 九008ㄱ4) 世·솅尊존·하(월十九008ㄱ5) 觀관世·솅音흠菩뽕薩·
> 삻·이(월十九008ㄱ5) :엇던(월十九008ㄱ6) 因힌緣원·으·로(월十
> 九008ㄱ6) 일·후·미(월十九008ㄱ6) 觀관世·솅音흠·이시·니잇·고
> (월十九008ㄱ6)
>
> (8)' 그(법七043ㄱ5)·쩨(법七043ㄱ5) 無뭉盡:찐意·횡菩뽕薩·삻·이(법
> 七043ㄱ5)·즉재(법七043ㄱ 5) 座·짱로·셔(법七043ㄱ5) :니르·샤
> (법七043ㄱ5)·올흔(법七043ㄱ5) 엇·게(법七043ㄱ5) :메와ᅀ·시·
> 고(법七043ㄱ6) 合·합掌:쟝(법七043ㄱ6) 向·향佛·뿛·ㅎ·샤(법七
> 043ㄱ6)·이:마·롤(법七043ㄱ6) :술·오샤·디(법七043ㄱ6) 世·솅尊
> 존·하(법七043ㄱ6) 觀관世·솅音흠菩뽕薩·삻·은(법七043ㄱ6) :엇
> 던(법七043ㄱ7) 因힌緣원·으·로(법七043ㄱ7) 일·후·미(법七043ㄱ
> 7) 觀관世·솅音흠·이시·니잇·고(법七043ㄱ7)

서로 다른 두 개의 문헌에 기록된 동일 원문의 번역문의 차이를 드러
내는 말뭉치 가공을 위해서는 일단 두 문헌의 기본 정보가 제공된 원시
말뭉치 구축을 전제로 한다. 그리고 수차례의 자료 오류 검증을 통해
동일 구문에 원문 병행이 되어 있는 말뭉치를 구축했음도 전제가 되어
야 가능하다. 이런 말뭉치가 전제 되었을 때, 위에서 제시한 어절 정보
말뭉치 가공법을 각각의 말뭉치에 적용하면 위의 용례 (7)'와 (8)'를 만
들 수 있다.

그리고 이들 가공 말뭉치를 어절 색인 자료로 정렬하고 이를 병행 배열하면 아래의 용례 (9)와 같이 비동일 문헌의 동일 구문 병행 말뭉치가 만들어진다.

(9) 《월인석보 권19》와 《묘법연화경 권7》을 활용한 어절 병행 색인 용례

그(월十九008ㄱ2)	그(법七043ㄱ5)
·쁴(월十九008ㄱ2)	·쁴(법七043ㄱ5)
無뭉盡:찐意·힁菩뽕薩·삻·이(월十九008ㄱ2)	無뭉盡:찐意·힁菩뽕薩·삻·이(법七043ㄱ5)
·즉재(월十九008ㄱ2)	·즉재(법七043ㄱ5)
座·쫭로·셔(월十九008ㄱ3)	座·쫭로·셔(법七043ㄱ5)
:니르·샤(월十九008ㄱ3)	:니르·샤(법七043ㄱ5)
·몯ᄒᆞᆫ(월十九008ㄱ3)	·몯ᄒᆞᆫ(법七043ㄱ5)
엇·게(월十九008ㄱ3)	엇·게(법七043ㄱ5)
:메밧·고(월十九008ㄱ3)	:메와ᄉᆞ·시·고(법七043ㄱ6)
合·햅掌:쟝·ᄒᆞ·야(월十九008ㄱ4)	合·햅掌:쟝(법七043ㄱ6)
부텨(월十九008ㄱ4)	向·향佛·뿛·ᄒᆞ·샤(법七043ㄱ6)
向·향·ᄒᆞᅀᆞ·바(월十九008ㄱ4)	·이:마·ᄅᆞᆯ(법七043ㄱ6)
:ᄉᆞᆯ·ᄫᆞ샤·ᄃᆡ(월十九008ㄱ4)	:ᄉᆞᆯ·오샤·ᄃᆡ(법七043ㄱ6)
世·솅尊존·하(월十九008ㄱ5)	世·솅尊존·하(법七043ㄱ6)
觀관世·솅音흠菩뽕薩·삻·이(월十九008ㄱ5)	觀관世·솅音흠菩뽕薩·삻·은(법七043ㄱ6)
:엇던(월十九008ㄱ6)	:엇던(법七043ㄱ7)
因힌緣원·으·로(월十九008ㄱ6)	因힌緣원·으·로(법七043ㄱ7)
잃·후·미(월十九008ㄱ6)	잃·후·미(법七043ㄱ7)
觀관世·솅音흠·이시·니잇·고(월十九008ㄱ6)	觀관世·솅音흠·이시·니잇·고(법七043ㄱ7)

이런 형태로 가공된 말뭉치는 비단 어절 병행뿐만 아니라 한자 및 한자음 비교, 조사나 어미의 비교, 문장 유형 비교, 번역 관점 비교 등 유사 관련 연구 자료로 매우 유용하다는 사실은 자명하다.

위에서 살펴본 바와 같이 15세기 문헌 자료들은 연구자들이 원하는 질적 정보를 추출하기 위해서는 최대한 원전과 동일하게 말뭉치를 구축해야 하며, 연구자가 원하는 정보를 도출하기 위한 인코딩(encoding)을 전산 처리 전에 구상하여야 한다. 물론 구축할 당시부터 구축하고 난 후에까지 원전과 원시말뭉치, 가공말뭉치 등은 여러 차례의 수정과

오류 검증 작업을 해야 하는 것은 당연하다.

3. 어휘 변화 정보 추출을 위한 말뭉치 구축과 활용

연구자가 국어 어휘의 통시적 변화에 대한 연구를 수행하기 위해서는 원시 말뭉치를 이 연구에 합당한 말뭉치로 재구성해야 한다. 그러기 위해서는 먼저 기본 말뭉치에서 필요한 어휘의 정보를 추출하고, 그 다음에 추출된 어휘들을 모으고, 모아진 어휘를 연구자의 연구를 위한 새로운 말뭉치로 구축하는 과정을 거쳐야 한다.

새로운 말뭉치는 두 부류로 나누어 이루어질 수 있다. 하나는 연구자가 현재 의미 정보로부터 진행하여 과거의 유사한 어휘 정보들을 추출하는 것이고, 또하나는 연구자가 어휘 정보를 해독하고 이를 바탕으로 유사 어휘 정보와 관련지어 현재의 의미 정보로 재구성하는 것이다.

  1) 어휘 정보 - 최초 출현 서명의 시대 정보 포함
  2) 유사 어휘 정보 - 최초 어휘에 대한 변이형의 정보 처리
  3) 의미 정보 - 현재 사용 의미에 관한 정보 처리

예를 들어, 현대에 사용되고 있는 어떤 어휘에 대해 역사적, 혹은 의미 변화에 대한 정보를 고찰하고자 한다면, 우선 국어사 자료의 원시 말뭉치를 가져와 위에서 제시했던 가공 처리를 거친 새로운 말뭉치를 구축해야 한다. 다시 말해 원문의 기초적인 정보[권(卷), 장(長), 행(行)]와 시간 정보[간행 연대]를 포함하는 말뭉치 가공 과정이 수행됨을 전제로 한다. 그 다음에 이미 구축해 놓은 모든 말뭉치에서 그 어휘와 관

련된 유사 어휘(변이형)들을 찾아 추출하여 이들을 시기별, 문헌별로 나열한다. 이 순서에 의해 연구자는 자연스럽게 이들 어휘[유사 어휘 포함]들의 사용 시기를 도출할 수 있을 뿐만 아니라 어휘의 의미 변화까지도 관찰하게 될 것이다.[20]

석독 구결 자료에 나타나는 용례 '善ㅎ'[일]이 15세기 문헌, 혹은 국어사 자료에서 어떤 새김을 가지고 있었는지, 그리고 그것은 어떻게 의미 변화를 하였는지를 도출할 수 있는 방법을 간략히 소개하면 다음과 같다.

우선, 고대·중세국어 시기의 원시 말뭉치를 가져와 위에서 제시한 방법과 같이 원문의 기초적인 정보[권(卷), 장(長), 행(行)]와 시간 정보[간행 연대]를 포함하는 말뭉치 가공 새로운 말뭉치를 구축해야 할 것이다. 기본 말뭉치에서 필요한 어휘의 정보를 추출하고, 그 다음에 추출된 어휘들을 모으고, 모아진 어휘를 연구자의 연구를 위한 새로운 말뭉치로 구축하는 과정을 거쳐야 한다. 그런 다음에는 이미 구축해 놓은 말뭉치에서 '善[일]'과 관련된 유사 어휘(변이형)들을 모두 추출하여 모은 후 이들을 문헌과 시대별로 나열한다. 이렇게 되면 자연스럽게 연구자는 이들 변이형 가운데서 가장 이른 시기부터 가장 늦은 시기까지의 어

---

20) 남경란(2004)에서는 이와 같은 정보 처리법을 활용하여 '짐즛' → '짐즐' → '짐짓' → '짐짓' → '짐즉'류와 '진닷' → '진짓' → '진즛'류는 서로 다른 어형이며, 전자는 '일부러' 혹은 '짐짓'이라는 의미로 후자는 '참' 혹은 '진짜'의 의미로 이 두 가지 어형이 별개의 것이라는 사실을 밝힌 바 있다. 그리고 '다시'의 경우는 현재와 15세기 때 사용된 'ᄂᆞ외/ᄂᆞ외야/ᄂᆞ외여/노야/노의여/노여/뇌여'류와 '가ᄉᆞ야/가시여/가시야'류는 사라지고 없다는 사실과, 현대어 '빽빽이(密)'의 경우 〈월인석보〉나 〈법화경 언해〉 등 15세기에 간행된 문헌에서 '칙칙기', '칙칙기', '특트기'라는 어형으로 표기되고 있으나 17세기 이후에는 '빅빅이'와 '벽벅이'가 세력을 얻어 오늘날까지 그 자리를 대신하게 되었음도 함께 밝혔다.

휘를 도출하게 될 것이다.

'善[일]'과 관련된 어휘 가운데 본 연구자가 찾은 가장 이른 시기의 어휘는 12세기에 간행된 〈대방광불화엄경소〉의 19장 15행에 나타나는 '善攴'이다.21)

　　　(10) 不矢ㄱ入灬 可ㄴ丷ㅌ 盡去ㅎ 故ㅣ丩 善攴 分別丿尸 句義乙(화
　　　　　소19:15)

다음으로, 구축해 놓은 가공 말뭉치를 검색하여 최초 출현 어휘 정보와 유사한 어휘 정보를 추출해야 한다.

본 연구자가 15세기 문헌 자료 및 중세한국어 문헌 자료에서 찾을 수 있는 한자 '善'의 새김들은 대략 8가지 정도로 정리할 수 있는데 '이대〈월인석보 2:56〉, 잍〈선가귀감언해上 6〉, 이든〈능엄경언해 9:87〉, 善히〈능엄경언해 5:69〉, 善ᄒᆞ다〈월인석보 10:19〉, 어딜다〈능엄경언해 8:92〉, 둏다〈박통사언해(초)上 31〉, 잘ᄒᆞ다〈남명집언해上 33〉' 등이 그것이다. 이들 변이형들이 사용된 문헌과 문헌의 간행 연대 정보가 함께 제공된다면 자연스럽게 어휘의 통시적 변화 정보를 추출하게 될 것이다.

　　　(11) 調御는 이대 다스릴씨오　　　　　　〈1447 석九 3〉
　　　　　이든 벋 드려 힔ㄱ장 불어 닐어든　　　〈1447 석十九 2〉
　　　　　모몰 ᄌᆞ개 이대 가져 ᄃᆞ니샤 눔 기드리디 아니ᄒᆞ시며
　　　　　　　　　　　　　　　　　　　　　　〈1459 月二 56〉
　　　　　이대 걷내 뛰유미라(善超)　　　　　　〈1462 능一 26〉

21) 이 용례는 동일문헌의 여러 곳에 나타난다. (화소 19:15), (화소 25:19), (화소 26:13), (화소 26:17)

이든 工巧를 貪ᄒ야(善巧)　　　　　〈1462 능九 87〉

이대 맛담직ᄒ며　　　　　　　　〈1462 능一 24〉

이대 간슈ᄒ시고　　　　　　　　〈1463 法화一 43〉

正ᄒᆫ 보믈 이대 간슈ᄒ시고(善護正見)　〈1463 法화一 43〉

이든 工巧ᄒᆫ 말로 골히야　　　　〈1463 法화六 67〉

부텻 ᄠᅳ데 이대 마ᄍᆞᆯᄊᆡ(善契佛意故)　〈1464 金강 107〉

이돈 일 지스면 이든뒤 가고　　　〈1482 南明上 9〉

이대 니ᄅᆞ거든 〈1577 野雲 45〉

읻디옷 더욱 어긔며 돋도록 더욱 머니

　　　　　　〈1579 선가귀감언해上 6〉

(12) 大愛道ㅣ샤 眞實로 善ᄒᆫ ᄠᅳ디 하며　〈1459 月十 19〉

心地를 善히 平히ᄒ야 놉ᄂ갓가이 업수믈 表ᄒ시니라

(表善平心地無有下也)　　　　　〈1462 능五 69〉

ᄆᆞᄎᆞᆷ애 善ᄒᆫ 士ㅣ 되야　　　　〈1590 孟언十四 14〉

(13) 어디닐 다와다 구피듯ᄒ니(逼枉良善)　〈1462 능八 92〉

그 믈론 어딘이롤 골히며 모믈 닷가(其要擇善修身)

　　　　　　　　　　　　　　〈1517 번小九 14〉

어딜 냥(良) 어딜 션(善)　　　　〈1583 石千 8, 10〉

믿주그매 거상을 어딜이ᄒ고(及歿善居喪)　〈1617 신속 孝八 51〉

어딜믈 이즈면(忘善則)　　　　　〈1744 御小四 36〉

(14) 됴ᄒᆫ 일 만히 무서 난 지븐(積善之家)　〈1677 朴초上 31〉

이 다 젼셩애 됴ᄒᆫ 일 닷고 복을 무서 나오니

(這的都是前世裏修善積福來)　　　〈1677 朴초上 31〉

(15) 幻術을 잘ᄒ더니　　　　　　〈1447 석六 30〉

變化 잘ᄒᄂᆞᆫ 하느리 ᄃᆞ외야　　　〈1459 月二 23〉

甚히 썰본 쉽디 몯호 이를 잘ᄒᆞ야   〈1459 月七 77〉
놀애춤 잘ᄒᆞ논 이를   〈1475 內序 5〉
현마 舡主ㅣ 機宜룰 잘ᄒᆞ야도(直饒舡主善機) 〈1482 南明上 33〉
이제 벌븨 그 아당 잘ᄒᆞ는 이로   〈1588 小언五 77〉
ᄆᆞᆯ 둘리기 잘ᄒᆞᆫ다   〈1617 신속 忠ㅡ 51〉

위의 용례 (11)은 한자 '善'의 새김이 '이대, 읻, 이든'으로 나타나는 문헌들의 시기별 자료이고, 용례 (12)는 한자 '善'의 새김이 '善히, 善ᄒᆞ다'로 나타나는 문헌들의 시기별 자료이다. 그리고 용례 (13)은 그 새김이 '어딜다'로, 용례 (14)는 '둏다', 용례 (15)는 '잘ᄒᆞ다' 로 나타나는 문헌들의 시기별 자료를 제시한 것이다.

이렇게 추출된 어휘들을 시간적 추이에 따라 도식화하면 아래의 [표 5]와 같다.

〈표 5〉 한자 善의 새김 비교표

연도 / 어휘	12C	15C							16C						17C		18C
		47	59	62	63	64	75	82	17	77	79	83	88	90	17	77	1744
善ᄒᆞ	○																
읻		○	○	○	○	○		○	○	○							
善ᄒᆞ다				○	○											○	
어딜다				○					○			○			○		○
둏다																○	
잘ᄒᆞ다		○	○				○	○			○				○		

위의 [표 5]를 임의적으로 분석해 보면 한자 '善'의 새김 가운데 '둏다'는 17세기 후반 문헌 자료에 사용되어 다른 새김들과는 사용 연대 면에서나 사용 빈도 면에서 차이가 있으며, 특히 새김 '읻'은 16세기 후반 이후에 문헌에서 사용되지 않음을 알 수 있다. 또한 '善ᄒᆞ다'와 '잘ᄒᆞ다'의 경우에도 18세기 들어와서 사용되는 용례가 보이지 않음도 알

수 있다. [표 5]와 같이 한자 '善'의 새김 가운데 사용 빈도가 줄어들거나 없어진 까닭은 다른 한자의 새김과 충돌, 또는 어의 확정(?) 과정에서 일어난 일이라 판단된다. 가령 한자 '善'의 새김 가운데 '둏다'가 후대에 사용되거나 '잘ᄒ다'가 18세기 들어와서 사용되는 용례가 보이지 않는 것은 한자 '能'의 새김과 한자 '好'의 샘김과 충돌, 또는 어의 확정 과정이 있었기 때문이다. 이에 대한 자세한 논의는 추후 다시 하기로 한다.

(16) ᄂᆞ미 올ᄒᆞ며 왼 이롤 잘 결단ᄒᆞ며(能決是非) 〈1518 呂約 4〉
　　잘홀 능(能) 〈1583 石千 8〉
　　슈질 치질엣 셔녕 잘ᄒ고(好刺綉生活) 〈1674 朴초上 45〉
　　만일 젼 메오기롤 잘ᄒ면(若廂的好時) 〈1677 朴重上 19〉
　　츄명을 잘ᄒᄂ니라(最筭的好) 〈17c후 老下 63〉 점을 잘 치다

이렇듯 '서명'과 '간행 연대'라는 시간 정보에 원하는 어휘의 유사 어휘(변이형)들을 찾아 추출하여 이들을 시기별, 문헌별로 나열한 말뭉치를 구축한다면 이는 시대적 흐름과 관계없이 15세기 문헌연구뿐만 아니라 국어학 연구자들이 하고자 하는 연구 자료로 다양하게 활용될 수 있는 가치를 지니게 될 것이다.

V. 영상처리를 활용한 정보 처리법

한컴오피스 흔글을 활용한 정보 처리

한컴오피스 흔글을 활용한 정보 처리는 한컴오피스 흔글에 부가적으로 달려 있는 도구 상자를 이용하여 촬영한 사진에서 구결 자형들이 보다 선명하게 드러날 수 있도록 처리하는 것을 의미한다. 이때 사용할 수 있는 도구 상자는 입력(D)의 하위 도구인 필드에서의 '양식 개체(J)'와 그림의 하위 도구인 '효과'와 '속성'을 들 수 있다.

이제 이들 도구들을 활용하여 육안으로 식별하기 어렵거나 확인되지 않는 구결 자형 및 부호들을 확인할 수 있는 정보 처리법을 알아 보기로 하자.

1. 그림 효과 활용법

입력(D)의 하위 도구인 필드에서의 '양식 개체(J)'는 '명령 단추 넣기, 선택 상자 넣기, 목록 상자 넣기, 라디오 단추 넣기, 입력 상자 넣기, 개체 속성, 코드 보기, 양식 편집 상태' 등으로 이루어져 있는데, 이 가운데 구결 연구를 위해 정보 처리 기법으로 활용할 수 있는 도구가 바로 '개체 속성(P)'이다.

〈그림 67〉 입력(D)의 하위 도구 '양식 개체(J)'

　'개체 속성(P)'은 다시 크기와 위치, 그리고 개체 회전 등을 조정할 수 있는 '기본'과 여백과 캡션을 넣을 수 있는 '여백/캡션', 선의 굵기와 종류, 곡률 등을 조정할 수 있는 '선', 그림을 확대·축소하거나 여백과 효과를 줄 수 있는 '그림', 그밖에 '그림자', '반사', '네온', '옅은 테두리'의 하위 도구들이 있다.

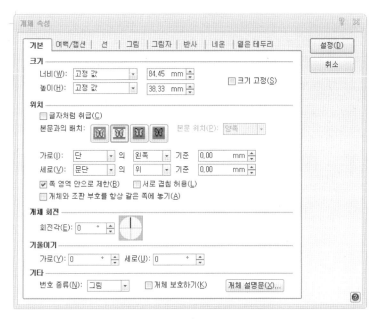

〈그림 68〉 개체 속성(P)의 하위 도구

위와 같은 개체 속성(P) 가운데 구결 연구를 위해 정보 처리 기법으로 활용할 수 있는 주요 도구는 바로 '그림'에서의 '그림 효과'이다. 이 도구는 그림이나 사진 등을 확대·축소하거나 그림의 여백과 효과를 줄 수 있는 것으로 특히 그림에 '효과 처리'를 하여 육안으로 식별하기 어려운 구결 자형이나 부호들을 명확하게 판단할 수 있도록 도움을 줄 수 있다.

〈그림 69〉 개체 속성(P)의 하위 도구인 '그림'

그림에 처리할 수 있는 '효과'는 〈그림 69〉에서 에서 알 수 있듯이 '효과 없음'과 '회색조', '흑백' 등이 있는데 이 가운데 '회색조'와 '흑백'이 아래에 제시된 〈그림 70〉과 〈그림 71〉에서 보는 바와 같이 주로 구결 연구를 위해 정보 처리 기법으로 활용할 수 있다. 그리고 부가적인 처리로는 그림 하단의 '워터마크 효과'와 '그림 반전'을 사용할 수 있으며, 오른쪽에 제시된 '밝기'와 '대비'를 더불어 지정할 수 있다.

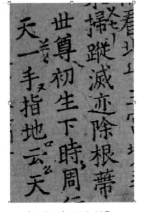

〈그림 70〉 효과 없음

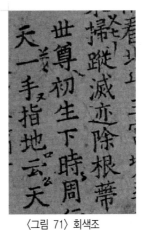

〈그림 71〉 회색조

〈그림 69〉에서 효과 없이 원본의 사진에서 볼 때 자토 구결 이외에 묵서 부호가 있는지 없는지를 육안으로 식별하기 어려우나 흑백 도구를 사용하여 처리하면 〈그림 71〉에서와 같이 잡티나 종이 지질로 인한 실선들이 사라지고 먹이 사용된 부분만 선명하게 드러나게 된다.

만약 〈그림 71〉의 처리로도 확신이 들지 않는다면 〈그림 68〉의 설명에서 제시한 바와 같이 하단의 '반전' 기법을 추가하면 위의 〈그림 73〉과 같은 현상이 일어나 묵서인지 아닌지에 대한 확신이 더욱 뚜렷해질 수 있다.

〈그림 72〉 흑백   〈그림 73〉 흑백 반전

이와 같이 한컴오피스 흔글에 부가적으로 달려 있는 도구 상자 중 입력(D)의 하위 도구 '양식 개체(J)'를 이용하여 촬영한 사진에서 구결 자형들이 보다 선명하게 드러날 수 있도록 처리하면 〈그림 74〉와 같은 결과물을 도출할 수 있게 되는 것이다.

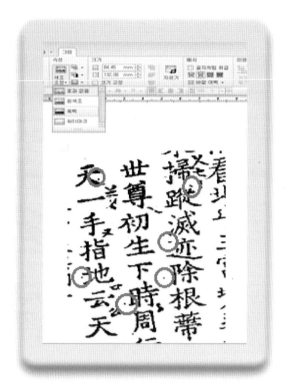

〈그림 74〉 회색조 처리에서 확인된 묵서

　이러한 영상처리 기법은 연구 자료의 주요 부분의 구결 자형이 지워
지거나 훼손되어, 공개된 사진 자료만으로는 구결 자형, 혹은 묵서의 실
체를 명확하게 판단하기가 어려울 때 사용할 수 있는 방법이다.

　연구 자료의 주요 부분의 구결 자형이 지워지거나 훼손되어, 공개된
사진 자료만으로는 구결 자형, 혹은 묵서의 실체를 명확하게 판단하기
가 어려울 때는 먼저, 훼손되거나 지워진 부분을 정밀 촬영하여 육안으
로 먼저 구결들을 확인하고 그 다음에 한컴오피스 흔글에 부가적으로
달려 있는 도구 상자 중 입력(D)의 하위 도구 '양식 개체(J)'를 이용하여

그 실체를 파악한 후 'Window 그림판'을 활용하거나 'Adobe Photoshop' 등을 활용하여 구결 자형들을 복원하면 그 실체를 명확하게 파악할 수 있게 된다.

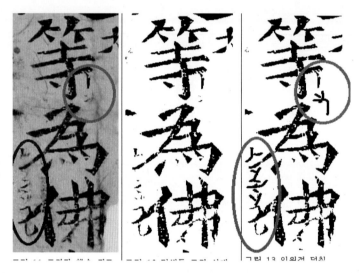

〈그림 75〉 정보 처리를 통한 구결 자형 복원 과정

2. 그림 밝기 활용법

한컴오피스 흔글의 도구 상자 가운데 그림의 하위 도구인 '그림 밝기'는 정보 처리를 하고자 하는 그림, 또는 사진을 마우스의 오른쪽을 누르면 나타나는 도구 메뉴판에서 '개체 속성(P)'을 찾아 들어가는 방법과 정보 처리를 하고자 하는 그림, 또는 사진을 마우스의 오른쪽을 누를 때 동시에 한컴오피스 흔글의 상단 부분에 나타나는 '그림' 메뉴판의 '속성'을 이용하여 바로 작업하는 두 가지 방법이 있다.

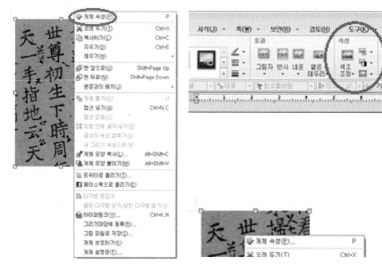

〈그림 76〉 밝기 찾기 1   〈그림 77〉 밝기 찾기 2

　위의 두 가지 방법은 단순히 한컴오피스 흔글에서 그림의 하위 '밝기'를 찾는 방법일 뿐 이다.

　이들이 차이가 있다면 그림, 또는 사진을 마우스의 오른쪽을 누르면 나타나는 도구 메뉴판에서 '개체 속성(P)'을 찾아 들어가는 방법은 그 밝기의 비율을 정보 처리자가 자율적으로 조정할 수 있다. 그러나 마우스의 오른쪽을 누를 때 동시에 한컴오피스 흔글의 상단 부분에 나타나는 '그림' 메뉴판의 '속성'을 이용하여 바로 작업하는 방법을 선택하였을 때는 그 비율이 대략 ±10% 단위로 정해져 있으며, 그 최고 비율도 ±50%까지만 제시되어 있다는 점이다. 그뿐만 아니라 '그림' 메뉴판의 '속성'을 이용하여 바로 작업하는 방법을 선택하여 정보 처리를 할 경우에는 따로 밝기 효과 하단에 소개되어 있는 '그림 밝기 설정'을 다시 찾아 들어가 비율을 조절해야 하는 번거로움이 따른다.

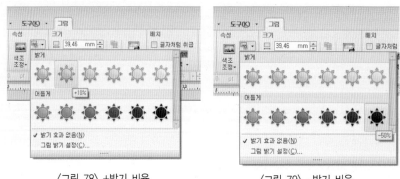

〈그림 78〉 +밝기 비율   〈그림 79〉 −밝기 비율

밝기의 경우는 〈그림 80〉과 〈그림 81〉에서 보는 바와 같이 밝기 비율을 높일수록 잡티나 종이 질로 인해 묵서로 오해 될 것들이 줄어드는 현상을 확인할 수 있다.

그러므로 보다 더 세밀하게 작업해야 할 경우에는 〈그림 76〉과 같이 '밝기 찾기 1'의 방법을 사용하는 것이 좀더 효과적일 수 있다.

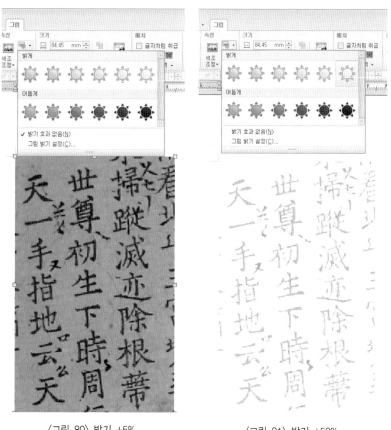

〈그림 80〉 밝기 +5%   〈그림 81〉 밝기 +50%

3. 그림 대비 활용법

한컴오피스 흔글의 도구 상자 가운데 그림의 하위 도구인 '그림 대비'는 위에서 소개한 '그림 밝기'와 마찬가지로 정보 처리를 하고자 하는 그림, 또는 사진을 마우스의 오른쪽을 누르면 나타나는 도구 메뉴판에서 '개체 속성(P)'을 찾아 들어가는 방법과 정보 처리를 하고자 하는 그림, 또는 사진을 마우스의 오른쪽을 누를 때 동시에 한컴오피스 흔글의 상단 부분에 나타나는 '그림' 메뉴판의 '속성'을 이용하여 바로 작업하는 두 가지 방법이 있다.

〈그림 82〉 대비 찾기 1

〈그림 83〉 대비 찾기 2

위의 두 가지 방법은 역시 단순히 한컴오피스 흔글에서 그림의 하위 '그림 대비'를 찾는 방법일 뿐이다.

이들이 차이가 있다면 그림, 또는 사진을 마우스의 오른쪽을 누르면 나타나는 도구 메뉴판에서 '개체 속성(P)'을 찾아 들어가는 방법은 그 밝기의 비율을 정보 처리자가 자율적으로 조정할 수 있다. 그러나 마우스의 오른쪽을 누를 때 동시에 한컴오피스 흔글의 상단 부분에 나타나는 '그림' 메뉴판의 '속성'을 이용하여 바로 작업하는 방법을 선택하였을 때는 그 비율이 대략 ±10% 단위로 정해져 있으며, 그 최고 비율도 ±50%까지만 제시되어 있다는 점이다. 그뿐만 아니라 '그림' 메뉴판의 '속성'을 이용하여 바로 작업하는 방법을 선택하여 정보 처리를 할 경우에는 따로 밝기 효과 하단에 소개되어 있는 '그림 대비 설정'을 다시 찾아 들어가 비율을 조절해야 하는 번거로움이 따른다.

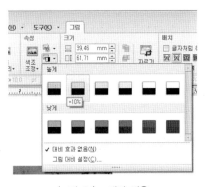

〈그림 84〉 +대비 비율

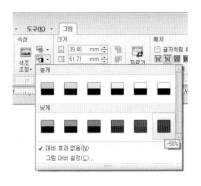

〈그림 85〉 -대비 비율

대비의 경우는 〈그림 86〉과 〈그림 87〉에서 보는 바와 같이 대비의 비율을 50% 높일 때가 대비의 비율을 50% 낮출 때보다 구결자들의 기입 형태가 더 뚜렷하게 드나는 것을 확인할 수 있다.

그러므로 보다 더 세밀하게 작업해야 할 경우에는 앞의 〈그림 82〉와 같이 '대비 찾기 1'의 방법을 사용하는 것이 좀더 효과적일 수 있다.

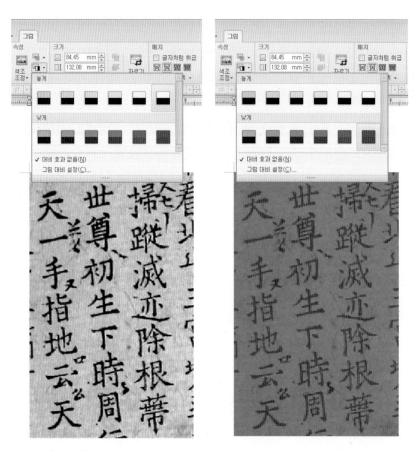

〈그림 86〉 대비 +50% 높게　　　　　〈그림 87〉 대비 −50% 낮게

Window 그림판을 활용한 정보 처리

Window 그림판을 활용한 정보 처리는 정보 처리를 할 자료가 그림이냐 사진이냐에 따라 접근하는 방법이 다르다.

정보 처리를 할 자료가 그림일 경우에는 먼저 그 파일이 '그림 파일', 즉 MBP(*.bmp)로 저장이 되어 있는가를 확인해야 한다. 다른 파일로 저장이 되어 있다면 〈그림 88〉과 같이 그림 파일로 바꾸어 실행하는 것이 좋다.

정보 처리를 할 자료가 사진일 경우에는 〈그림 89〉와 같이 그 파일에 마우스를 가져다 대고 오른쪽을 클릭하면 나타나는 메뉴에서 연결 프로그램(H)을 찾아 다시 오른쪽에 표시된 전각 기호 '▶'를 누르면 나타나는 연결 프로그램 가운데 그림판을 클릭하여 실행한다.

〈그림 88〉 그림 파일로 저장하기

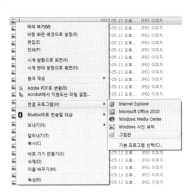

〈그림 89〉 사진 파일 처리 방법

이제 이 두 가지 자료들을 Window 그림판을 활용하여 육안으로 식별하기 어렵거나 확인되지 않는 구결 자형 및 부호들을 어떻게 확인할 수 있는지를 알아보기로 하자.

1. 그림 자료 처리법

위에서 언급한 바와 같이 Window 그림판을 활용하여 정보 처리를 할 자료가 그림일 경우에는 그 파일을 우선 '그림 파일MBP(*.bmp)'로 저장이 되어 있는지를 확인한 후에 그림판을 열어 실행해야 한다.

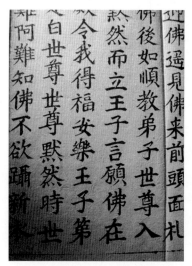

〈그림 90〉 그림 원본   〈그림 91〉 그림 파일로 저장하기

그림 파일로 저장한 뒤에는 〈그림 90〉과 같은 원본 파일을 〈그림 91〉과 같이 마우스를 파일에 가져다 대고 오른쪽을 클릭하면 나타나는 '개

체 속성' 메뉴에서 아래쪽의 그림 파일로 저장하기(S)를 클릭하여 그림 파일로 저장한다.

그런 다음에 그림 파일로 저장된 자료를 그림 파일에 마우스를 가져다 대고 오른쪽을 클릭하면 나타나는 메뉴에서 연결 프로그램(H)을 찾아 다시 오른쪽에 표시된 전각 기호 '▶'를 누르면 나타나는 연결 프로그램 가운데 그림판을 클릭하여 실행한다.

Window 그림판을 열면 〈그림 92〉와 같은 Window 그림판의 상단에 여러 가지 도구들이 나타나는데 이때 사용되는 도구들은 정보 처리자의 선택과 구미에 따라 여러 가지 도구들을 사용하여 육안으로 식별하기 어렵거나 확인되지 않는 구결 자형 및 부호들을 보다 확인하기 쉽도록 선명하게 표시를 할 수 있게 된다.

〈그림 92〉 Window 그림판 상단의 도구 메뉴

물론 육안으로 식별하기 어렵거나 확인되지 않는 구결 자형 및 부호들을 보다 확인하기 쉽도록 선명하게 표시하기 위해서는 〈그림 93〉의 오른쪽에서 찾을 수 있는 확대 단추를 이용하면 묵서로 표시되지 않은 다른 형태의 작은 점들과 선들도 쉽게 확인할 수 있다.

〈그림 93〉 Window 그림판 하단의 확대 단추

  이러한 도구 활용 방법으로 확인할 수 있는 것들은 주로 뾰족한 필기 구로 눌러 쓴 각필 구결 및 부호들이다. 이들 각필 구결 및 부호들이 기입된 자료들은 대개가 초주대장경이거나 국가 혹은 불사를 통해 간행된 귀중 자료들로 일반 연구자들이 쉽게 원본을 접할 수 없는 경우이다. 그렇기 때문에 연구자들은 원본 문헌이 아니라 주로 사진이나 그림 자료로 각필의 실체를 확인하는 경우가 많다. 이럴 때 바로 Window 그림판의 도구들을 활용하여 정보를 처리하면 훨씬 더 유용하고 정확한 각필의 실체를 확인할 수 있게 된다.

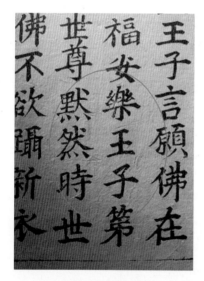

〈그림 94〉 원본 파일

〈그림 95〉 확대 단추 활용 파일

  〈그림 94〉와 같이 원본 파일에서 육안으로 쉽게 확인하기 어려운 각필들이 Window 그림판의 하단의 확대 단추를 이용하여 그림을 확대하면 〈그림 95〉와 같이 눌러 쓴 각필들이 선명하게 들어나게 된다.

  그러나 이때에도 종이 질의 상태에 따라 보푸라기, 또는 종이 접힘 현

상이 각필 처럼 보이는 것들은 그것이 각필인지 보푸라기인지 식별하기
가 어려울 수 있다. 이러한 경우에는 그림판이 아니라 Adobe Photoshop을
활용하여 정보 처리를 하면 〈그림 96〉과 같이 선명하게 각필을 확인할
수 있게 되는 것이다. 이에 대해서는 뒷장에서 설명하기로 한다.

〈그림 96〉 Photoshop 처리

2. 사진 자료 처리법

Window 그림판을 활용하여 정보 처리를 할 자료가 사진일 경우에는
〈그림 97〉과 같이 그 파일에 마우스를 가져다 대고 오른쪽을 클릭하면
나타나는 메뉴에서 연결 프로그램(H)을 찾아 다시 오른쪽에 표시된 전
각 기호 '▶'를 누르면 나타나는 연결 프로그램 가운데 그림판을 클릭

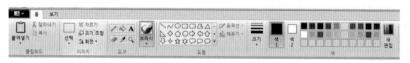

〈그림 97〉 사진 파일 처리 방법

하여 실행한다.

　Window 그림판을 열면 위의 그림 자료 처리법에서도 제시한 바와 같
이 Window 그림판의 상단에 여러 가지 도구들이 나타난다. 이때 사용
되는 도구들은 정보 처리자의 선택과 구미에 따라 여러 가지 도구들을
사용하여 육안으로 식별하기 어렵거나 확인되지 않는 구결 자형 및 부
호들을 보다 확인하기 쉽도록 표시를 할 수 있다.

〈그림 98〉 Window 그림판 상단의 도구 메뉴

　물론 육안으로 식별하기 어렵거나 확인되지 않는 구결 자형 및 부호들
을 보다 확인하기 쉽도록 선명하게 표시하기 위해서는 역시 〈그림 99〉의

오른쪽에서 찾을 수 있는 확대 단추를 이용하면 묵서로 표시되지 않은 다른 형태의 작은 점들과 선들도 쉽게 확인할 수 있다.

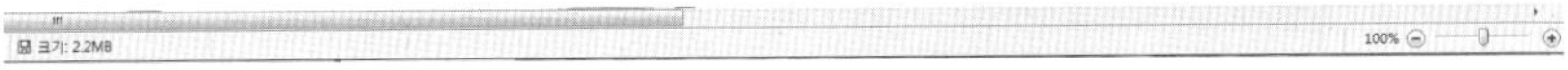

〈그림 99〉 Window 그림판 하단의 확대 단추

〈그림 100〉과 같이 원본 파일에서 육안으로 쉽게 확인하기 어려운 각필들이 Window 그림판의 하단의 확대 단추를 이용하여 그림을 확대하여 〈그림 101〉과 같이 눌러 쓴 각필들이 선명하게 드러나는 부분을 확인하게 된다.

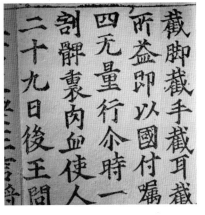

截脚截手截耳截
所益即以國付囑
四无量行尒時一
割髀裹肉血使人
二十九日後王問

〈그림 100〉 원본 사진

截脚截手截耳截
所益即以國付囑
四无量行尒時一
割髀裹肉血使人
二十九日後王問

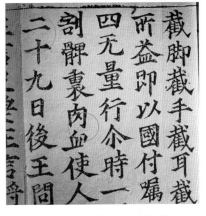

〈그림 101〉 각필 확인 처리 자료

그러나 이때에도 종이 질의 상태에 따라 보푸라기, 또는 종이 접힘 현상이 각필처럼 보이는 것들은 그것이 각필인지 보푸라기인지 식별하기가 어려울 수 있다. 이러한 경우에는 그림판이 아니라 Adobe Photoshop을 활용하여 정보 처리를 하면 〈그림 102〉와 같이 선명하게

〈그림 102〉 Photoshop 처리　　　〈그림 103〉

각필을 확인할 수 있게 되는 것이다.

　이처럼 Window 그림판의 도구는 뾰족한 필기구로 눌러 쓴 각필 구결 및 부호들의 실체 확인들을 가공 처리할 때에 매우 유용하다. 특히 연구자들이 육안으로 자료를 대충 훑어보고 지나쳐 놓쳐 버릴 수 있는 구결자와 부호들을 찾아 고대 국어의 실체를 파악할 수 있도록 도와주는 중요한 도구 중의 하나이다.

　실질적인 각필 문헌 자료에서 Window 그림판의 도구들을 활용하여 정보를 처리한 〈그림 104〉와 〈그림 105〉의 각필 형태인 〈그림 103〉은 아직까지 그 의미와 문법 요소가 밝혀지지 않은 것들이다.

　〈그림 104〉는 〈그림 103〉의 원본 사진이며, 〈그림 105〉는 Window 그림판의 하단 확대 단추를 이용하여 원본 사진을 100% 배율로 확대하여 각필 형태가 있는 부분을 표시한 것이다.

　그런데 원본 사진을 Window 그림판을 활용하여 각필 형태를 표시한 자료를 다시 사진 파일로 저장하더라도 〈그림 103〉과 같이 표시한 각

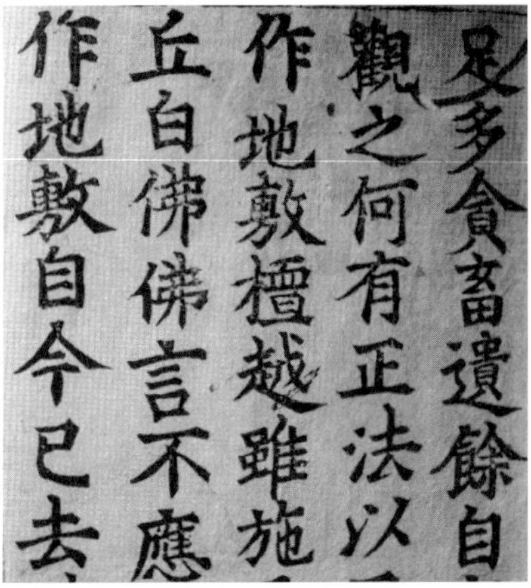

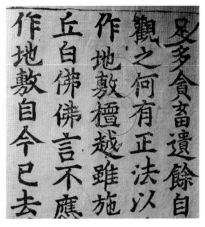

〈그림 104〉 원본 사진

〈그림 105〉 100% 비율 확대 각필 표시 자료

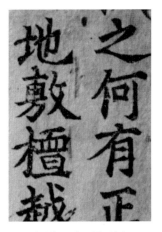

〈그림 106〉 가공 처리

필의 형태는 정보 처리자 이외의 연구자들은 여전히 육안으로 확인하기 어렵다는 사실을 알 수 있다.

이 경우에도 역시 그림판이 아니라 Adobe Photoshop을 활용하여 정보 처리를 하면 〈그림 106〉과 같이 선명하게 각필을 확인할 수 있게 되는 것이다.

Adobe Photoshop을 활용한 정보 처리

Adobe Photoshop을 활용하여 정보 처리를 할 경우에는 우선 Adobe Photoshop의 실행 프로그램이 필요하다. Adobe Photoshop을 실행하면 〈그림 107〉과 같은 창이 열린다.

실행된 창에서 파일 열기를 프로그램 가운데 그림판을 클릭하여 실행한다.

이때 아래의 〈그림 109〉와 같이 정보 처리자가 정보 처리하고자 하는 사진 파일을 찾아 그 파일을 열어 Adobe Photoshop 실행 창으로 불러 온다.

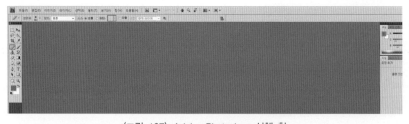

〈그림 107〉 Adobe Photoshop 실행 창

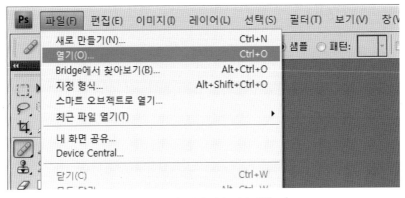

〈그림 108〉 작업 파일 열기 실행

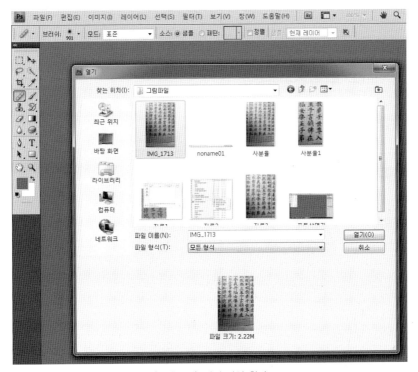

〈그림 109〉 사진 파일 찾기

Adobe Photoshop 실행 창으로 사진 파일이 열리면 사진의 어느 부분을 작업할 것인가를 먼저 설정한 다음 어떤 작업으로 정보를 처리할 것인지를 결정해야 한다. 이는 처리하고자 하는 것이 선인지, 또는 점인지, 혹은 문자인지에 따라 작업하는 도구를 다르게 활용할 수 있기 때문이다.

따라서 Adobe Photoshop 실행 창에서 할 수 있는 정보 처리 방법으로는 '필터' 메뉴를 활용하여 자료를 단순 확인하는 방법과 패널 도구 가운데 '번' 도구를 활용하여 정보 처리자가 직접 정보를 가공 처리하여 보다 명확하게 자료를 확인하는 방법의 2가지 방법이 있다.

이제 이 2가지 방법들을 어떻게 활용하는지에 대해 알아보기로 하자.

1. 필터 메뉴 활용법

원본 사진이 열리면 〈그림 111〉에서 보는 바와 같이 Adobe Photoshop 실행 창의 상단에 있는 메뉴들 가운데 '필터'를 활용하여 원하는 정보 처리를 하는 것이 초보자들에게 가장 손쉬운 방법이다.

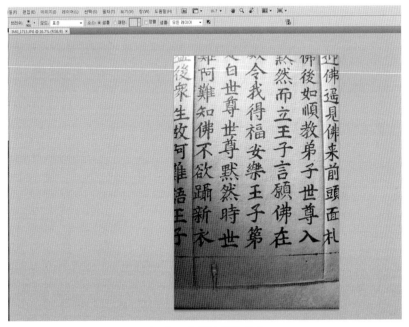

〈그림 110〉 원본 사진 열기

〈그림 111〉 실행 창 상단의 메뉴

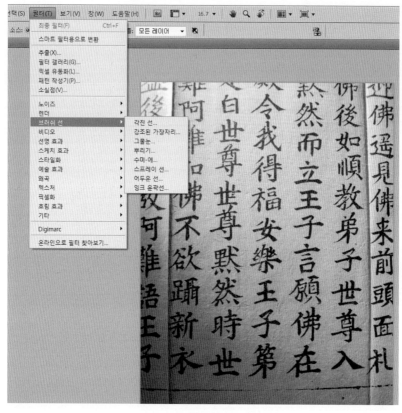

〈그림 112〉 필터의 하위 도구 창

　　상단의 '필터'에 마우스를 가져다 대면 하위 도구들로 갈 수 있는 창
이 나타난다. '필터'의 하위 도구들로는 '노이즈, 렌더, 브르쉬선, 비디오,
선명 효과, 스케치 효과, 스타일화, 예술 효과, 왜곡, 텍스처' 등 있다.
　　이 가운데 Adobe Photoshop을 사용할 줄 모르는 초보자들에게 가장 손
쉬운 활용 방법은 '필터'를 실행하면 〈그림 113〉과 같이 실행 창의 오른
쪽 상단에 나타나는 '예술 효과'와 '텍스처'를 이용하는 방법이다.

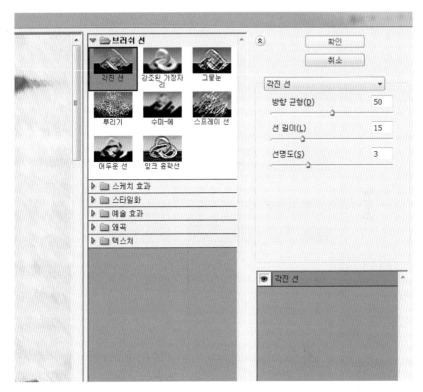

〈그림 113〉 필터 실행 창의 오른쪽 상단 도구 메뉴

'필터'의 '예술 효과'에는 〈그림 114〉에서와 같이 '거친 파스텔 효과, 네온광, 드라이 브러쉬, 문지르기 효과, 색연필, 수채화 효과, 스폰지, 팔레트 나이프, 필름 그레인' 등 15가지 도구들이 있다. 이 가운데 가장 좋은 방법은 '드라이 브러쉬'이다.

〈그림 114〉 예술 효과 실행 메뉴

 '필터'의 '예술 효과' 가운데 '드라이 브러쉬'를 활용하는 방법은 위에서 제시된 바와 같이 Adobe Photoshop 실행 창으로 불러온 〈그림 110〉의 원본 사진에 〈그림 115〉와 같이 '드라이 브러쉬' 도구를 바로 적용하는 것이다.

〈그림 115〉 예술 효과 중 '드라이 브러쉬' 실행 자료

〈그림 115〉에서 보는 바와 같이 '필터'의 '예술 효과'인 '드라이 브러쉬'를 실행하면 원본 사진에서 확인하기 어려웠던 각필들이 육안으로도 쉽게 인식할 수 있도록 그 선들이 뚜렷해짐을 알 수 있다.

이러한 일련의 처리 작업들을 거치면 최종적으로 우리는 〈그림 116〉과 같은 각필 자료를 확보하게 되는 것이다.

〈그림 116〉 최종 각필 자료 1- '드라이 브러쉬' 처리 결과

　'필터'의 하위 도구들 가운데 예술 효과 이외에 초보자들이 사용하기 쉬운 방법으로 '텍스처'를 들 수 있다. '텍스처'의 하위 도구에는 '균열, 그레인, 모자이크 타일, 채색 유리, 텍스처화, 패치워크'의 6가지가 있다. 이 가운데 가장 좋은 방법은 '텍스처화'이다.

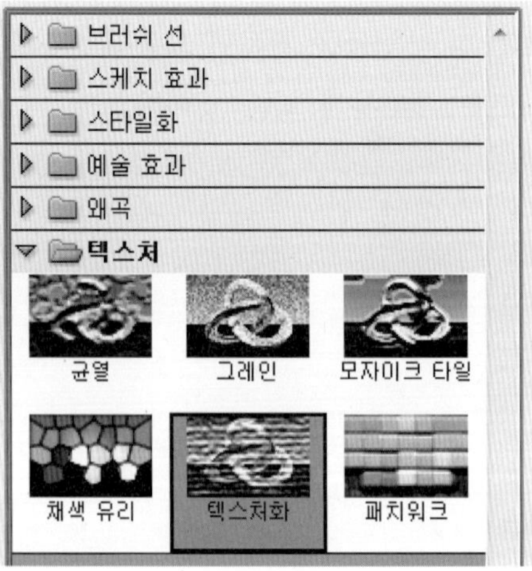

〈그림 117〉 텍스처 실행 메뉴

'필터'의 '텍스처' 가운데 '텍스처화'를 활용하는 방법은 위에서 제시된 바와 같이 Adobe Photoshop 실행 창으로 불러온 〈그림 110〉의 원본 사진을 〈그림 118〉과 같이 '텍스처화'를 바로 적용하는 것이다.

〈그림 118〉에서 보는 바와 같이 '필터'의 '텍스처'인 '텍스처화'를 실행하면 원본 사진에서 확인하기 어려웠던 각필들이 육안으로도 쉽게 인식할 수 있도록 그 선들이 뚜렷해짐을 알 수 있다.

이러한 일련의 처리 작업들을 거치면 최종적으로 우리는 〈그림 119〉와 같은 각필 자료를 확보하게 되는 것이다.

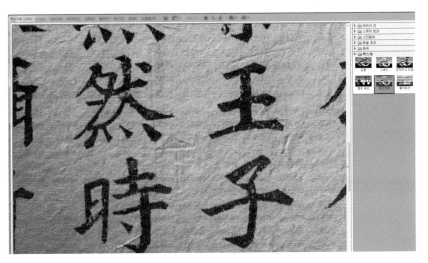

〈그림 118〉 텍스처 중 '텍스처화' 실행 자료

〈그림 119〉 최종 각필 자료 2-'텍스처화' 처리 결과

그런데 위에서 확인한 '필터'의 '예술 효과' 가운데 '드라이 브러쉬' 와 '필터'의 '텍스처' 가운데 '텍스처화'의 실행 최종 자료의 차이점은 '드라이 브러쉬'로 처리한 자료가 '텍스처화'로 처리한 자료보다 조금 더 선명하다는 점이다.

〈그림 120〉 '드라이 브러쉬' 자료

〈그림 121〉 '텍스처화' 실행 자료

위와 같이 Adobe Photoshop 실행 창에서 '필터' 메뉴의 '예술 효과' 가운데 '드라이 브러쉬'와 '필터' 메뉴의 '텍스처' 가운데 '텍스처화'를 활용하여 우리는 〈그림 122〉와 같은 각필 자료를 단순 확인할 수 있게 된다.

〈그림 122〉 Photoshop 처리

2. '번' 메뉴 활용법

초보자들에게 가장 손쉬운 방법이 위에서 설명한 바와 같이 Adobe Photoshop 실행 창의 상단 메뉴 '필터'를 활용하는 것이라면 중급 이상인 사람들에게는 '패널' 도구 가운데 '번' 도구를 활용하는 방법을 권장한다. '필터'는 단순 작업으로 자료의 정확성이 '번' 도구를 활용할 때보다 떨어지며, 각필의 점과 선들이 뚜렷하게 드러나지 않을 수도 있기 때문에 '번' 도구를 활용하여 한두 차례 '문지르기'를 실행하는 것이 보다 명확하게 자료를 확인할 수 있는 방법이다.

〈그림 123〉번 작업전 원본

〈그림 123〉의 원본 자료를 Adobe Photoshop 실행 프로그램에서 열어 그 비율을 100%로 맞추면 〈그림 124〉와 같이 정보 처리의 기초 작업이 끝이난다.

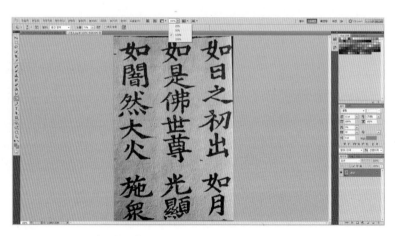

〈그림 124〉실행 창으로 불러 100% 비율 맞추기

이때 Adobe Photoshop 실행 창의 왼쪽에 세로로 다양한 처리 도구들
이 있는데 이들이 바로 Tools 패널 도구들이다.

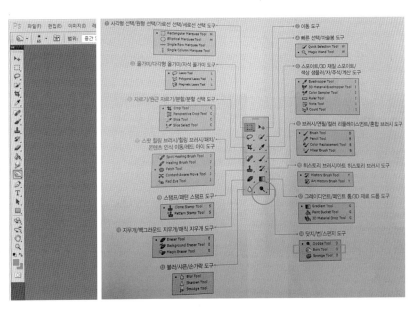

〈그림 125〉 패널도구   〈그림 126〉 패널 도구의 기능

 이들 Tools 패널 도구 가운데 '번' 도구는 〈그림 125〉에서 표시된 바
와 같이 패널 도구의 중간 정도 위치에서 찾을 수 있다. 이 도구는 정보
처리자가 불러온 사진 자료에서 원하는 크기와 경도를 조절하여 본인
이 명확하게 처리하고 싶은 곳에 원을 그리듯이 도구를 가볍게 문지른
다. 이때 문지르는 횟수에 따라 각필 부분의 선들이 육안으로 확인할
수 있도록 선명하게 드러나게 되며, 문지르는 횟수에 따라 색상이 두꺼
워지기 때문에 2~3번 정도 가볍게 문지르는 것이 가장 좋다.

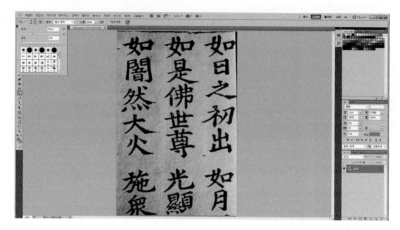

〈그림 127〉 경도 조절 메뉴

번 도구의 경도는 PX의 크기가 클수록 〈그림 128〉에서 알 수 있듯이 문지르는 번의 크기가 커지는데 가장 적당한 크기는 140~150PX 사이이다.

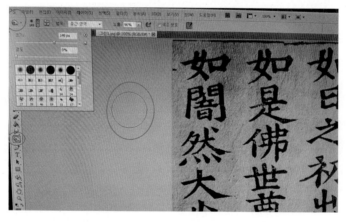

〈그림 128〉 번 도구와 149PX 경도 조절

〈그림 128〉과 같이 140~150PX 사이의 경도를 가진 둥근 원을 이용하여 정보 처리자 본인이 명확하게 알고 긱필이 있는 곳에 원을 그리듯이 도구를 가볍게 문지르는 작업 처리를 하면 〈그림 129〉와 같이 숨겨져 있던 각필의 실체가 보다 뚜렷하게 드러난다.

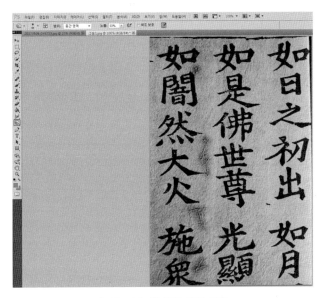

〈그림 129〉번 작업 처리 자료

이 때 〈그림 130〉, 〈그림 131〉과 같이 문지르는 횟수는 2~3번 정도 가볍게 문지르는 것이 그 선명도에서도 가장 좋다.

이와 같이 선명도가 가장 좋은 상태의 작업을 마치고 각필의 형태가 뚜렷이 드러난 자료는 〈그림 132〉와 같이 '다른 파일로 저장하기'를 선택해 〈그림 133〉과 같이 저장을 하면 된다.

〈그림 130〉 1회 문지르기

〈그림 131〉 3번 이상 문지르기

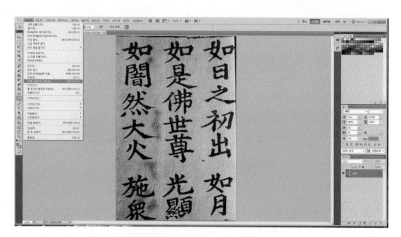

〈그림 132〉 저장하기 메뉴 열기

〈그림 133〉 다른 이름으로 파일 저장하기

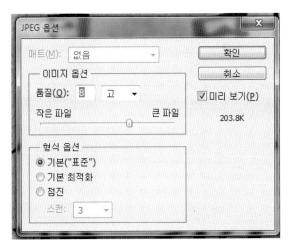

〈그림 134〉 JPEG 옵션 창

〈그림 133〉과 같이 다른 이름으로 파일을 저장하려 할 때 〈그림 13 4〉에서 알 수 있듯이 사진 파일 저장 옵션 창이 열리게 된다. 이때는 이미지 옵션은 숫자를 가감하여 품질을 조정할 수 있으며, 형식 옵션은 '기본(표준)'으로 하는 것이 가장 무난한 방법이다.

물론 최종 자료를 도출하기 위해서는 〈그림 135-136〉과 같이 번으로 문지른 형태에서 음각 부분, 즉 각필에 색이 입혀진 부분을 제외한 나머지 형태들을 제거하는 한 가지 작업을 더해야 하지만 이 작업에 대해서는 추후 설명하기로 한다.

Adobe Photoshop 실행 창의 왼쪽에 있는 Tools 패널 도구 가운데 '번'을 사용하여 번의 경도를 40~150PX로 하여 정보 처리자 명확하게 알고 싶은 각필 위에 원을 그리듯이 도구를 가볍게 두세 번 문질러 완성하면 결국 〈그림 137〉과 같은 최종 자료를 도출해 낼 수 있게 된다.

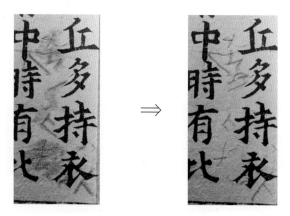

〈그림 135-136〉 불필요 부분 제거 작업

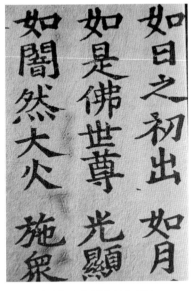

〈그림 137〉 최종 도출 자료   〈그림 138〉 그림 반전 처리

혹시나 〈그림 137〉과 같이 최종 자료를 도출해 놓고 과연 제대로 처리한 것인지, 혹은 빠뜨린 부분은 없는지를 명확하게 알고 싶을 때는 다음의 〈그림 138〉과 같이 '그림 반전' 기법을 사용하면 분명히 알 수 있게 된다.

〈그림 138〉의 원 속을 살펴보면 각필 부분이 도드라져 있음을 육안으로도 확인할 수 있다.

영상 검사 장비를 활용한 정보 처리

영상 검사 장비를 활용하는 정보 처리는 IT 분야의 자동 광학 영상 검사 장비(AOI)와 Open Source, Connected Devices과 Cyber Physical System(CPS)을 활용하여 정보를 처리하는 방법22)이다.

이 방법은 위에서 제시한 '한컴오피스 흔글을 활용한 정보 처리'와 'Window 그림판을 활용한 정보 처리', 'Adobe Photoshop을 활용한 정보 처리'로도 원하는 정보를 얻지 못할 경우 최종적으로 선택할 수 있는 방법이다. 그러나 이때에 사용되는 영상 검사 장비의 경우는 일반 연구자들이 마음대로 쉽게 접할 수 있는 장비가 아니기 때문에 영상 장비 사용료를 부담해야 하는 불편이 따를 수가 있다.23)

CPS 시스템 구축은 네트워크 통신 방식의 부품을 사용하였고, 제어는 OpenCV를 활용하여 software를 제작하였다.

CPS에서 초점, 광도, 광색상 등을 변화시켜 촬영된 영상 중에서 최적의 영상을 도출하며, 이때 도출된 영상을 〈그림 139〉와 같은 방법을

---

22) 이 영상 기법에 대한 보다 자세한 내용은 Hyungtae Kim 외(2017), "Image Acquisition for Inspecting Medieval Handwritings (Gugyeol) on Buddist Scripture Using Open Source Platform"를 참조할 수 있다.

23) 이 장에서 제시한 자료의 원본의 권리는 본 연구자에게 있으며, 이 원본을 바탕으로 한 영상 장비 활용 정보 처리는 한국생산기술원의 김형태 선임연구원의 전적인 도움을 받아 이루어졌다. 또한 이 장에서 제시한 그림 자료들은 Hyungtae Kim 외(2017)에서 임의로 발췌한 것임을 밝혀둔다.

통해 분석하여 기존의 구결 자료에서 판독하기 어려웠던 부분을 집중
조명하여 자료의 실체를 확인할 수 있도록 한다.

〈그림 139〉 CPS 시스템을 통한 자료 처리 과정

이때 최적의 배율은 3배로 높여 관찰하면 〈그림 140〉에서 보는 바와
같이 보다 선명한 영상 자료를 얻을 수 있다.

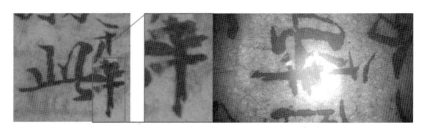

〈그림 140〉 3배율 처리 작업

원본의 한자 '此'자 옆에 쓰인 구결결합형이 맨 처음에는 'ㆍㅓㅑ(이
어오)'라고 썼다가 교정 과정에서 위에 덧칠하여 'ㆍㅓㅣ(이엇다)'라

고 수정한 사실이 선명하게 드러남을 알 수 있다.

〈그림 140〉의 구결자는《능엄경》권9의 2장 앞면 5행에 나타나는 것으로 원전의 원문은 '欲流則趨於生死雖至六天未足爲勝'이다.[24] 그리고 기존의 연구자가 육안으로 파악하고 인식했던 구결문은 '欲流ㄱ(은)則趨於生死乀ㄴ(이니)雖至六天ﵦ3刀(ᄒ야도)未足爲勝乀才ㅜ(이어오)'이었으나 이번 영상 실험을 통해 '未足爲勝乀才ㅜ'가 아니라 '未足爲勝乀才ㄴㅣ(이엇다)' 임이 밝혀진 것이다.

〈그림 141〉 음독 구결 확인

---

24) 이 장에서 연구 자료로 사용된《능엄경》은 15세기 초에 간행된 것으로 추정되는 목판본이다. 이 책의 크기는 16.8×29.8, 반광은 14.5×21.8cm이다. 권수제는 '大佛頂如來密因修證了義諸菩薩萬行首楞嚴經卷第八[九/十]'이고, 판심에는 흑구와 어미가 없다. '楞'이란 약호가 있고 11행, 22자이며, 계선은 없다. 구결의 형태는 묵서(墨書)로 되어 있으며, 책의 소장자는 본 연구자이다.

〈그림 141〉에서의 자료는《능엄경》권8의 23장 앞면 11행 6자에 해당하는 부분으로 원전의 원문 '五者詐習交誘發於相調' 가운데 6번째 한자 '誘'와 결합한 것이다. 구결문은 '五者ㄱ(은)詐習ヽ(이)交誘ノ未(호미)發於相調ヽ匕匕(ㅎㄴ니)'로 1차적으로 기입하였다가 이 가운데 '交誘ノ未(호미)'를 '交誘ノㄴ(홀)'로 정정하였음이 이번 영상 실험을 통해 밝혀졌다.

〈그림 142〉 능엄경 음독 구결 및 한글 구결 확인

또한 이 CPS 시스템은 각필 형태뿐만 아니라 〈그림 142〉에서 보는 바와 같이 음독 구결이나 혹은 한글 구결 형태를 확인하는 대로 매우 유용하며, 특히 세필로 필사되어 육안으로 확인하기 어려운 모든 자료들에 사용할 수 있다는 것이 가장 큰 장점이다.

지금까지 구결의 연구 방법은 1차적으로 연구자가 경전의 전문과 구결을 모두 데이터베이스화하여 이를 연구자가 원하는 대로 병행 배열한다. 그 다음 2차 수작업으로 이루어지는 구결이 기입된 권수와 장차 및 행수의 정보 처리를 하고 이를 바탕으로 구결 자형과 결합유형의 색인을 만든다. 만들어진 색인들은 고려시대부터 조선초기까지의 《능엄경》 자료뿐만 아니라 현재까지 발견된 모든 구결 자료들을 모아 구결 자료의 빅데이터로 활용할 수 있다. 이 작업이 끝나면 고어사전 등을 활용하여 병행 배열된 구결 문장들을 현대어로 번역하는 작업을 행한다. 이와 같은 일련의 작업들을 바탕으로 구결의 특성을 찾아 구결과 고대 및 중세 한국어의 상관성을 밝히게 되는 것이다.
그런데 지금까지 이러한 일련의 작업들은 일일이 연구자의 수작업과 직관으로 이루어지고 있어 연구과정 자체가 너무 지난하고도 어렵기 때문에 구결을 연구하는 신진 연구자들의 수가 매우 부족한 실정이다. 그러므로 위와 같은 다양한 영상 장비를 활용한 정보 처리 방법이 보급된다면 지금까지 미완으로 남겨져 있던 문제들의 해결이 진일보하는 계기를 마련하게 될 것이다.

참 고 문 헌

강승식(2002), 『한국어 형태소 분석과 정보 검색』, 홍릉과학출판사.

교육개혁위원회(1998), 『21세기 한국교육의 발전지표』, 청운기획.

국어국문학회(1990), 『방언학의 자료와 이론』, 지식산업사.

김경훤(2006), "국어사 교육의 문제점과 앞으로의 방향", 〈새국어교육 제70호〉, 서울사대 국어교육과.

김광해(1997), 『국어지식교육론』, 서울대학교출판부.

김광해(2001), "국어정보화를 위한 어휘연구의 방향", 『21세기 국어 정보화와 국어연구』, 고려대학교 민족문화연구원 국어연구소.

김동소·남경란(2003), "《大方廣佛華嚴經疏(卷35)》 입곁의 새김 연구- '-ㅅ', '-ㅎ', '-ㅎ'류의 독음에 대하여", 〈어문학 79〉, 한국어문학회.

김병선(1994), "한국학 자료 전산처리의 기본 문제", 〈정신문화연구〉 56, 한국정신문화연구원.

김영욱(1998), "국어사 교육은 과연 필요한가", 〈선청어문 제26호〉, 서울사대 국어교육과.

김창원(2007), 『국어교육론-관점과 체제』, 삼지원.

김충회 외(1991), "방언 자료의 전산처리에 관한 연구", 〈한국어전산학〉 창간호. 한국어전산학회.

남경란(2000), "《석보상절》 말뭉치를 이용한 중세한국어 조사의 계량적 빈도", 《한국어정보 처리(1)》, 대구가톨릭대학교 중세한국어연구단 연차보고서.

남경란(2001ㄱ), "《육조법보단경》 말뭉치를 이용한 전통한자 및 한자음 대응 빈도 조사", 《한국어정보 처리(2)》, 대구가톨릭대학교 중세한국어연구단 연차보고서.

남경란(2001ㄴ), "《월인석보 19》와 《법화경 7》의 텍스트 비교 및 어휘빈도", 《한국어정보 처리(3)》, 대구가톨릭대학교 중세한국어연구단.

남경란(2002), "중세한국어 원시말뭉치를 이용한 한자와 번역어휘 용례의 전산화",

《한국어정보 처리(6)》, 영남대학교 민족문화연구소.

남경란(2003ㄱ), "국어사 자료의 전산화 현황과 앞으로의 전망", 국어사 자료학회 전국학술 발표대회 발표 요지문.

남경란(2003ㄴ), 『동해안 지역의 방언과 구비문학 연구』, 영남대학교 출판부.

남경란(2003ㄷ), "중세한국어 연구를 위한 전산 처리 방안", 〈민족문화논총 27〉, 영남대학교 민족문화연구소.

남경란(2003ㄹ), "어촌 지역의 경제 생활과 관련된 어휘- 지역별·연령별·성별", 한국학술진흥재단 중점연구과제 결과보고서.

남경란(2003ㅁ), 『국어사 연구를 위한 국어정보 처리법』, 경인문화사.

남경란(2003ㅂ), "사회방언 자료의 전산처리에 대하여", 〈한국말글학〉, 한국말글학회.

남경란(2004), "국어의 시간적 데이터베이스 구축과 활용", 〈민족문화논총 29〉, 영남대학교 민족문화연구소.

남경란(2004), "동해안 어촌 지역어의 사회언어학적 연구", 〈한국말글학〉 제12집, 한국말글학회.

남경란(2009), "중세국어 음운현상의 교육 방안", 〈민족문화논총〉 제43집, 영남대학교 민족문화연구소.

남경란(2013), 〈한국어정보학〉, 대구가톨릭대학교 연구결과보고서.

남경란(2014), "15세기 문헌 자료의 전산화-연구자 중심 말뭉치 구축 및 활용", 〈우리말연구〉 제37집, 우리말학회.

남경란(2016), 새 資料, 初雕大藏經 南禪寺本『四分律藏第三分』卷四十의 角筆에 대하여, 〈구결연구 36〉, 구결학회.

남경란(2017), 11세기 초조대장경『四分律藏第三分』의 각필 부호 분석, 〈민족문화논총 65〉, 영남대 민족문화연구소.

남권희·남경란(2016), 13세기 高麗 釋讀口訣本『慈悲道場懺法』卷4 殘片의 구결 소개, 『국어사연구』 22, 국어사학회.

롤란트 하우쎄(2002), 『전산언어학의 기초』, 한국문화사, 정석진 외(역).

민현식 외(2007), 『미래를 여는 국어교육사 Ⅰ』, 서울대학교 출판부.

민현식 외(2007), 『미래를 여는 국어교육사 Ⅱ』, 서울대학교 출판부.

민현식(2002), "국어지식의 위계와 방안 연구", 〈국어교육 제108〉, 한국어교육학회.

박형우(2005), "교과서의 고전 자료와 그 표기 방식", 〈청람어문교육 32〉, 45-73.

박형익(2004), 『한국의 사전과 사전학』, 도서출판 월인.

서상규(1998), "말뭉치 분석에 기반을 둔 낱말 빈도의 조사와 그 응용: 연세 말뭉치를 중심으로", 〈한글〉 242, 한글학회.

서상규(2002), "한국어 균형말뭉치의 현황과 과제", 『21세기 국어학의 현황과 과제』, 한신문화사.

서상규·한영균(1999), 『국어정보학 입문』, 태학사.

소강춘(1994), "방언자료의 전산처리에 대하여", 〈정신문화연구〉 56, 한국정신문화연구원.

소강춘(2001), "국어사 자료의 정보 처리 방법론", 〈국어문학〉 36, 국어문학회.

소두영(1992), 『기호학』, 인간사랑.

연규동외(2003), 『인문학을 위한 컴퓨터』, 태학사.

이관규(2004), "국어사 교수 학습 내용의 체계성과 위계성에 대한 연구", 〈국어교육학연구 20〉, 국어교육학회.

이기용(2002), 『전상형태론』, 고려대학교출판부.

이도영(1999), "국어과 교육 내용으로서의 국어사", 〈선청어문 제27호〉, 서울사대 국어교육과.

이동숙(2013), 『엑셀 2007 무작정 따라하기』, 길벗.

이상규(1998), 『방언연구 방법론』, 형설출판사.

이상규(2000), 『경북방언사전』, 태학사.

이상규(2003), 『국어방언학』, 학연사.

이상규·백두현 외(1996), 『내일을 위한 연구』, 경북대학교 출판부.

이상억(2001), 『계량국어학연구』, 서울대학교출판부.

이성영(1995), "언어 지식 영역 지도의 필요성과 방향", 〈국어교육연구 2〉, 서울대 국어교육연구소.

이익섭(1976), "韓國 漁村 方言의 社會言語學的 考察", 〈震壇學報〉, 42.

이익섭(1984), 『方言學』, 민음사.

이태영(2001), "한국어 정보 처리를 위한 과목 개발의 필요성", 〈한글문화 15〉, 한글학회 전라북도지회.

이태영(2002), "21세기 세종계획과 한민족 언어 정보화", 『한국어와 정보화』, 태학사.

이태영(2008), "한국어 정보화의 방향과 과제", 〈한글 282〉, 한글학회.

임칠성 외(1997), 『한국어 계량연구』, 전남대학교출판부.

장태진(1996), 『국어 사회언어학 논총』, 국학자료원.

전혜숙(2003), "강원도 동해안 방언의 사회언어학적 연구", 한국외국어대학교 박사
학위논문.

정승은 외(2014), 『포토샵 무작정 따라하기』, 길벗.

정인상(1985), "컴퓨터를 이용한 방언 자료의 처리 방안", 〈방언〉 8집, 한국정신문
화연구원.

정호완(1997), "고대 국어사 교육의 과제", 〈대구어문논총 제15집〉, 대구어문학회.

천기석(1986), 『수리언어학개론-통사부문·의미부문』, 진명문화사.

한국정보과학회·한국인지과학회(2000), "인간과 기계와 언어-한글 및 한국어 정보
처리", 2000년도 한글 및 한국어 정보 처리 학술대회.

한국정신문화연구원(1987), 『한국방언자료집』, 한국정신문화연구원.

한영균(2002), "어휘 기술을 위한 연어 정보 추출 및 활용과 관련된 몇 가지 문제",
〈국어학〉 39호, 국어학회.

한영균(2003), "어휘 계량적 분석과 띄어쓰기 문제", 〈한국문화〉 31, 서울대학교 한
국문화연구소.

홍윤표(1991), "방언자료의 전산처리에 관한 연구", 〈한국어전산학〉 1, 한국어전산
학회.

홍윤표(1998), "국어학 자료의 전산화 방법과 그 학문적 의의", 〈국어국문학〉 121,
국어국문학회.

홍윤표외(2002), 『한국어와 정보화』, 태학사.

부 록

새 資料, 初雕大藏經 南禪寺本『四分律藏第三分』卷四十의 角筆에 대하여*

남경란

요 약

일본 남선사 소장 『사분율장』은 지난 2004년에 조사, 발굴되었으나 전혀 연구가 이루어지지도 각필이나 자토에 대한 확인 작업도 이루어진 바가 없다. 이에 기존에 각필을 확인하는 작업에서 벗어난 새로운 자료 확인 방법을 이용하여 11세기 각필의 실체를 정밀 분석하고 이를 소개하게 되었다. 이번 연구를 통해 『사분율장』의 각필 부호는 단선이 80%(사선 +60, 직선 ±10)로 가장 많이 사용되었으며, 점이 약 10%, 반달이 5%, 체크가 3% 그리고 그 외의 선들이 7%로 이루어져 있어 『사분율장』의 각필 부호 가운데 단선의 역할이 매우 크다는 사실을 확인하였다. 특히 이 선들은 기존 각필 연구에서 논의된 바 있는 경계, 구분, 지시 등의 의미보다는 원문을 해석하는 주요 도구, 즉 석독 구결 자형(또는 결합형)들이 가지고 있는 의미를 그대로 가지고 있다는 점에서 이 『사분율장』의 각필들이 주는 의미는 매우 크다고 할 것이다.

* 핵심어:『四分律藏』, 初雕大藏經, 角筆, 口訣, 精密分析

1. 序論

이 글은 일본 남선사 소장 初雕大藏經 『四分律藏第三分』卷四十을 대상으로 자료에 기입되어 있는 11세기 각필의 실체를 정밀분석하고 이를 밝히는 데 그 목적이 있다.

『四分律藏第三分』권제40은 지난 2004년에 조사, 발굴되었으나 아직까지 연구가 이루어지지 않았을 뿐만 아니라 각필이나 자토에 대한 확인 작업도 이루어진 바가 없다. 이는『四分律藏第三分』권제40에 새겨진 각필이 기존의 각필 자료와 마찬가지로 육안으로는 정밀한 확인이 어렵다는 점과, 원본이 아닌 촬영 사진 자료를 바탕으로 확인 작업을 해야 하는 어려움이 있기 때문이다.

초조대장경을 소장하고 있는 곳을 대상으로 2004년도에 개인, 박물관, 도서관 등 국내의 여러 소장기관과 일본의 남선사 소장본을 대상으로 조사가 이루어졌다.[1)]

이 과정에서 남권희, 정재영 등 국내 학자들에 의해 11세기 국어 연구에 새로운 지평을 열 수 있는 귀중본,『四分律藏 第三分』권제40(이하『사분율장』)이 발굴되었다. 그러나 아직까지 각필에 대한 구체적인 분석뿐만 아니라 문자토에 대한 확인 작업과 구체적인 연구가 전혀 되지 않은 상태이다.[2)]

---

1) 당시 일본의 남선사 소장본은 본격적인 조사를 위한 예비적 준비 단계로 조사의 표본이 될 만한『御製秘藏銓』을 비롯한 일부 경전과 중국의 개보칙판대장경(開寶勅版大藏經)과 각 시대별 대장경에 대한 비교 검토가 화원대학(花園大學) 국제학연구소와 공동으로 진행되었다. 이 과정에서『瑜伽師地論』권제8,『四分律藏第三分』권제40,『楞伽阿跋多羅寶經』권제1,『昇天王般若波羅密經』권제5 등이 국내 학자들에 의해 확인된 각필 자료들이다

다만 최근 정재영(2011)의 '남선사 소장의 한국본 고문헌 자료에 대하여'에 의해 "현재 남선사에 소장되어 있는 초조대장경은 521종 1,825권 1,714책이다. 이들 중『瑜伽師地論』권제8,『四分律藏 第三分』권제40은 한국의 구결연구에 있어서 중요한 자료들이다.『四分律藏 第三分』권제40은 구절선 표시와 11세기 초의 문자토(文字吐)가 기입되어 있는 자료로 11세기 초에 구결문자로 기입된 석독구결 자료 하나를 더 발견했다는 점에서 그 의미가 크다"고 지적하면서 "그러나『四分律藏 第三分』권제40은 아직까지 구체적인 구결 조사가 이루어지지 않았을 뿐만 아니라 문자토에 대한 확인 작업과 구체적인 연구가 전혀 되지 않았다"고 하여 이 자료에 대한 연구가 전혀 이루어지지 않았음을 시사한 바 있다.

2. 자료의 내용 소개

『사분율장』은 출가한 승려가 불법을 수행하는 데 필요한 계율을 자세히 기록한 불교의 율전으로 우리나라의 비구가 지키는 250계와 비구니가 지키는 348계가 기록되어 있다.

이 책은 일찍부터 우리나라에 전래되어 많은 주석서를 남겼고,『梵網經』과 함께 출가 승려들이 반드시 닦아 익혀야 할 근본계율서로 채택되어 널리 유통되었다. 즉 출가자들의 모든 규범과 생활이 이 책에 준하여 행해졌던 것이다. 이 책에 대한 우리나라 고승들의 주석서로는 13종이 있다.

---

2) 본 연구자는 이번 연구의 주된 연구 자료인『四分律藏 第三分』권제40의 촬영본을 당시 연구자로 참여했던 경북대학교 문헌정보학과 남권희 교수를 통해 제공받았음을 밝혀둔다.

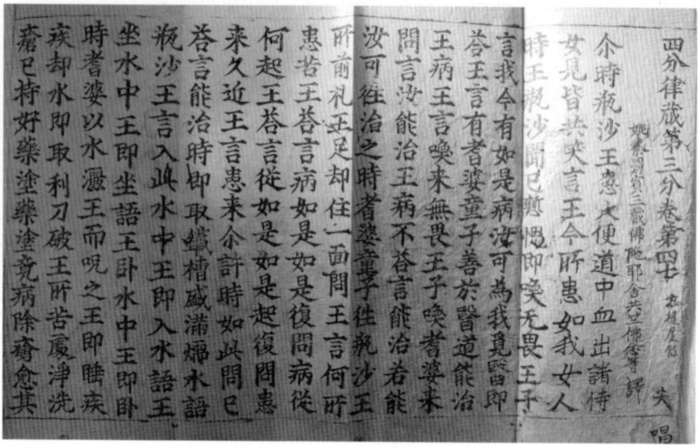

〈그림 1〉 11세기 새 자료 『사분율장』

『사분율장』은 모두 60권으로 이루어져 있으며, 5세기 초에 불타야사와 축불념이 함께 한역했다. 『사분율장』은 법장부의 소전으로 알려져 있다. 법장부는 담무덕부라고도 불리며, 불멸 후 300년경에 화지부에서 갈라져 나왔다. 『사분율장』은 크게 네 부분으로 구성되어 있는데, 초분(21권), 이분(15권), 삼분(13권), 사분(11권)으로 이루어져 있다.

그 내용을 보면 제1분은 제1권부터 제21권까지로 5언(言) 40송(頌)으로 된 원론과 비구의 구족계(具足戒)인 250계가 수록되어 있다. 제2분은 제22권부터 제36권까지의 15권으로 되어 있으며 비구니 348계가 수록되어 있다. 비구의 250계와는 달리 바라이법이 8계, 승잔죄가 17계, 사타죄가 30계, 단타죄가 178계로서 비구보다 더 세분된 계율을 가지도록 되어 있고, 중학계와 멸쟁법은 같다. 제3분은 제37권 중간부터 제49권까지지이며, 내용은 수도정진기간인 안거(安居) 때에 지켜야 할 사항, 안거하는 동안에 저지른 잘못을 고백하고 참회하는 자자(自恣)에 관한 것, 옷과 약에 관한 것, 악성비구(惡性比丘)를 꾸짖는 법, 죄를 짓고 숨기는 비구를 참회시키는 법, 비구니에 대한 특수한 위의(威儀) 등 16종의 편장으로 되어 있다. 제4분은 제50권부터 제60권까지의 11권으로, 방에 머무는 방법이나 기타 잡법(雜法)에 관한 것, 경전 편찬에 관한 오백결집(五百結集)과 칠백결집 등에 대하여 밝히고 있다.

본 발표의 기본 자료가 되는『사분율장 제삼분』권제40은 전체 31장으로 1장은 23행 14자로 이루어져 있다. 특히 1장은 22행 14자로, 22장은 24행 14자로 되어 있다. 이는 남권희(2007)에서 지적한 초조대장경의 일반적인 장행 서지3)와 차이를 보여주는 부분이라 매우 흥미롭다.

권제40은『사분율장』네 개 부분 가운데 위에서 언급한 바와 같이 삼분에 해당하며, 이 가운데에서도 특히 병자를 고친 내용과 비구들의 의복에 관한 법이 적혀 있다는 점이 이 자료의 중요점이라 할 수 있다.

권제40은 인도의 유명한 의원 기바가 여러 병자들의 병을 고치는 이야기로 시작하여 종내는 세존이 옷을 짓는 방법과 권장 사항들로 마무리 짓고 있다.

의원 기바는 밤비사알라 왕과 왕사성의 어떤 장자, 카우샴비이의 장자 아들, 위선나라 바라수제 왕, 석가모니의 설사병 등을 고치며 세존과의 독대에서 자신의 소원을 말하게 된다. 기바가 세존에게 말한 소원은 비구들이 단월이 주는 옷[값진 흠바라 옷이나 왕이 입던 구루 옷 등]을 입으려 하거나 누더기 옷을 입으려 할 때 모두 마음대로 허락해 달라는

3) 남권희(2007)에 따르면 초조대장경의 첫 장에는 권수제와 권차 그리고 함차(函次)가 반드시 각인되어 있고 다음 행에는 造·譯者名이 표시되어 있다. 그리고 행자수는 전지 한 장에 수록된 본문의 행수와 각 행에 수록된 본문의 자수로 초조본은 첫 장이 22행 14자, 그 이하의 장은 23행 14자로 되어 있는 것이 일반적이다.

것이었고, 세존은 이를 허락하게 된다. 다만 이때 세존이 그 경계의 말을 남긴 것들을 기록해 둔 것이 『사분율장 제삼분』 권제40의 내용이다.

세존이 남긴 경계의 말은 (1)비구들에게 구루 옷의 넓이와 길이를 정하고, (2)자신의 몫을 자기가 정하기 말 것, (3)옷을 손수 빨거나 남을 시켜 빨 것, (4)빨래에 필요한 여러 가지 도구[빨래 그릇, 빨래 판 등]를 가져도 좋다는 것, (5)아난이 비구들에게 가사 짓는 법을 가르치도록 했다는 것, (6)비구들의 속옷과 속 가사, 그리고 큰 가사를 다섯 가지, 혹은 아홉, 열 가지로 조각을 내서 짓도록 하며 가짓수가 스물을 넘지 않도록 할 것, (7)띠를 달 것, (8)어깨에 고리나 단추를 달 것 등이다.

3. 각필 소개 및 분석

앞서 서두에서도 언급한 바와 같이 남권희(2007), 정재영(2011) 등을 참조할 때 『사분율장』에 새겨진 각필들은 11세기 초에 기입된 것으로 봐도 좋을 것이다. 그러므로 기존의 논의 되었던 각필(점토, 문자토, 부호들)과 비교 분석해 본다면 그 상관성을 알 수 있을 것이다. 또한『사분율장』에 새겨진 문자토가 석독을 위한 것인지, 음독(혹은 순독)을 위한 것인지를 밝힐 수 있는 매우 중요한 기회라 판단된다.

최근 본 발표자는 기존의 각필 확인용 스코프나 광학용 루뻬뿐만 아니라 보다 더 정확한 각필 상태를 밝히기 위해 이들 외의 새로운 방법을 이용하여 『사분율장』에 새겨져 있는 각필들을 확인하고 이를 분석하였다.

다음의 〈그림 2〉와 같이 각필 확인용 휴대용 스코프나 광학용 루뻬로 먼저 각필들을 확인한 다음 〈그림 3〉과 같이 각필 위에 색을 입힌

〈그림 2〉 각필 부분

〈그림 3〉 덧칠 작업

〈그림 4〉 최종 확인

뒤 〈그림 4〉와 같이 불필요한 색들을 제거하면 각필들이 선명하게 드러나게 된다.

　그러나 이와 같은 방법으로도 원본 사진에서 확인이 명확하지 않을 경우에는 아래 〈그림 6〉과 같이 사진이 가지고 있는 빛깔 한 겹을 제거하는 보정작업을 거친 뒤에 덧칠 작업을 하는 과정을 거치면 각필의 자국이 더욱 선명히 드러난다.

　이와 같은 연구 방법으로 『사분율장』에서 밝혀낸 각필 부호들은 200여 개가 넘으며, 각필 부호 외에도 각필로 새겨진 문자와 점 등도 100여 개 이상이 있음을 확인하였다. 그런데 이 과정에서 『사분율장』에는 점과 다양한 선, 그리고 문자들이 복합적으로 달려 문장의 의미를 구체화하려 했던 것으로 보이는 부분이 여러 군데 나타나고 있어 이 부분에 특별히 주의를 기울이고 있다.4)

---

4) 이들 각필들은 부호와 문자, 일본 훈점 등이 복합되었다고 믿어지나 훈점에 대한 논의는 추후 다시하기로 하고 이 논의에서는 제외한다.

[그림 5] 원본
사진

[그림 6] 보정 작업

[그림 7] 최종 확인

〈그림 8〉 복합 자료

이들 각필은 〈그림 8〉에서와 같이 문자와 선, 그리고 점들로 이루어져 있으며, 특히 게송부분에는 이들 각필들이 복합되어 집중적으로 나타나고 있음을 알았다. 이 게송들은 세존이 직접 읊거나 혹은 불제자가 세존 앞에서 읊는 게송들이므로 보다 정확한 의미를 전달하고자 다른 어느 부분보다도 자세하게 각필을 한 것으로 판단된다.

지금까지 본 연구자가 밝혀낸 각필 부호 자료 일부를 제시하면 〈그림 9〉와 같다.

〈그림 9〉『사분율장』에서 찾아낸 각종 각필 형태

　현재 학계에서는 이미 각필 부호와 점토, 그리고 문자토에 대한 연구
가 활발히 진행되어 어느 정도의 정착기에 접어들고 있어『사분율장』에
나타나는 각필 부호 및 문자들의 비교 연구가 가능해진 것은 사실이다.
　이승재(2000)를 시작으로 각필 부호와 점토[부점구결이라 명명하기도
한다]에 대하여 연구되고 논의되기 시작하였는데 이런 부점구결은 한문
을 우리말 어순으로 풀어 읽고 한자를 우리말 단어로 새겨 읽는 것으로
서 석독구결의 일종이다. 이전의 석독구결은 전부 문자로 표기되었지만
이 자료에서는 부점으로 표기되었다는 점이 다르다. 점토의 문자화 방
법에　대해서는　남풍현(2000),　남풍현·이승재·윤행순(2001),　이승재

(2000), 이승재(2001) 등을 참고 할 수 있다.

석독구결은 토(吐)의 표기에 구결자를 사용하는 자토 석독구결과 구결점을 사용하는 점토 석독구결의 두 종류가 있다. 점토 석독구결에는 매우 다양한 부호가 사용되었다. 2000년 7월에 최초로 자료가 발견된 이후 小林芳規·西村浩子(2001), 남풍현(2000), 이승재(2000, 2001, 2002), 윤행순(2001), 김영욱(2001) 등에서 역독선, 합부, 경계선, 점도선, 구결자, 절박사(節博士) 등에 관한 논의가 이루어졌다. 이후 장경준(2002)에서 구결자, 장경준(2003, 2008)에서 지시선, 박진호(2004)에서 중복선, 술목선, 보충선, 장경준(2007, 2009)과 안대현(2009) 등에서 논의가 있었다. 그리고 이를 바탕으로 장경준(2011)에서는 연구가 진행된 13종의 자료에 사용된 부호 전체를 분류, 정리하였다.5) 이밖에도 김성주(2012), 박부자(2014), 정재영 외(2003), (2011) 등도 점토에 대해 논의한 대표적인 연구들이라 할 수 있다.

이와 같은 기존 논의들에서는 부점들을 문자화 시키려고 많은 노력을 기울이고 있다. 그러나 이 부점들은 어떤 식으로 문자화 시키든지 간에 부호일 뿐이다. 부호란 일정한 뜻을 나타내기 위하여 따로 정하여 쓰는 기호이기 때문에 부호가 문자로 인식될 수는 없다. 더욱이 각필 자료들에 나타나는 단점, 쌍점, 눈썹, 느낌표 등의 부호들을 문자화 시켜 점도(點圖)로 나타내고 이 부호들을 곧 문자로 인식하는 데에는 상

---

5) 이들 연구에서 밝힌 고려초기 점토구결의 부호들은 점토의 위치를 분명하게 표기하는 '경계선', '구분선'과 동일한 점토를 두 번 달았음을 표기하는 '중복선', 점토를 달아야 할 한자에 달지 않았음을 표시하는 '지시선', '연결선', 텍스트의 통사구조에 대한 이해를 돕기 위한 '합부(合符)', '역독선(逆讀線)', '합부역독선', '술목선(述目線)', '보충선(補充線)', 한문 원문이나 점토의 교정 내지 주석을 표시하는 '점도선(點圖線)', '삭제선', '교정부호', 그 외에 아직까지 그 기능을 파악하지 못한 '삐침선' 등의 부호들이다.

당한 무리가 따른다. 왜냐하면 이들 단점, 쌍점, 눈썹, 느낌표 등의 부호 중 하나만 잘못 판독하게 된다면 그 자료에 각필된 모든 부호들의 분석이 어그러질 확률이 높기 때문이다.

또한 부호들을 문자화 시킬 때는 한문 구조에 대한 정확한 이해가 필수적이며, 문자 구결의 표기법에 대한 이해가 전제되어야 한다. 이러한 이해가 전제되더라도 동일한 위치에 오는 다양한 형태의 부호들을 어떻게 구별하여 해독할 것인지, 한글로 번역할 때 한자를 음독할 것인지 훈독할 것인지에 대한 문제를 해결하기가 쉽지 않다.

물론 이와 같은 문제의 해결로서 이승재(2003)는 '상이형태 상이음상의 원칙', '생략 점토 복원의 원칙', '훈·음독 검증의 원칙', '문법적 보완의 원칙'이라는 4가지 원칙을 제시한 바 있다. 그러나 이 원칙들 역시 자료에 나타나는 부호들을 완벽히 판독했다는 사실이 전제될 때 가능할 것이다.

이러한 문제점을 한꺼번에 해결할 수 있는 자료가 바로 『합부금광명경』 권3이다. 『합부금광명경』 권3에는 점토와 문자가 동시에 새겨져 있는 중요한 자료이다. 이 자료는 발견된 후 서지적 검토를 통하여 지질, 서체, 각수명 등에 의하여 그 간행의 시기가 13세기 중반 즉 고려 재조대장경을 판각하던 때로 추정되었다. 따라서 석독구결을 달았던 시기도 13세기 중후반으로 비정되고 있다. 이 자료에 대한 연구는 발표자들이 서지(남권희, 1994), 구결(정재영, 1998) 등으로 나누어 연구한 바가 있으며, 남경란·남권희·정재영(2007)에 의해 단점, 사선, 쌍점, 복합[기존 눈썹] 등 4가지 부호들과 문자가 일치하는 사실이 확인되었다.[6]

이들을 바탕으로 남경란 외(2005)에서는 『합부금광명경』 권3에 나타

---

6) 이에 대한 자료들은 이 글 끝의 붙임을 참조할 수 있다.

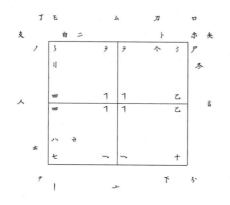

<그림 10> 『합부금광명경』 권3 부호 의미도

난 부호를 다음 〈그림 10〉과 같이 도식화한 바 있다.

이 외에도『합부금광명경』권3에 나타난 부호들의 대표적인 결합형(여기서의 결합형이란 단점, 혹은 단선이 아닌 2가지 이상의 결합 부호를 뜻한다)을 제시하고 한자를 사각형으로 가정했을 때 묶을 수 있는 유형 40개를 제시하였으며,『합부금광명경』권3의 모든 문장들을 용례 파악이 가장 좋은 원전 그대로의 복원형으로 제시하기도 하였다.

그러나 이 자료에 대한 연구는 본 연구자의 각필에 대한 역량부족으로 지금까지 더 이상 진전을 보지 못한 채 이와 유사한 자료가 발견되기만을 기다려 왔다고 해도 과언은 아니다.

그런데 뜻밖에도 지난 2004년에 조사, 발굴되었으나 아직까지 연구가 이루어지지 않은 『사분율장』에서 미루어 두었던 의문들을 해결할 수 있는 계기를 찾은 것 같다.

이는 앞서 〈그림 9〉에서 제시한 『사분율장』의 각필 부호들을 구체화하여 분류해 보면 고려시대 간행된 여타의 각필 자료들에서 발견되는 부호들과는 그 쓰임과 형태가 다르다는 사실을 쉽게 확인할 수 있다.『사분율장』의 각필 부호들은 단선(사선과 직선), 체크, 반달, 점 등의 종류로 나눌 수 있으며, 점보다는 선(특히 단선)이 더 많이 사용되었다는 점이 특징이라 할 수 있다.

이 선들은 기존 각필 연구에서 논의된 바 있는 경계, 구분, 지시 등의 의미보다는 원문을 해석하는 주요 도구, 즉 석독구결 자형(또는 결합형)들이 가지고 있는 의미를 그대로 가지고 있다는 점에서 이『사분율장』의 각필들이 주는 의미는 매우 크다고 할 것이다. 이 점은 본 연구자가 『합부금광명경』 권3의 각필을 다시 주목하게 된 동기이기도 하다.

그렇다면 이제『사분율장』의 각필들은 어떤 종류들이 있으며, 그것들은 각기 어떤 형태로 이루어져 있는지를 살펴보아야 할 것이다.

3.1. 각필 부호 종류 및 형태

『사분율장』의 각필 부호들은 크게 '원문 내용적 의미를 가진 것(텍스트의 통사구조에 대한 이해 보조 기능)'과 '원문 외부적 의미를 가진 것(위치 지시나 교정 등의 표시 기능)'의 두 가지로 나눌 수 있다.

이 가운데 '원문 내용적 의미를 가진 것'은 주로 단선(사선과 직선), 체크, 반달, 점 등의 4가지로 나눌 수 있는데 이 각필 부호들의 특징은 점보다는 선(특히 단선)이 많이 사용하였다는 것이다.

1) 사선

『사분율장』의 각필 부호 가운데 사선이 차지하는 비율은 60%가 넘는다. 물론 이 가운데는 기존 연구에서 밝힌 바 있는 지시선이나 보충선 등으로 볼 수 있는 선도 있으나 대개는 하나 이상의 의미 기능을 가지고 있는 것으로 판단된다. 특히 두 줄 사선으로 그어진 각필들도 있어 눈여겨 볼만하다.

2) 직선

『사분율장』의 각필 부호 가운데 직선이 차지하는 비율은 약 20% 정도이다. 이들 직선도 하나 이상의 의미 기능을 가지고 있는 것으로 판단되는데, 그 가운데 두 줄 직선으로 그어진 각필들이 여러 번 사용된 것은 매우 특이한 점이다.

3) 체크

『사분율장』의 각필 부호 가운데 체크 형태의 부호가 차지하는 비율은 대략 3% 정도이다. 이들 체크 역시 의미 기능을 가지고 있으며, 발표문의 오른쪽 체크 형태들은 이 자료에 여러 번 사용되어 그 쓰임은 눈여겨 볼만하다.

4) 반달(눈썹)

　　『사분율장』의 각필 부호 가운데 반달 혹은 눈썹 형태의 부호가 차지하는 비율도 대략 5% 정도이다. 이들 역시 하나 이상의 의미 기능을 가지고 있는 것으로 판단된다.

5) 점(단점, 쌍점)

『사분율장』의 각필 부호 가운데 점이 차지하는 비율은 약 7% 정도이다.

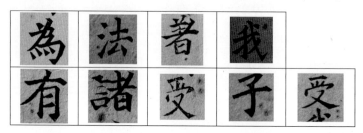

　　이들 점 가운데 단점보다는 쌍점이 더 많이 사용되고 있으며 이 점들도 각각이 의미 기능을 가지고 있다.

6) 기타(지시선 등)

이밖에 『사분율장』에는 '합부', '지시', '연결' 등으로 볼 수 있는 부호들이 사용되었는데 이들이 차지하는 비율은 약 5% 정도이다. 이들은 원문 외부적 의미를 가진 것(위치 지시나 교정 등의 표시 기능)으로 판단된다.

이와 같이 『사분율장』의 각필 부호는 단선이 80%(사선 +60, 직선 ±10)로 가장 많이 사용되었으며, 점이 약 10%, 반달이 5%, 체크가 3% 그리고 그 외의 선들이 7%로 이루어져 있어 『사분율장』의 각필 부호 가운데 단선의 역할이 매우 크다는 사실을 알 수 있다.

그런데 이들 각필 부호가 지니고 있는 의미의 차이를 보다 쉽게 구분하기 위해서 몇 가지 경우의 수를 들어 예문을 비교할 필요가 있다. 특히 동일한 한자나 명사형에 다른 형태의 각필이 새겨져 있을 경우에는 더욱 그러하다.

이와 같은 의미 차를 알아보기 위해 몇 가지 예문을 제시하기로 한다.

(1) 기바(耆婆)

[가] 時阿難聞世尊言往王舍城 至耆婆所語 言(사분40:07-17)

[나] 아난이 부처님의 말씀을 듣고 왕사성에 가서 기바에게 말하되

〈그림 11〉

[가] 藥欲消時覺有酥氣 王言 耆婆與我酥飮 是(사분40:06-11)我怨家

[나] 약이 녹으려 할 때에 소락 기운이 있는 것을 깨달았다. 왕이 말했다. "기바가 나에게 소락을 주어 마시게 했으니, 나의 원수다."

〈그림 12〉

[가] 時健步烏得及耆婆(사분40:06-21) 語耆婆言

[나] 잠시 멈추어서 쉬는데 날쌘 오가 기바를 따라와서 기바에게 말했다.

〈그림 13〉

위의 〈그림 11, 12, 13〉의 한자 '耆婆'에 새겨진 각필 부호들은 조금씩 다른 형태를 하고 있다. 그런데 이들이 사용된 문장을 살펴보면 '耆婆'에 새겨진 부호들 역시 그 의미가 다르다는 것을 번역에서 확인할 수 있다. 즉 한자 '耆'의 오른쪽 하단의 직선은 '~에게'를, 오른쪽 상단과 하단에 두 개의 직선이 있으면 '~이(가)'를, 한자 '耆'의 왼쪽 가운데 사선은 '~을(를)'을 의미한 것으로도 볼 수 있다. 그러나 이것은 어디까지나 확률에 지나지 않으며 정확한 판단은 향후 정밀한 분석이 이루어지고 난 후에 가능하게 될 것이다.

(2) 비구(比丘)

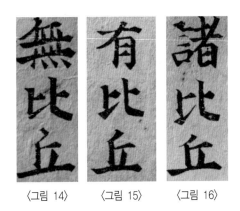

〈그림 14〉   〈그림 15〉   〈그림 16〉

[가] 佛言 不成受不犯 尒時有住處 無比丘 有比丘想(사분40:31-17)受
    衣 諸比丘不知成受不白佛

[나] 부처님께서 말씀하셨다. "받아지지 않고 두스크르타를 범한다." 그
    때에 어떤 곳에서 비구가 있는데도 비구가 없다고 생각하면서 옷
    을 받는데 비구들이 옷을 받아야 하는지를 알지 못하여 부처님께
    사뢰니 부처님께서 말씀하셨다.

위의 〈그림 14, 15, 16〉은 하나의 문장에서 다양하게 새겨져 있는 각
필 부호 예문이라 할 수 있다. 이들 역시 해석을 해 보면 '比丘'와 결합
한 한자가 무엇인가에 따라 그 의미가 다름을 알 수 있다. 그러나 이
또한 확률에 지나지 않으며 정확한 판단은 모든 경우의 수를 분석했을
때만이 명확한 근거를 제시할 수 있을 것이다.

3.2. 각필 문자 종류 및 형태

『사분율장』의 각필 문자들은 원문 전반에 걸쳐 사용되었으며 특히 게송 부분과 부처가 설법하거나 부처의 말을 정확하게 전달해야 할 문장에 집중 사용되고 있다는 사실이 흥미롭다. 이는 각필 부호들로써 원문의 내용적 의미를 완전하게 전달하지 못할 확률이 있다고 판단하였거나 잘못 전달될 가능성을 최소화하기 위해 각필 부호가 있음에도 그 위에 문자를 새긴 것으로 판단된다.

이렇게 사용된 각필 문자 가운데 실체가 명확하게 인식되는 자형은 30(厷, 砉, ナ, 乃, ヒ, ㄱ, ㅣ, 丁, 刀, ㄥ, 宀, 灬, ㄴ, ㅜ, ㅐ, 仐, 氵, 二, 士, 白, 彡, 才, 宀, 冫, 丶, ㄴ, ノ, ㅄ, 十, 丹)이다.

이 가운데 각필의 실체가 명확하며 그 의미 또한 뚜렷하다고 판단되는 자형들의 단독형 예문 10가지를 살펴보기로 하자.

1) ㄴ

〈그림 17〉

[가] 尒時王舍城有長者 常患ㄴ 頭痛 無有(사분40:02-15) 醫能治者(사분40:02-16)

[다] 어느 때 왕사성에 (어떤) 장자가 있어 늘 머리가 아픈 병을 앓았으나 의원이 능히 고치는 자가 없었다.

2) ㄱ

〈그림 18〉

[가] 佛即飮一掌煖水　患ㄱ 即消除(사분40:08-13)
[나] 부처가 바로 더운 물 한 모금을 마시니 병은 곧 사라졌다.

3) 乃

〈그림 19〉

[가] 聽安乃帶(사분40:16-12)若縫
[나] 띠를 두르거나 꿰매야 한다.

위의 예문 1), 2), 3)에서 볼 때 1)의 '患ㄴ'은 '병을'로, 2)의 '患ㄱ'은 '병은'으로, 3)의 '安乃'나는 '두르거나'로 번역해도 무방하다. 그러므로 이들 자형들이 가지고 있는 의미는 명확한 것이다.

4) 刀

〈그림 20〉

[가] 五百梨奢 在(사분40:19-06)佛邊無復刀威神
[나] 오백 명의 왕족이 부처님의 곁에서는 또 위신이 없고

예문 4)의 '復刀'는 한자 '復'을 '다시'라는 의미가 아니라 '또'라는 의미로 해석해야 한다는 사실을 표한 것이라고 할 수 있다.

5) ㅣ

[가] 在五百梨奢中 神德名稱顏貌ㅣ無比(사분40:19-10)
[나] 오백 명의 왕족 가운데 신통, 위덕, 명칭, 얼굴이 견줄
이 없었다.

〈그림 21〉

예문 5)의 '-ㅣ'는 얼굴을 뜻하는 한자 '顏貌'와 결합하여 주격 표지
에 사용되었음을 알 수 있다.

6) ʒ

[가] 佛言 應數ʒ 人多少(사분40:29-09)
[나] 부처께서 말씀하셨다. 사람의 다수를 세어

〈그림 22〉

예문 6)에 사용된 '-ʒ'는 한자 '數'와 결합하여 '수를 세어'라는 뜻으
로 해석할 수 있을 것이다.

7) …

[가] 若施主自… 易隨處用(사분40:22-17)
[나] 만약 시주 스스로 바꾸어 주거든 마음대로 쓰라.

〈그림 23〉

예문 7)의 '-…'는 한자 '自'와 결합하여 '스스로'라는 부사어에 사용
되었음을 알 수 있다.

8) ㅿ

[가] 如是白ㅿ佛(사분40:24-08)

[나] 이같이 부처께 사뢰되

〈그림 24〉

예문 8)의 '-ㅿ'는 한자 '白佛'에 결합하여 '부처께 사뢰되'라는 뜻의 해석이 자연스럽다.

9) ㅣ

[가] 比丘言 欲使裏相着外(사분40:23-08)有帖現ㅣ

[나] 비구가 말했다. 속을 겉모양과 같이 나타내고자 합니다.

〈그림 25〉

예문 9)의 '-ㅣ'는 한자 '現'과 결합하여 문장의 종결로 사용되었음을 확인할 수 있다.

10) 十

[가] 汝諸比丘食後十 我案行(사분40:23-11)房舍

[나] 너희 모든 비구가 식사하러 간 뒤에 내가 방들을 살피러 다니니

〈그림 26〉

　예문 10)의 '-十'는 한자 '後'와 결합하였다. 이러한 결합은 구결 문장에서 일반적으로 사용되는 형태이다.

　위와 같은 각필 문자들이 결합되어 나타나는 유형들은 대략 50여 가지가 있음을 확인하였다. 대표적인 결합형을 몇 가지 제시하면 'ナヒ (17-18), ナL(20-20), 乃(16-06), ㄱ(08-13), ㅣ(23-08), 丁(22-03), 刀 (19-07), ㅿ(24-08), 亠ㅣㅣ(03-23), 灬(22-17), ㄴ(02-15), 白去白丹 (18-04), 彡(04-01), 刂(19-10), 刂ナㅣ(16-18), ノナ十(03-19), ノㄱ (02-14), 乀去彡(16-18), 乀ナ：(03-18), 乀ナ彡(15-02), 乀ㄱ(08-21), 乀 亍彡(18-17), 乀彡(22-14), 乀彡丹(14-20), 乀亠ノ才(15-11), 乀亠/刂ナ 彡(12-03), 乀ノ士(20-20), 十(23-11), 乀才(03-23), ノ乃(04-02), ノㄱㄴ (23-07), ノㄱ二(12-13), ノㄴ(12-12)' 등을 들 수 있다.

　이들 가운데 대표적인 결합형 10가지를 제시하면 다음과 같다.

1) 乀彡丹

〈그림 27〉

[가] 此第一縫 此第二縫 此是(사분40:14-19)中縫 此條葉 兩向乀彡丹(사분40:14-20)

[나] 이는 첫째 꿰맴(솔기)이다. 이는 둘째 꿰맴이다. 이는 가운데 꿰맴이다. 이 가지와 잎들을 양쪽으로 향하게 꿰매라 하여

2) 乀ナ彡

[가] 如先醫(사분40:03-16)言　七年後當死　彼作是意　七年已後(사분40: 03-17)腦盡當死乀ナ彡　彼醫如是爲不善見

[나] 지난번 의원 말이 칠년 뒤에 죽는다(고 한 것은)는 그들 생각에 칠
년 후에 뇌가 다하여 마땅히 죽는다고 한 것이면 그 의원은 잘 보
지 못한 것이다.

3) ㅗㅐㅣ〜ㆍㅈ

[가] 若今不治過ㅗㅐㅣ 七日ㆍㅈ 腦盡當(사분40:03-23)死

[나] 만약 지금 치료하지 않고 칠일이 지나면 뇌가 다하여 죽을 것이다.

4) ㅄㅅㅐㅣナ氵

[가] 尒時耆婆童子 瞻視世尊病(사분40:12-02) 煮吐下湯藥及野鳥肉得
差ㅄㅅㅐㅣナ氵   是爲耆(사분40:12-03)   婆童子第六治病(사분40:
12-04)

[나] 그 때에 기바동자가 세존의 병을 잘 살핀 뒤에 토하고 내리는 약
을 달여서 올리고 들새고기를 구어 올리니, 병이 쾌차하였다. 이것
이 기바동자가 여섯 번째 병을 고친 것이다.

5) ㅄナ氵

[가] 着(사분40:15-02)如是衣 如我今日ㅄナ氵 未來世諸如來無所(사
분40:15-02)着佛弟子 着如是衣 如我今日ㅄナ

[나] 오늘의 나도 같아서 미래의 모든 여래도 불제자가 입은 이와 같은
옷을 입을 것이니 오늘의 나도 같다.

6) ㅄ㐱氵

[가] 或頭戴或肩擔或帶着腰中時有(사분40:16-18)

[나] 或頭戴或肩擔或帶着腰中ㅄ㐱氵 時有ㅣナㅣ

[다] 혹은 머리에 이고 혹은 어깨에 메고 혹은 허리에 찼다.

7) 白去白丹

[가] 答言 我已請佛(사분40:18-04) 及僧止白去白丹 宿我園 云何當捨 (사분40:18-04)

[나] 대답하길 제가 이미 부처와 스님에게 청하여 저의 동산에서 머무르는데 어떻게 버리겠습니까?

8) ソ丅氵

[가] 愼汝心念 攝持ソ丅氵威儀 此ㄱ 是我教(사분40:18-17)

[나] 너희들의 마음과 생각을 삼가서 위의를 잘 거두어 지녀라 이것은 나의 가르침이다.

9) ソノ士 ~ナ乚

[가] 時婆提 飯佛及(사분40:20-19) 比丘僧 種種多美飲食ソノ士 食ナ乚飲足已(사분40:20-20)

[나] 때에 바제가 부처와 비구승에게 갖가지 맛있는 음식을 많이 대접하여 먹고 마시기를 족히 하였다.

10) ノㄱ乚

[가] 見有比丘舒僧伽梨在地欲安帖ノㄱ乚 見已往比丘所語言(사분40:23-07)

[나] 어떤 비구가 땅에다 큰 가사를 펴 놓고 쪽을 붙이려 하거늘 보고 비구에게 가서 말씀하셨다.

그런데 이들 결합형들은 형태가 흥미롭게 보이는 것들이 더러 있으나 이에 대해서는 향후 보다 더 정밀한 확인 작업이 필요할 것이다.

3.3. 그 밖의 각필 등

『사분율장』에 사용된 부호나 문자 각필 이외에 눈여겨 살펴볼 만한 몇 가지 것들을 여기에 제시하고자 한다.

〈그림 28〉

〈그림 29〉

〈그림 30〉

앞의 자료들은 문헌의 난상에 자리 잡고 있는 각필들이며 이들 각필들의 역할은 아직 확실하게 파악하지 못한 상태이다.

이외에도 아래 자료와 같이 문장에서 뜻하는 의미가 다를 때 한자를 따로 필사한 것도 확인할 수 있었다.

〈그림 31〉

4) [가] 卽取種種瓔珞臂脚[脚](사분40:02-07) 釧及覆形密寶形外寶錢及金銀摩尼(사분40:02-08) 眞珠毘琉璃貝玉頗梨積爲[成] 大聚

[나] 가지가지 영락과 팔과 다리의 가락지와 몸을 덮는 보배와 비밀한 보배의 모형과 그 밖에 보배·돈·금·은·마니·진주·패옥 등을 갖다 놓으니, 쌓여 큰 산더미를 이루었다.

위의 4)를 살펴보면 한문 원문 '積爲大聚' 중에 '爲'자 옆에 한자 '成'

자를 필사하여 그 해석을 '큰 산더미를 이루었다'로 하라는 것을 지시하고 있음을 알 수 있다.

4. 결론

이 글은 지난 2004년에 조사, 발굴되었으나 전혀 연구가 이루어지지도 각필이나 자토에 대한 확인 작업도 이루어진 바가 없는 일본 남선사 소장『사분율장』을 새로운 자료 확인 방법을 이용하여 이 자료에 새겨진 11세기 각필의 실체를 정밀 분석하고 이를 소개하려는 것에 목적이 있었다.

이상에서 논의된 바를 간략히 제시하면 다음과 같다.

첫째, 이번 연구를 통해『사분율장』에서 밝혀낸 각필 부호들은 200여 개, 각필로 새겨진 문자와 점 등도 100여 개 이상이 있음을 알았다.

둘째,『사분율장』의 각필 부호들은 단선(사선과 직선), 체크, 반달, 점 등의 종류로 나눌 수 있으며, 점보다는 선(특히 단선)이 더 많이 사용되었다는 점이 특징이다.

셋째, 이 선들은 기존 각필 연구에서 논의된 바 있는 경계, 구분, 지시 등의 의미보다는 원문을 해석하는 주요 도구, 즉 석독구결 자형(또는 결합형)들이 가지고 있는 의미를 그대로 가지고 있다는 점에서 이『사분율장』의 각필들이 주는 의미는 매우 크다.

넷째,『사분율장』의 각필 부호들은 크게 '원문 내용적 의미를 가진 것(텍스트의 통사구조에 대한 이해 보조 기능)'과 '원문 외부적 의미를 가진 것(위치 지시나 교정 등의 표시 기능)'의 두 가지로 나눌 수 있다.

다섯째,『사분율장』의 각필 부호는 단선이 80%(사선 +60, 직선 ±10)

로 가장 많이 사용되었으며, 점이 약 10%, 반달이 5%, 체크가 3% 그리고 그 외의 선들이 7%로 이루어져 있어 『사분율장』의 각필 부호 가운데 단선의 역할이 매우 크다는 사실을 확인하였다.

여섯째, 『사분율장』에 사용된 각필 문자는 그 실체가 명확하게 인식되는 자형 '厶, 朩, 𠂇, 乃, ヒ, 丁, 丨, 丁, 刀, 厶, 亠, 灬, 乚, 𠃌, 刂, ㇇, 冫, 二, 土, 白, 氵, 扌, 宀, 氵, 丶, 乚, 丿, 丷, 十, 丹'의 30개이며, 이들의 결합유형은 대략 50여 가지가 있음을 확인하였다.

일곱째, 각필 문자들은 원문 전반에 걸쳐 사용되었으며 특히 게송 부분과 부처가 설법하거나 부처의 말을 정확하게 전달해야 할 문장에 집중 사용되고 있었다.

참 고 문 헌

김영욱(2006), "角筆의 起源에 對하여", 『口訣研究』16, 口訣學會.

남경란 외(2005), "〈金光明經〉符號 口訣 研究", 口訣學會 全國學術大會 發表 論文輯, 口訣學會.

남경란(2004), "《法華經》異本의 符號 입곁(口訣)에 對하여", 口訣學會 全國學 術大會 發表論文輯, 口訣學會.

남경란(2005), 『麗末鮮初 音讀 입곁(口訣)의 綜合的 考察』, 경인문화사.

남경란(2009), 『麗末鮮初 音讀 입곁(口訣) 字形과 機能의 通時的 研究』, 경인문 화사.

남권희(2007), 「日本 南禪寺 所藏의 高麗 初雕大藏經」, 『書誌學研究』第36輯, 書誌學會.

남풍현(2000), 「高麗時代의 點吐口訣에 對하여」, 〈書誌學報〉24, 韓國書誌學會.

동국대학교 불교문화연구소(1976), 『韓國佛教禪述文獻總錄』, 東國大學校 出版部.

마성(2005), 「律藏은 禁書인가」, 佛教評論(http://www.budreview.com).

박부자(2014), 「동대사圖書館 所藏 『大方廣佛華嚴經』卷 第12~20에 角筆로 記 入된 諸符號」, 『書誌學研究』제59집, 書誌學會.

박진호(2003), "奏本 〈華嚴經〉卷第36 墨吐口訣의 解讀-字吐口訣과의 對應을 中心으로", 『口訣研究』11, 口訣學會.

박진호(2004), 「周本〈華嚴經〉卷第六의 點吐 重複 表記와 符號」, 『口訣研究』 13, 口訣學會.

小林芳規(2010), 日本의 오코토點 起源과 古代韓國語 點吐와의 關係, 『口訣研 究』25, 口訣學會5.

안대현(2009), 「〈瑜伽師地論〉點吐口訣의 빼침線에 對하여」, 『口訣研究』22, 口訣學會.

윤행순(2005), 「韓日의 漢文讀法에 나타나는 符號의 形態에 對한 研究」, 〈동아 시아고대학〉12, 동아시아고대학회1.

윤행순(2006), 「韓國의 釋讀口訣과 日本의 訓点資料에 記入된 逆讀点에 對하 여」, 〈日本文化學報〉28, 한국일본문화학회.

이병기(2006), "『瑜伽師地論론』點吐釋讀口訣 解讀 研究(13)", 『口訣研究』16,

口訣學會.

이승재(2000), 「새로 發見된 角筆 符號口訣과 그 意義」, 〈새國語生活〉 10-3, 국립국어연구원.

이승재(2001), 「瑜伽師地論 角筆 符號口訣의 解讀을 위하여」, 〈國語研究의 理論과 實際〉, 太學社.

이승재(2003), 「奏本『華嚴經』卷 第57의 書誌와 角筆 附點口訣에 對하여」, 『한글 262』, 한글학회.

이전경(2006), "연세대 所藏 角筆『妙法蓮華經』의 助詞"『角筆口訣의 解讀과 飜譯』, 태학사.

이전경(2013), "연세대 所藏 角筆口訣本『妙法蓮華經』의 否定文"『口訣研究』 口訣學會.

이혜성(1978), 『八萬大藏經解說』, 보성문화사.

장경준(2002), "口訣點의 位置 變異에 對한 基礎 研究", 『國語史資料研究』 3호, 國語史資料學會.

장경준(2002), 「點吐釋讀口訣 資料에 記入된 口訣字와 對應 口訣點에 對하여」, 『口訣研究』 9, 口訣學會.

장경준(2003), "『瑜伽師地論』點吐釋讀口結의 '指示線'에 대하여", 『口訣研究』 11, 口訣學會.

장경준(2006), "點吐 體系의 特徵이 符號의 使用에 미치는 影響", 『口訣研究』 16, 口訣學會.

장경준(2007), 〈瑜伽師地論 點吐釋讀口訣의 解讀 方法 研究〉, 태학사.

장경준(2008), 「高麗初期 點吐口訣의 諸符號」, 〈韓國語學〉 40, 韓國語學會.

장경준(2009), 「湖林本〈瑜伽師地論〉卷3의 點吐口訣에 使用된 符號에 對하여」, 〈國語學〉51, 國語學會.

장경준(2012), 「釋讀口訣과 動點 資料에 使用된 符號의 比較研究 試論」.

정재영 외(2011), 『韓國 角筆 符號口訣 資料와 日本 훈점 資料 研究』, 태학사.

정재영(2012), 「南禪寺 所藏의 韓國本 古文獻 資料에 對하여」, 『海外 韓國本 古文獻 資料의 探索과 檢討』, 삼경문화사.

차차석(2012), 「曹溪宗 宗法에 나타난 懲戒制度와 律藏의 比較 考察」, http://www.bulkyo21.com

한국학중앙연구원(1991), 「四分律藏」, 『韓國民族文化大百科』, 韓國學中央研究員.

황선엽(2006), "『瑜伽師地論』點吐釋讀口訣 解讀 研究(11)", 『口訣研究』16, 口訣學會.

〈Abstract〉

A study on the gakpil of the fortieth volume in the new material, NanZen Copy 『Sabunyuljang』

南京蘭

This paper was examined last 2004, but no research is done and no checks for gakpil and Korean annotation. So it is purposed on introducing 『Sabunyuljang』possessed in Nanzenji temple in Japan with the new material checking method and including a detailed analysis of the carved gakpil in the 11th century.

What we discussed above is as follows.

First, through this research, there were about 200 gakpil marks and about 100 carved gakpil letters and dots from『Sabunyuljang』.

Second, Gakpil marks from『Sabunyuljang』are classified into single lines (diagonal and straight lines), checks, semi circles and dots. Lines, especially single lines are used more than dots.

Third, these lines have meaning of demarcation, classification and directions in the existing Gakpil researches rather than the main tool for interpreting original texts, that is the same meaning with the letter types of Seokdok Gugyeol. So gakpil marks from『Sabunyuljang』are very significant.

Fourth, gakpil marks from『Sabunyuljang』are divided into two, with the contents meaning of the original text which has the comprehensive assistant function about the syntax structure of the text and the external meaning of the original text which has the marking function of indicating position or proofreading marks.

Fifth, gakpil marks from『Sabunyuljang』are mostly used with 80% single lines (diagonal lines +60, straight lines ±10), about 10% dots, 5% semi circles, 3% checks and 7% other lines. Single lines among gakpil marks from『Sabunyuljang』play a large factor.

Sixth, gakpil marks used in『Sabunyuljang』are clearly recognized 30 letter types '土, 去, 丆, 乃, ㅌ, ㄱ, ㅣ, 丁, 刀, 厶, 仒, ᠁, ㄴ, 𠃌, 刂, 仒, 氵, 二, 士, 白, 彡, 才, 亠, 冫, 丶, 乚, 丿, 丷, 十, 丹', these combination types are about 50.

Seventh, gakpil letters used in the entire original text. In Particular, it focuses on the part of the Buddhist songs and the Buddha preached, or the sentences accurately conveyed the words of the Buddha.

Keywords: Sabunyuljang, Chojo-Taejanggyong(Korea First Tripitaka), Gakpil, Gugyeol, detailed analysis

11세기 초조대장경 『四分律藏第三分』의 각필 부호 분석[*]

남경란

〈국문초록〉

이 글은 일본 남선사 소장 『사분율장』을 대상으로 이 자료에 기입되어 있는 11세기 각필 부호들을 보다 더 정확하게 분석한 것이다. 『사분율장』의 각필 부호의 형태는 크게 단선과 반달, 체크, 점의 4가지로 분류할 수 있으며, 주로 한자의 오른쪽과 왼쪽, 그리고 중앙에 부호가 새겨졌다. 이 부호들이 차지하는 비율은 단선 80%, 반달 5%, 점 7%, 체크 5%, 그 외가 3%이다. 그러나 『사분율장』에 새겨진 부호들은 기존의 각필 문헌 자료들과는 달리 '문장이나 어절을 끊는 선'과 '문장이나 어절을 연결하는 선'을 제외하고는 부호들이 가지고 있는 규칙성을 발견할 수 없었다. 다만 이들 『사분율장』에 새겨진 부호들은 기존 각필 연구에서 논의된 바 있는 경계, 구분, 지시 등의 의미보다는 원문을 해석하는 주요 도구, 즉 한자 어휘나 한문 문장의 의미를 정확하게 파악하도록 하는 석독 표기의 부호임을 알았다.

* 주제어 : 『사분율장』, 초조대장경, 남선사본, 각필, 부호, 분석

---

* 이 논문은 2017년 〈민족문화논총〉 제65집에 실린 논문이다.

1. 서론

이 글은 일본 남선사 소장 『四分律藏第三分』 卷四十(이하 『사분율
장』)를 대상으로 이 자료에 기입되어 있는 11세기 각필 부호를 보다 더
정확하게 분석하는 데 그 목적이 있다.

『사분율장』은 출가한 승려가 불법을 수행하는 데 필요한 계율을 자
세히 기록한 불교의 율전으로 우리나라의 비구가 지키는 250계와 비구
니가 지키는 348계가 기록되어 있다. 이 책은 크게 네 개 부분으로 구
성되어 있는데, 초분(21권), 이분(15권), 삼분(13권), 사분(11권)으로 이루
어져 있다. 이 가운데 제3분은 제37권 중간부터 제49권까지로 그 내용
은 수도정진기간인 안거(安居) 때에 지켜야 할 사항, 안거하는 동안에
저지른 잘못을 고백하고 참회하는 자자(自恣)에 관한 것, 옷과 약에 관
한 것, 악성비구(惡性比丘)를 꾸짖는 법, 죄를 짓고 숨기는 비구를 참회
시키는 법, 비구니에 대한 특수한 위의(威儀) 등 16종의 편장으로 되어
있다.1) 『사분율장』 권40은 삼분 가운데서도 특히 병자를 고친 내용과
비구들의 의복에 관한 법이 적혀 있어 당시의 비구들의 생활사를 알게
해 주는 중요한 자료라고도 할 수 있다.

일본 남선사 소장 『사분율장』은 지난 2004년에 조사, 발굴되어 남권
희(2007), 정재영(2012)에 발굴 경위와 『사분율장』에 각필부호와 자토가
새겨져 있다는 사실이 소개되었다. 그러나 새겨진 각필이 육안으로 확
인하기 어렵고 사진 자료를 바탕으로 각필을 확인하는 방법이 개발되
지 않았기 때문에 발굴 당시에는 각필에 대한 연구가 이루어지지 않았
다. 그러다가 남경란(2016)에 의해 Adobe Photoshop을 활용하는 새로운

---

1) 남경란(2016) 참조.

방법을 이용하여 11세기 초조대장경『사분율장』에 새겨진 각필 부호와
자토가 구체적으로 소개되었다. 이 연구에서 남경란(2016)은 200여 개
가 넘는 각필 부호와 100여 개 이상의 자토 등이 있으며, 특히 각필 부
호는 단선이 80%, 점이 약 10%, 반달이 5%, 체크가 3% 그리고 그 외의
선들로 이루어져 있음을 밝힌 바 있다.

　일본 남선사 소장『사분율장』권40에는 고려시대 자료에서 찾아보기
힘들었던 부호, 자토 등이 혼재되어 있어 국어사적인 측면에서는 매우
귀중한 자료이다. 따라서『사분율장』권40에 사용된 각필 부호와 모든
자토의 분석이 이루어질 때 자료의 가치가 명확해질 것은 자명한 일이
다. 그러나 남경란(2016)에서 일본 남선사 소장『사분율장』권40에 새
겨진 자토 가운데 실체가 명확하게 인식되는 자형 30개[2]와 자토들이
결합된 유형 50여 가지[3]에 대한 연구가 이루어졌기 때문에 이 글에서
는『사분율장』권40에 기입되어 있는 각필 부호들을 보다 더 정확하게
분석하는 데에 목적을 둔다.

---

2) 厷, 圭, 𠂆, 乃, 匕, ㄱ, ㅣ, 丁, 刀, 厶, 令, ⼀⼀, ㄴ, ㄱ, 川, 令, 氵, ⼆, 土, 白,
　氵, 才, 宀, 氵, 丶, ㄴ, 丿, 丷, 十, 丹.

3) 𠂆匕(17-18), 𠂆ㄴ(20-20), 乃(16-06), ㄱ(08-13), ㅣ(23-08), 丁(22-03), 刀(19-07),
　厶(24-08), 令川ㅣ(03-23), ⼀⼀(22-17), ㄴ(02-15), 白圭白丹(18-04), 氵(04-01), 川
　(19-10), 川𠂆ㅣ(16-18), 丿𠂆十(03-19), 丿ㄱ(02-14), 丷厷氵(16-18), 丷𠂆：
　(03-18), 丷𠂆氵(15-02), 丷ㄱ(08-21), 丷𠂆氵(18-17), 丷氵(22-14), 丷氵丹
　(14-20), 丷𠂆丿才(15-11), 丷令川𠂆氵(12-03), 丷丿土(20-20), 十(23-11), 丶才
　(03-23), 丿乃(04-02), 丿ㄱㄴ(23-07), 丿ㄱ⼆(12-13), 丿ㄴ(12-12) 등 더 자세한
　것은 남경란(2016)을 참조할 수 있다.

2. 각필 부호 형태 및 분석

『사분율장』의 각필 부호는 크게 '원문 내용적 의미를 가진 것(텍스트의 통사구조에 대한 이해 보조 기능)'과 '원문 외부적 의미를 가진 것(위치 지시나 연결 등의 표시 기능)'의 두 가지로 나눌 수 있다. 그렇다면 원문 내용적 의미를 가진 것에는 어떤 부호들이 있으며, 또 원문 외부적 의미를 가진 것은 어떤 부호가 있는지를 구체적으로 살펴볼 필요가 있다.

2.1. 각필 부호 형태

『사분율장』의 각필 부호의 형태4)는 크게 단선과 반달, 체크, 점의 4가지로 분류할 수 있으며, 주로 한자의 오른쪽과 왼쪽, 그리고 중앙에 부호가 새겨졌다. 단선의 형태는 사선과 직선으로 나누어지고, 반달은 바른 반달과 뒤집힌 반달 형태로 나눌 수 있다. 그리고 체크는 삐침과 각도 형태로, 점은 단점과 쌍점 형태로 나눌 수 있다.

이렇게 새겨진 부호들은 한자 어휘나 한문 문장의 의미를 정확하게 파악할 수 있도록 도와주는 역할을 하는 것으로 파악된다.

2.1.1. 단선
『사분율장』에 새겨진 단선들은 다시 사선 부호와 직선 부호로 구분

---

4) 지금까지 학계에서는 부호를 종류별로 나누어 제시하고 있으나『사분율장』에 나타나는 부호들은 실질적인 문자로서의 기능이 아니라 의미를 나타내는 기능만 존재하는 것으로 파악되었기에 본 논문에서는 부호의 종류라는 용어가 아니라 형태라는 용어를 쓰기로 한다.

되며, 이 자료에 새겨진 전체 부호 가운데 그 사용 빈도가 약 80%이다. 특히 사선 부호의 비율이 직선 부호의 대략 3배 정도로 많이 사용되어 사선의 사용 빈도가 높다는 사실을 알게 되었다. 물론 이 단선들 가운데는 기존의 연구[5]에서 밝혀진 지시선이나 보충선도 나타난다.

그런데『사분율장』에 새겨진 단선들은 기존의 자료들에서 찾아보기 어려운 두 줄 단선들도 발견되어 그 의미가 주목된다.

1) 사선

『사분율장』에 사용된 사선 부호는 그 비율이 약 60%로 대개 한자의 오른쪽과 왼쪽에 새겨져 있다. 이 가운데 오른쪽에 새겨진 사선 부호가 왼쪽에 새겨진 사선 부호보다 그 빈도가 두 배 정도이다. 이들의 대표 유형은 다음과 같다.

사선 부호 형태				
1	起	垂	多	不	眼
2	桑	大	水		法
3	往	者	所	時	
4	亦	指	不	坐	如

---

5) 지시선, 보충선 등과 관련된 대표적인 논의는 박진호(2004), 안대현(2009), 장경준 (2007), (2008), (2009), (2012) 등을 들 수 있다.

『사분율장』에 사용된 사선 부호는 위의 자료 1에서부터 4까지와 같이 네 가지 형태로 분류할 수 있다. 이 가운데 1과 2는 한자의 오른쪽에 새겨진 사선들로 1의 형태들은 선이 왼쪽 위에서 오른쪽 아래로 그어진 것들이고, 2의 형태들은 오른쪽 위에서 왼쪽으로 선이 그어진 것들이다. 그리고 3과 4는 한자의 왼쪽에 새겨진 사선들로 3의 형태들은 선이 오른쪽 위에서 왼쪽 아래로 그어진 것들이고, 4의 형태들은 왼쪽 위에서 오른쪽으로 선이 그어진 것들이다. 특히 한자의 오른쪽에 새겨진 사선 가운데 자료 2에서 보는 바와 같이 2개의 선이 오른쪽 위에서 왼쪽으로 그어진 것은 눈여겨 볼만하다.

2) 직선

『사분율장』에 사용된 직선 부호의 비율은 약 20%이고 주로 원문 한자의 오른쪽과 왼쪽, 그리고 한자의 위나 아래 부분의 가운데에 새겨져 있다. 이 가운데 오른쪽 사선 부호가 왼쪽 사선 부호보다 두 배 정도 많다. 이들 직선도 하나 이상의 의미 기능을 가지고 있는 것으로 판단되는데, 그 가운데 두 줄 직선으로 그어진 각필들이 여러 번 사용된 것은 매우 특이한 점이다. 대표적인 유형은 다음과 같다.

직선 부호 형태			
1	者	去	肯	肉
2	荅	来	觀	
3	耆	趣	不	分
4	子	五	住	截
5	作	樻		
6	衣時	了諸		

　『사분율장』에 사용된 직선 부호는 세로선으로 위의 자료 1에서부터 5까지와 같이 5형태로 분류할 수 있다. 이 가운데 1부터 4까지는 가로 선들이고 5는 세로선이다. 1의 형태들은 한자의 오른쪽에 새겨진 가로 선들이고, 2는 한자의 왼쪽에 새겨진 가로선들이다. 3의 형태들은 한자의 오른쪽 아래에 2개의 가로선이 새겨진 것들이다. 자료 4는 한자의 중앙 위와 아래에 새겨진 가로선의 형태들이다. 자료 5는 하나의 한자 오른쪽에 직선 형태로 새겨진 부호이고, 6은 두개의 한자 사이에 직선

형태로 새겨진 것들이다.

이들 직선 부호 형태들에는 위치 지시나 어휘 연결 등의 표시 기능에 사용된 이른바 지시선, 연결선 등과 같은 원문 외부적 부호들은 제외한다.

2.1.2. 반달

『사분율장』에 새겨진 반달은 눈썹, 혹은 수학의 호처럼 생긴 형태들로 이 부호가 차지하는 비율은 대략 5% 정도이다. 이들은 하나 이상의 의미 기능을 가지고 있는 것으로 판단된다. 절대 대수가 한자의 오른쪽에 새겨져 있다.

반달 부호 형태			
1	使	僧	聽	是
2	礼	住	時	
3	巳	貴		

『사분율장』에 사용된 반달 부호는 눈썹, 혹은 수학의 호처럼 생긴 형태로 위의 자료 1에서부터 3까지와 같이 바른 형태와 뒤집힌 형태가 있다. 이 가운데 1과 2는 바른 형태의 반달들이고 3은 뒤집힌 형태의 반달들이다. 1의 형태들은 한자의 오른쪽에 새겨진 것들이고, 2는 한자의 왼쪽과 가운데에 새겨진 것들이다. 3은 한자의 오른쪽 위와 아래에 뒤집힌 형태의 반달이 새겨진 것이다.

2.1.3. 점

『사분율장』에 새겨진 각필 점은 단점과 쌍점의 형태가 있으며, 이들 점이 차지하는 각필 비율은 약 7% 정도이다.

점 부호 형태				
1	我	著	亦	法
2	受	子	受	有

『사분율장』에 사용된 점은 자료 1에서와 같이 단점 형태와 자료 2의 쌍점 형태가 있다. 이들 점들은 단점보다는 쌍점이 더 많이 사용되었으며, 각각의 의미 기능을 가지고 있는 것으로 판단된다.

2.1.4. 체크

『사분율장』에 새겨진 체크는 삐침에 가까운 것과 수학의 각도처럼 생긴 두 가지 형태들로 이와 같은 부호가 차지하는 비율은 대략 3% 정도이다. 이들 역시 의미 기능을 가지고 있으며, 절대 대수가 한자의 오른쪽에 새겨져 있다.

체크 부호 형태			
1	傍	畜	毛	耶
2	取	說	子	
3	衆	坐	介	

『사분율장』에 사용된 체크 부호는 위의 자료 1에서부터 3까지와 같이 삐침, 혹은 수학의 각도처럼 생긴 형태가 있다. 이 가운데 1과 2는 삐침 형태의 체크들이고 3은 각도와 유사한 형태들로 편이상 체크로 분류해 둔다. 1의 형태들은 한자의 오른쪽에 새겨진 것들이고, 2는 한자의 왼쪽에 새겨진 것들이다. 3은 한자의 오른쪽과 중앙에 새겨진 각도 형태의 체크들이다.

2.1.5. 기타

이밖에 원문 외부적 의미, 즉 위치 지시나 어휘 연결 등의 표시 기능에 사용된 부호들이 약 5% 정도 확인된다.

이와 같이 『사분율장』에는 단선과 반달, 체크, 점 등의 부호가 있으며, 이 부호들이 차지하는 비율은 단선 80%(사선 60, 직선 20), 반달 5%, 점 7%, 체크 5%, 그 외의 부호들이 3%이다.

2.2. 각필 부호 분석

위에서 밝혀진 『사분율장』의 각필 부호들이 어떤 의미를 가지고 있으며, 문장에서 어떤 역할을 하고 있는지 파악하기 위해서는 각 부호들이 새겨진 문장을 분석하는 것도 중요하다. 또한 동일한 한자 어휘에 형태가 다른 부호들이 새겨진 용례를 찾아 비교 분석하는 것이 보다더 명확하게 파악할 수 있을 것이다. 그러므로 여기서는 『사분율장』에 새겨진 다양한 형태의 부호들뿐만 아니라 동일한 한자 어휘에 다르게 새겨진 부호들을 함께 분석하기로 한다.6)

2.2.1. 부호별 분석

『사분율장』의 각필 부호들이 어떤 의미를 가지고 있으며, 문장에서 어떤 역할을 하고 있는지 파악하기 위해 각 부호별로 특정적인 것은 살펴보고자 한다. 이 부호들이 사용된 문장의 예문을 바탕으로 부호들의 의미를 분석할 것이며, 그 외의 것들은 분석된 결과만 제시하고자 한다.

---

6) 이하 제시하는 용례들은 『사분율장』에 부호가 새겨져 있는 원문 부분이며 괄호 속의 숫자는 장차와 행을 뜻한다. 제시한 문장의 띄어쓰기는 본 연구자가 임의로 한 것임을 밝혀둔다. 또한 원문의 해석은 김월운(2010)을 기본으로 하여 본 연구자가 재해석하였음을 밝힌다.

1) 조사와 관련된 부호

『사분율장』에 새겨진 부호들 가운데 그 의미나 역할이 명확하게 판단되는 부호는 아래에 제시하는 용례에서와 같이 '쌍점'과 '단선'이 있다.

① 是汝所爲來長者已死(04-20)

	부호 형태	용례	판독 의미	비고
1		子	~로	부사격

위의 용례 ①의 문장은 '이는 당신이 구하러 온, 장자의 아들로 이미 죽었다.'로 풀이되며, 이때 한자 '子'자의 오른쪽 하단에 새겨진 쌍점 부호는 '아들로'라는 의미 표시를 한 것이라 판단된다.

② 佛言 自今已去聽畜(13-19)

	부호 형태	용례	판독 의미	비고
2		自	~부터	부사격

위의 용례 ②의 문장은 '부처가 말하기를 지금부터 가져도 좋다.'로 풀이되며, 이때 한자 '自'자의 오른쪽 상단에 새겨진 쌍점 부호는 '~부터'라는 의미 표시를 한 것으로 볼 수 있다.

③ 如是白佛 願佛及僧 受我請食(24-08)

	부호 형태	용례	판독 의미	비고
3		受	~쇼셔	명령형

위의 용례 ③은 '다시 사뢰되 "바라옵건대 부처와 중은 제가 청하는 공양을 받으소서"'로 풀이되며, 이때 한자 '受'자의 오른쪽 하단에 새겨진 쌍점 부호는 '~쇼셔', 혹은 '-십시오'라는 명령형어미의 의미를 표시한 것으로 판단된다.

④ 時耆婆童子 往尉禪國 至波羅殊提所(05-16)

	부호 형태	용례	판독 의미	비고
4		所	~에	부사격

위의 용례 ④의 문장은 '그때에 기바동자가 위선국 바라수제 처소에 이르러' 정도로 풀이되며, 이때 한자 '所'자의 왼쪽 하단에 새겨진 사선 부호는 '처소에'라는 의미 표서를 한 것으로 판단된다.

(5) 後王與鳥所患俱差(07-08)

	부호 형태	용례	판독 의미	비고
5		與	~와	공동격

위의 용례 ⑤는 '그 뒤에 왕과 오의 병이 모두 나았다.' 정도로 풀이
되며, 이때 한자 '與'자의 오른쪽 하단에 새겨진 사선 부호는 '~와'라는
의미 표시를 한 것이라 볼 수 있다.

⑥ 答言 已見世(14-14) 尊

	부호 형태	용례	판독 의미	비고
6		世	~하/~여	호격

위의 용례 (6)은 '답하여 말하기를 "이미 보았나이다. 세존이시여"'
정도로 풀이되며, 이때 한자어 '세존'의 왼쪽 상단에 새겨진 사선 부호는
'~하', 혹은 '~여'와 같이 존칭 호격의 의미 표시를 한 것으로 판단된다.

⑦ 白佛言 如來患水耶(07-20)

	부호 형태	용례	판독 의미	비고
7		耶	~가	의문형

위의 용례 ⑦은 '부처께 사뢰어 말하기를 "여래께서 설사를 만나셨나
이까."'로 풀이되며, 이때 한자 '耶'의 오른쪽 하단에 새겨진 사선 부호
는 '~가'와 같이 의문형어미 의미 표시를 한 것으로 판단된다.

2) 석독 지시 관련 부호

『사분율장』 원문의 한자 새김이 원래의 의미와 다르게 해석될 가능성이 있다고 판단되는 부분에 부호를 새겨 한자가 가진 뜻을 정확하게 전달하고자 한 예들이 많이 나타나는데 대표적인 몇 가지를 살펴보자.

⑧ 利刀破頭開頂骨示其親里 虫滿頭(03-15) 中

8	부호 형태	용례	석독 지시	비고
	(부호 이미지)	虫	구더기	벌레(×)

위의 용례 (8)⑧은 '날카로운 칼로 그의 머리를 쪼개어 친족들에게 보였는데 구더기가 머릿속에 가득하였으니' 정도로 풀이할 수 있으며, 이때 한자 '虫'의 오른쪽 상단에 새겨진 사선 부호는 한자 '虫'의 새김을 '벌레'가 아닌 '구더기'로 하라는 지시를 한 것으로 판단된다.

⑨ 自今已去聽諸比丘畜氀氈廣三肘長(13-14) 五肘毛長三指者

9	부호 형태	용례	석독 지시	비고
	(부호 이미지)	去	가지다	가다(×)

위의 용례 ⑨는 '지금부터 비구들에게 구루 옷의 넓이가 세 발이요 길이가 다섯 발이요, 털의 길이가 세 치가 되는 것을 가지도록 허락하겠다' 정도로 풀이할 수 있으며, 이때 한자 '去'의 오른쪽 가운데에 새겨진 가로선 부호는 한자 '去'의 새김을 '가다'가 아니라 '가지다'로 하

라는 지시를 한 것으로 판단된다.

⑩ 葉邊(15-09) 速破塵垢入內露濕

	부호 형태	용례	석독 지시	비고
10		濕	맺히다	축축하다(×)

위의 용례 ⑩은 '잎의 변두리가 빨리 닳고 먼지가 안에 들어가 이슬이 맺히니' 정도로 풀이할 수 있으며, 이때 한자 '濕'의 오른쪽 하단에 새겨진 사선 부호는 한자 '濕'의 새김을 '축축하다', 혹은 '습기' 등이 아니라 '맺히다'로 하라는 지시를 한 것으로 판단된다.

⑪ 卽取利刀(11-04) 割髀裏肉血 使人送與病者

	부호 형태	용례	석독 지시	비고
11		肉	살	고기(×)

위의 용례 ⑪은 '곧 날카로운 칼로 자기 볼기의 살과 피를 도려내어 사람을 시켜 병자에게 보냈다' 정도로 풀이할 수 있으며, 이때 한자 '肉'의 오른쪽 하단에 새겨진 긴 가로선 부호는 한자 '肉'의 새김을 '고기'가 아닌 '살'로 하라는 지시를 한 것으로 판단된다.

⑫ 尒時一切施王我身是(11-17)

	부호 형태	용례	석독 지시	비고
12		是	바로	이/ 이것(×)

위의 용례 ⑫는 '그 때의 일체시왕은 바로 나요' 정도로 풀이할 수 있으며, 이때 한자 '是'의 오른쪽 하단에 새겨진 긴 가로선 부호는 한자 '是'의 새김을 '이', 혹은 '이것'이 아니라 '바로'라는 부사어로 보라는 지시를 한 것으로 판단된다.

⑬ 作新殿堂 未有沙門婆羅門一切(24-02) 人坐者

	부호 형태	용례	석독 의미	비고
13		一切	모두/다	일절(×)

위의 용례 ⑬은 '새로이 대궐을 지었는데 아직 사문과 바라문 모두 [다] 앉은 자가 없었다' 정도로 풀이할 수 있는데, 이때 한자 '一切'의 오른쪽 하단에 새겨진 긴 가로선 부호는 한자 '一切'의 새김을 '모두', 혹은 '다'로 하라는 지시로 볼 수 있다.

이와 같이 『사분율장』 원문의 한자 새김을 원래의 의미와 다르게 하라는 석독 지시 부호들은 전체 부호의 약 70% 이상 사용되었다.

2.2.2. 동일 한자의 부호 분석

『사분율장』의 각필 부호들이 어떤 의미를 가지고 있으며, 문장에서 어떤 역할을 하고 있는지 파악하기 위해 동일한 한자 어휘에 형태가 다른 부호들이 새겨진 용례들을 비교 분석하는 하고자 한다.

(1) 乘

(1-1) 復白王言 若須(06-02)貴藥 當得急乘騎

(1-2) 卽乘行五十(07-07) 由旬馳復前去

위의 용례 (1-1)은 '다시 사뢰되 '만일 급히 귀중한 약을 구하려면 빨리 달리는 말이 있어야 하니'로, 용례 (1-2)는 '바로 낙타를 타고 오십유순의 길을 재촉했다' 정도로 풀이할 수 있다. 이때 용례 (1-1)의 한자 '乘'의 새김은 '달리다'이고, 용례 (1-2)의 한자 '乘'의 새김은 '타다'이다.

	부호형태	용례	판독 의미	비고
1-1		乘	달리다	
1-2		乘	타다	

그러므로 용례 (1-1)의 한자 '乘'의 오른쪽 상단에 새겨진 사선 부호는 한자 '乘의 새김을 '달리다'로 하라는 의미이고, 용례 (1-2)의 '乘'의 왼쪽 상단에 새겨진 직선 부호는 한자 '乘의 새김을 '타다'로 하라는 의미로 판단된다.

(2) 如是

(2-1) 而無反復　今亦如是無有反(11-19)復

(2-2) 於彼門中脚蹴門闔使我(11-13) 脚壞血出如是

　　위의 용례 (2-1)은 '보답할 생각이 없었는데, 지금도 그렇게[별로] 보답할 마음이 없느니라.'로, 용례 (2-2)는 '그 문 안에서 나로 하여금 발로 문턱을 차게 하여 이와 같이 발에서 피가 나게 되었다' 정도로 풀이할 수 있다. 이때 용례 (2-1)의 한자 '如是'의 새김은 '그렇게', 혹은 '그다지'에 해당하고, 용례 (2-2)의 한자 '如是'의 새김은 '이렇게', 또는 '이와 같이'에 해당한다.

　　그러므로 용례 (2-1)의 한자 '如是'의 왼쪽 상단에 새겨진 짧은 가로선 부호는 한자 '如是'의 새김을 '그렇게', 또는 '그다지'로 하라는 의미이고, 용례 (2-2)의 한자 '如是'의 오른쪽 하단에 새겨진 긴 가로선 부호는 한자 '如是'의 새김을 '이렇게', 혹은 '이와 같이'로 하라는 의미로 판단된다.

	부호형태	용례	판독 의미	비고
2-1			그렇게 그다지	
2-2			이렇게 이와 같이	

(3) 受

(3-1) 或受白癩病(11-23)

(3-2) 願世尊哀愍故爲我受(12-12)

위의 용례 (3-1)은 '혹 백나병에 걸린 것이라고 하지만' 정도로, 용례 (3-2)는 '바라건대 세존은 나를 가엾게 여기시어 받아 주소서.' 정도로 풀이할 수 있다. 이때 용례 (3-1)의 한자 '受'의 새김은 '걸리다'에 해당하고, 용례 (3-2)의 한자 '受'의 새김은 '받다'에 해당한다.

	부호형태	용례	판독 의미	비고
3-1		受	걸리다	두 줄 가로선
3-2		受	받다	한 줄 가로선

그러므로 용례 (3-1)의 한자 '受'의 오른쪽 하단에 새겨진 두 줄 가로선 부호는 한자 '受'의 새김을 '걸리다'로, 용례 (3-2)의 한자 '受'의 중앙 하단에 새겨진 한 줄 가로선 부호는 한자 '受'의 새김을 '받다'로 하라는 의미로 볼 수 있다.

(4) 者

(4-1) 長(13-14) 五肘毛長三指者

(4-2) 作新殿堂 未有沙門婆羅門一切(24-02)人坐者

위의 용례 (4-1)은 '길이가 다섯 발, 털의 길이가 세 치가 되는 것을 가지도록 허락하다.'로, 용례 (4-2)는 '새로이 대궐을 지었는데 아직 사문과 바라문이 모두 앉은 자가 없었다' 정도로 풀이할 수 있다. 이때 용례 (4-1)의 한자 '者'의 새김은 '것'이라는 의존명사에 해당하고, 용례 (4-2)의 한자 '者'의 새김은 '자', 또는 '사람'이라는 명사에 해당한다.

	부호형태	용례	판독 의미	비고
4-1		者	것	
4-2		者	자(사람)	

그러므로 용례 (4-1)의 한자 '者'의 오른쪽 상단에 새겨진 한 줄 가로선 부호는 한자 '者'의 새김을 '것'이라는 의존명사로 보라는 의미이고, 용례 (4-2)의 한자 '者'의 오른쪽 하단에 새겨진 두 줄 가로선 부호는 한자 '者'의 새김을 '자', 혹은 '사람'으로 하라는 의미로 판단된다.

(5) 大

　(5-1) 以王所著大價衣用(26-07) 作地敷
　(5-2) 現前僧大得可分衣物(29-07)

위의 용례 (5-1)은 '왕이 입는 매우 값진 옷으로 땅에 펴는 거적을 만들었구나'로, 용례 (5-2)는 '현재 살고 있는 중이 나눌 수 있는 많은 옷을 얻어' 정도로 풀이할 수 있다. 이때 용례 (5-1)의 한자 '大'의 새김은 '매우'에 해당하고, 용례 (5-2)의 한자 '大'의 새김은 '많다'에 해당한다.

	부호형태	용례	판독 의미	비고
5-1		大	매우	
5-2		大	많다	

그러므로 용례 (5-1)의 한자 '大'의 왼쪽 상단에 새겨진 짧은 가로선 부호는 한자 '大'의 새김을 '매우'로, 용례 (5-2)의 한자 '大'의 오른쪽 상단에 새겨진 긴 가로선 부호는 한자 '大'의 새김을 '많다'로 하라는 의미로 판단된다.

(6) 分

(6-1) 乃至百人爲百分(29-10)

(6-2) 若一人應心念口言此是我分(30-18)

위의 용례 (6-1)은 '내지 백이면 열, 스물 내지 백으로 나누고'로, 용례 (6-2)는 '만약 혼자뿐이거든 속으로 '이는 내 몫이다'라고 생각하라' 정도로 풀이할 수 있다. 이때 용례 (6-1)의 한자 '分'의 새김은 '나누다'에 해당하고, 용례 (6-2)의 한자 '分'의 새김은 '몫'에 해당한다.

	부호형태	용례	판독 의미	비고
6-1		分	나누다	
6-2		分	몫	

그러므로 용례 (6-1)의 한자 '分'의 왼쪽 상단에 새겨진 짧은 가로선 부호는 한자 '分'의 새김을 '나누다'로, 용례 (6-2)의 한자 '分'의 오른쪽 하단에 새겨진 긴 가로선 부호는 한자 '分'의 새김을 '몫'으로 하라는 의미로 판단된다.

(7) 不

    (7-1) 我不以爲重　其無反復者(11-21)　我以此爲重

    (7-2) 是病餘藥不治　唯酥(05-22)則除

    (7-3) 婆童子去至中道　不復(06-19)畏懼

위의 용례 (7-1)은 '나는 무겁다 하지 않고 은혜를 보답할 줄 모르는 자를 나는 무겁다 여기노라'로, 용례 (7-2)는 '이 약은 다른 약으로는 고치지 못하는 것이므로' 정도로, (7-3)은 '기바는 중도까지 이르러 다른 걱정이 없어지자'로 풀이할 수 있다. 이때 용례 (7-1)의 한자 '不'의 새김은 '아니하다'에 해당하고, 용례 (7-2)의 한자 '不'의 새김은 '못하다'에, 용례 (7-3)의 한자 '不'의 새김은 '없다'에 해당한다.

	부호형태	용례	판독 의미	비고
7-1		不	아니하다	
7-2		不	못하다	
7-3		不	없다	

그러므로 용례 (7-1)의 한자 '不'의 왼쪽 상단에 새겨진 사선 부호는 한자 그 새김을 '아니하다'로, 용례 (7-2)의 한자 '不'의 오른쪽 하단에 새겨진 긴 가로선 부호는 한자의 새김을 '못하다'로, 용례 (7-3)의 한자 '不'의 오른쪽 상단에 새겨진 짧은 사선 부호는 한자 '不'의 새김을 '없다'로 하라는 의미로 판단된다.

위에서 논의된 바와 같이 『사분율장』에 새겨진 부호들은 기존의 각필 문헌 자료들과는 달리 '문장이나 어절을 끊는 선'과 '문장이나 어절을 연결하는 선'을 제외하고는 부호들이 가지고 있는 규칙성을 발견할 수 없었다. 다만 이들 『사분율장』에 새겨진 부호들은 기존 각필 연구에서 논의된 바 있는 경계, 구분, 지시 등의 의미보다는 원문을 해석하는 주요 도구, 즉 한자 어휘나 한문 문장의 의미를 정확하게 파악하도록 하는 석독 지시의 표기임을 알 수 있다.

3. 결론

이 글은 일본 남선사 소장 『사분율장』을 대상으로 이 자료에 기입되어 있는 11세기 각필 부호들을 보다 더 정확하게 분석한 것이다.

이상의 논의에서 밝힌 바를 정리하면 다음과 같다.

첫째, 『사분율장』의 각필 부호의 형태는 크게 단선과 반달, 체크, 점의 4가지로 분류할 수 있다.

둘째, 새겨진 부호들은 한자 어휘나 한문 문장의 의미를 정확하게 파악할 수 있도록 도와주는 역할을 하는 것으로 파악된다.

셋째, 『사분율장』에 사용된 부호들의 비율은 단선 80%(사선 60, 직선 20), 반달 5%, 점 7%, 체크 5%, 그 외의 부호들이 3%이다.

넷째, 『사분율장』에 사용된 부호들을 살펴본 결과 '~로나, ~부터, ~에, ~에게' 등과 간은 부사격, '~와'의 공동격, '~하/여'에 해당하는 호격 등과 같이 조사에 해당하는 부호들과 '~쇼서'와 같은 명령형어미와 '~가'와 같은 의문형어미의 의미를 표시하는 부호가 사용되었음을 알 수 있었다.

다섯째, 『사분율장』에 새겨진 부호들 가운데 원문의 한자 새김을 원래의 의미와 다르게 하라는 석독 지시 부호들이 전체 부호의 약 70% 이상 사용되었다.

여섯째, 『사분율장』 원문 가운데 동일한 한자에 다른 부호들이 새겨진 것을 골라 비교 분석한 결과 한자 '乘'은 그 새김을 '달리다'와 '타다'로, 한자 '如是'는 그 새김을 '그렇게'와 '이와 같이'로, 한자 '受'는 그 새김을 '걸리다'와 '받다'로, 한자 '者'의 새김은 '것'과 '사람'으로, 한자 '大'는 그 새김을 '매우'와 '많다'로, 한자 '分'은 그 새김을 '나누다'와 '몾'으로, 한자 '不'은 그 새김을 '아니하다'와 '못하다', 그리고 '없다'로 읽어야 한다는 부호 표시를 확인할 수 있었다.

참 고 문 헌

김월운(2010), 『한글대장경 64 율부3 사분율3』, 동국대역경원.

남경란(2004), "《法華經》異本의 符號 입곁(口訣)에 對하여", 口訣學會 全國學術大會 發表論文輯, 口訣學會.

남경란(2016), 새 資料, 初雕大藏經 南禪寺本『四分律藏第三分』卷四十의 角筆에 대하여, 〈구결연구 36〉, 구결학회

남경란 외(2005), "〈金光明經〉符號 口訣 硏究", 口訣學會 全國學術大會 發表論文輯, 口訣學會.

남권희(2007), 「日本 南禪寺 所藏의 高麗 初雕大藏經」, 『書誌學硏究』第36輯, 書誌學會.

남권희·남경란(2016), 13세기 高麗 釋讀口訣本『慈悲道場懺法』卷4 殘片의 구결 소개, 『국어사연구』22, 국어사학회.

동국대학교 불교문화연구소(1976), 『韓國佛敎禪述文獻總錄』, 東國大學校 出版部.

박진호(2003), "奏本〈華嚴經〉卷第36 墨吐口訣의 解讀-字吐口訣과의 對應을 中心으로", 『口訣硏究』11, 口訣學會.

박진호(2004), 「周本〈華嚴經〉卷第六의 點吐 重複 表記와 符號」, 『口訣硏究』13, 口訣學會.

안대현(2009), 「〈瑜伽師地論〉點吐口訣의 빼침線에 對하여」, 『口訣硏究』22, 口訣學會.

이승재(2001), 「瑜伽師地論 角筆 符號口訣의 解讀을 위하여」, 〈國語硏究의 理論과 實際〉, 太學社.

이혜성(1978), 『八萬大藏經解說』, 보성문화사.

장경준(2007), 〈瑜伽師地論 點吐釋讀口訣의 解讀 方法 硏究〉, 태학사.

장경준(2008), 「高麗初期 點吐口訣의 諸符號」, 〈韓國語學〉40, 韓國語學會.

장경준(2009), 「湖林本〈瑜伽師地論〉卷3의 點吐口訣에 使用된 符號에 對하여」, 〈國語學〉51, 國語學會.

장경준(2012), 「釋讀口訣과 動點 資料에 使用된 符號의 比較硏究 試論」.

정재영 외(2011), 『韓國 角筆 符號口訣 資料와 日本 훈점 資料 硏究』, 태학사.

정재영(2012), 「南禪寺 所藏의 韓國本 古文獻 資料에 對하여」, 『海外 韓國本 古文獻 資料의 探索과 檢討』, 삼경문화사.

한국학중앙연구원(1991), 「四分律藏」, 『韓國民族文化大百科』, 韓國學中央硏究員.

〈Abstract〉

An analysis of the 11th century Gakpil marks in the Fourfold Division Vinaya(Sabun-yuljang)

Nam Kyeomgnan

This paper is more accurate to analyze the 11th century Gakpil marks written in the 『Fourfold Division Vinaya(Sabun-yuljang)』, which is preserved in Nanzen Temple (Nanzen-ji) in Kyoto, Japan. The sorts of Gakpil marks in the 『Fourfold Division Vinaya(Sabun-yuljang)』 can be classified into four categories: single lines, checks, semi-circles, and dots, and are printed the marks mainly on the right and the left of Chinese characters, and in the middle of them. The share of these marks is single lines 80%, semi-circles 5%, dots 7%, and checks 5%, and the others 3%. However, unlike existing Gakpil text materials, these engraved marks in the 『Fourfold Division Vinaya (Sabun-yuljang)』 don't have any regularities except 'stop line for sentences or words-phrases' and 'link line for sentences or words-phrases'. In particular, the written marks in the 『Fourfold Division Vinaya(Sabun-yuljang)』 are signs of Seokdok notations to find out the exact meaning of Chinese vocabulary or sentence, that is, a major tool for interpreting the original text rather than the meaning of boundaries, classifications, and directions what was discussed in the earlier Gakpil studies.

Keywords: 『Fourfold Division Vinaya(Sabun-yuljang)』, the First Tripitaka Koreana, Namseonsa-bon, Gakpil, marks, analysis

부록 [3]

동해안 어촌 지역어의 사회언어학적 연구*
-영덕, 울진, 삼척, 강릉을 중심으로

남경란

1. 서론

이 글은 동해안 어촌 지역의 경제생활과 관련된 어휘를 수집, 조사하여 이를 사회언어학적 관점에서 그 특징을 고찰하는 데 목적이 있다.

사회를 형성하고 그 사회의 구성원들과 의사소통을 함으로써 공동의 의식과 가치관을 가질 수 있게 해주는 중요한 매개체 중 하나가 언어이며, 이런 측면에서 언어의 분화는 바로 사회적 배경의 차이를 알 수 있게 해주는 중요한 단서이다. 특히 각 연령과 성(性)과 지역 등의 사회적 요인이 언어분화에 미치는 영향은 매우 크므로 이들의 현상을 수집, 조사하여 정리하는 일도 상당히 중요한 일이라 할 것이다.

그러므로 이 글에서는 강원도 동해안(강릉, 삼척)과 경상북도 동해안(영덕, 울진) 어촌 지역에서 조사한 언어를 바탕으로 이를 각 연령별, 성별, 지역별로 나누어 사회언어학적인 차원에서 어휘의 특징을 살펴보

---

* 이 글은 2004년 〈한국말글학〉 제21집에 실린 논문이다.

고자 한다.

이처럼 현지조사의 범위를 한정하는 것은 여러 가지 제약을 고려한 것이며 장기적으로 좀더 체계적이고 내실 있는 연구를 추진하기 위한 기반을 다지기 위한 것이기도 하거니와 사회언어학적 측면에서 동해안 방언을 조사하기에 가장 적합한 지역이라고 생각되기 때문이기도 하다.

2. 조사항목 및 제보자

동해안 지역 어민들의 경제생활과 관련된 언어의 사회학적 관점에서 검토해 보기 위해 어휘 항목은 한국정신문화연구원의 〈韓國方言調査質問紙〉를 비롯하여, 최명옥(1980), 최학근(1990), 이상규(2000) 등에 제시된 어휘목록을 참조하였다. 이 가운데서도 어민들의 생활과 직접 관련을 지을 수 있는 천문, 지리, 시후, 방위, 음식, 비금류, 어패류 등을 조사항목으로 확정하고, 현지조사를 통하여 이들 항목이 각 지역별, 연령별, 성별에서 어떻게 나타나는지 살펴보았다.

현지 조사는 강릉, 삼척을 중심으로 하여 영덕, 울진 등의 지역을 3차례에 걸쳐서 실시하였다. 선행연구[2]에 제시된 질문지에 대한 검토를 바탕으로 어민들의 생활과 직접 관련을 지을 수 있는 천문, 지리, 시후, 방위, 음식, 어업기구, 비금류, 어패류 등의 항목을 조사하여 비교·분석이 용이하도록 하였다.

----

2) 이 글을 위해 참조한 기존의 연구는 강원도 동해안 지역의 방언과 경상북도 동해안 지역의 방언을 다룬 기존 업적들이다. 여기에는 경상도 동해안의 방언을 다룬 오종갑(1997·1998 외), 최명옥(1980), 김태엽(1992), 이상규(1991·1997·2000), 최동주(2001), 김주원(2001), 김문오(2001), 남경란(2001), 영남대학교 민족문화연구소(1998) 등이 있다.

또 이 질문지를 중심으로 조사를 실시하여 동해안 지역 어민들의 방언 차를 보여 줄 수 있도록 이들 항목이 각 지역별, 연령별(10~20대, 30~40대, 60대 이상), 성별(남, 여)로 분석표를 만들었다. 조사 과정에서 합리적이고 효과적인 질문지를 작성하기 위해 다양한 사례들을 검토하였으며, 직접 질문하는 면접법과 서면으로 질문하는 질문법을 사용하였다.3)

조사 지역은 원래는 어업을 주된 업으로 삼았으나 고속도로의 개통, 정기여객선이 취항, 관광산업으로의 전환, 또는 활성화 등 주변 환경과 상권의 변화로 인해 생활경제가 어업뿐만 아니라 상업, 서비스업종으로 전환하는 사례가 많은 지역을 택하였다. 이에 선택된 조사 지역은 ① 영덕군 강구면·축산면, ②울진군 후포면·평해읍, ③삼척시 근덕면, ④ 강릉시 연곡면이다. 이들 지역을 조사 지역으로 선택한 것은 이들 지역 이 어촌 지역 주민들의 생활 변화와 언어 변화의 속도 등을 찾아보기에 적합하다고 여겨졌기 때문이며, 이 연구에 적합한 노년층과 장년층, 그 리고 청소년층의 제보자를 쉽게 접할 수 있는 지역이라는 여겨졌기 때 문이다.

제보자는 토박이, 나이, 신체적 조건, 성별, 학업정도 등등의 여러 가 지 조건을 갖추어야 하는데 이 글은 동해안 어촌 경제 생활과 관련된 방언들을 사회언어학적 관점에서 고찰하는 것이므로 노년층, 장년층은 각 해당 지역에서 3대 이상 지속적으로 살아온 자들을 우선 선정하였으 며, 장년층은 출생이 그 지역이 아니더라도 20년 이상 그 지역에서 거 주한 사람들도 다수 포함하였다. 청소년층 역시 3대 이상이 지속적으로 살아온 자 가운데서 우선 선정하여 전통적인 방언 제보자 조건에 부합

---

3) 조사방법, 질문지 종류, 질문방법, 제보자 조건 등에 대한 자세한 설명은 이익섭 (1992), 이상규 (2003)을 참조할 수 있다.

하도록 노력하였다.

제보자별 세대 구분 실태와 각 지역별 제보자를 간략히 소개하면 아래와 같다.4)

1) 구분 실태
    ① 노년층 : 60대 이후의 남·여, 무학자 우선, 어촌생활자.
    ② 장년층 : 30~40대의 남·여, 중등교육자 우선, 어촌생활자.
    ③ 청소년층 : 10~20대의 남·여, 학생 우선, 어촌생활가정.
2) 제보자
    ① 영덕 : 김정학(男 58세) 외 6명
    ② 울진 : 손명분(女 80세) 외 16명
    ③ 삼척 : 양재수(男 71세) 외 6명
    ④ 강릉 : 홍영표(男 73세) 외 7명

3. 사회언어학적 측면에서의 어휘 고찰

어민들의 생활과 직접 관련을 지을 수 있는 천문, 지리, 시후, 방위, 음식, 어업기구, 비금류, 어패류 등을 선택하여 다음과 같은 조사표를 작성하였다. 이는 조사된 항목들이 각 지역별, 연령별, 성별에서 어떻게 나타나는지 살펴보기 위함이다. 선택된 어휘의 항목은 총 270개로 조사 결과 영덕과 울진에서는 대부분의 제보자들이 자음 'ㅆ'을 'ㅅ'으로 발음하고 있는 것으로, 모음 'ㅡ'와 'ㅓ', 'ㅔ'와 'ㅐ'는 구분되지 않는 것으로 조사되었다. 또한 삼척과 강릉에서는 대부분의 제보자들이 자음

---

4) 지면 상 각 지역별 제보자는 1명만 제시하기로 한다.

‘ㅅ’과 ‘ㅆ’을 구분하고 있는 것으로 조사되었으나, 모음 ‘ㅡ’와 ‘ㅓ’, ‘ㅔ’와 ‘ㅐ’에 있어서는 삼척은 구분이 안 되는 반면 강릉은 그 구분에 혼란이 있는 것으로 조사되었다.5)

5) 영덕, 울진, 삼척, 강릉 어촌지역에서의 음운론적 연구로는 오종갑(2003)이 대표적이다. 여기서에는 그 연구 결과를 다음과 같이 제시하고 있다.
(1) 울진, 삼척, 강릉 지역어에는 20개(‘ㅂ, ㅃ, ㅍ, ㅁ, ㄷ, ㄸ, ㅌ, ㅅ, ㅆ, ㄴ, ㄹ, ㅈ, ㅉ, ㅊ, ㄱ, ㄲ, ㅋ, ㅇ, ㅎ, ㆆ’)의 자음음소가 설정되고, 영덕 지역어에는 ‘ㅆ’를 제외한 19개의 자음음소가 설정된다.
(2) 영덕, 울진, 삼척에는 6개(‘ㅣ, ㅔ(E), ㅓ(Ə), ㅏ, ㅜ, ㅗ’)의, 강릉에는 10개(‘ㅣ, ㅔ(e), ㅐ(ε), ㅟ(ü), ㅚ(ö), ㅡ(i), ㅓ(ə), ㅏ, ㅜ, ㅗ’)의 단모음 음소가 각각 설정된다. 그리고 영덕, 울진에는 y계이중모음에 ‘ㅒ(yE), ㅕ(yƏ), ㅑ, ㅠ, ㅛ’, w계이중모음에 ‘ㅟ(wi), ㅙ(wE), ㅝ(wƏ), ㅘ’가 있고, 삼척에는 ‘ㅒ(yE), ㅕ(yƏ), ㅑ, ㅠ, ㅛ’와 ‘ㅙ(wE), ㅝ(wƏ), ㅘ’가 있으며, 강릉에는 ‘ㅖ(ye), ㅒ(yε), ㅚ(yö), ㅕ(yə), ㅑ, ㅠ, ㅛ’와 ‘ㅞ(we), ㅙ(wε), ㅝ(wə), ㅘ’가 있다.
(3) 네 지역어에서는 다 같이 어간 말음 ‘ㅍ’, ‘ㅌ, ㅅ, ㅆ, ㅈ, ㅊ, ㅎ, ㆆ’, ‘ㄲ’가 음절말에서 각각 평폐쇄음 ‘ㅂ’, ‘ㄷ’, ‘ㄱ’로 교체된다. 그런데 표준어에서 ‘ㅈ’ 말음을 지닌 곡용어간이 강릉에서는 그대로 실현되나 영덕, 울진, 삼척에서는 ‘ㄷ’로 재구조화되고, 표준어에서 ‘ㅊ’ 말음을 지닌 곡용어간은 네 지역어 모두에서 ‘ㅌ’로 재구조화되었다.
(4) 동화에는 비음화, 유음화, 순음화, 연구개음화 원순모음화, 완전순행동화, ‘ㅏ→ ㅓ’ 교체 등이 있다.
(5) 축약에는 유기음화, 경음화, y활음화에 의한 축약, w활음화에 의한 축약이 있다.
(6) 곡용어간의 말음이 ‘ㅣ, ㅐ’이고 여기에 어미 ‘애/에’가 결합되면 ‘ㅣ, ㅐ’의 영향으로 y가 첨가되어 ‘ㅒ/ㅖ’로 실현되는데, 영덕에서 그 세력이 강하고, 울진, 강릉에서는 그 세력이 매우 약하다.
(7) 탈락에는 자음군 단순화, 후음탈락, 유음탈락, 어간 말음 ‘ㅏ, ㅓ’ 탈락, 어간 말음 ‘ㅓ/ㅡ’ 탈락, 어미 두음 ‘ㅓ(~)/ㅡ’ 탈락 등이 있다.
(8) 네 지역의 농촌어를 중심으로 할 때는 〈영덕·울진〉과 〈삼척·강릉〉으로 방언이 구획되나 어촌어를 중심으로 할 때는 〈영덕·울진·삼척〉과 〈강릉〉으로 방언이 구획되어 차이를 보인다.
(9) 네 지역 농어촌어 사이에 나타나는 음운체계의 차이는 주로 ‘ㅅ:ㅆ’의 대립 여부, ‘ㅟ, ㅚ’의 단모음화 여부, ‘ㅐ, ㅔ’ 및 ‘ㅓ, ㅡ’의 합류 여부, 그리고 ‘ㅢ’의

3.1. 지역별 특징

3.1.1. 지역별 특정 어휘

3.1.1.1. 영덕

영덕에서 조사된 항목 중 다른 조사 지역에서 실현되지 않은 항목의 용례는 '고레장비, 달무리, 가풀막, 닭의 어리(닭장), 굴, 조개'의 6개이다.

> (1)6) 놀랑처럼온다(고레장비), 달매/달매미(달무리), 고바위(가풀막), 달
> 울타리(닭의어리), 부조개(굴), 배캅(조개)

이 가운데 '놀랑처럼온다(고레장비)'는 30~40대 남자에서, '달매/달매미(달무리)'와 '달울타리(닭의어리)'는 30~40대 여자에서, '고바위(가풀막)'와 '부조개(굴)'는 50대 이상의 남·여와 30~40대 남자에서 실현되는 것으로 조사되었으며, '배캅(조개)'은 50대 이상의 여자와 30~40대 여자에서 실현되는 것으로 조사되어 영덕 지역의 특정 어휘 빈도는 다른 지역보다 훨씬 적게 나타남을 알 수 있다.

3.1.1.2. 울진

울진에서 조사된 항목 중 다른 조사 지역에서 실현되지 않은 항목의 용례는 '달무리, 새벽, 놀, 노을, 서리, 함박눈, 구멍, 메아리, 물결, 낭떠러지, 벼랑, 비탈, 웅덩이, 진흙, 낮, 밤새도록, 저녁, 훗날, 간장, 겨, 밤

존재 여부에 귀착되는데, 이러한 차이는 개신파의 수용 양상으로써 설명된다.
6) 이하 용례에서 '( )' 속은 표준 항목을 나타낸다.

참, 절이다, 흰떡, 메추라기, 가자미, 굴, 꼴뚜기, 대합, 도미, 망동어, 전
갱이, 조개, 청어, 피라미'의 34개이다.

> (2) 달물 뒤윌따(달무리), 먼동턴다(새벽), 나부리(놀), 뿔새(노을), 설기
> (서리), 밥뿌제눈(함박눈), 웅디이젙따(구멍), 말만춘다(메아리), 파
> 도친다(물결), 넝강/넝가이(낭떠러지), 넝강(벼랑), 너러막(비탈), 징
> 컬/개양/징컬받(웅덩이), 징컬/징컬받/죽탕(진흙), 오널해따네(낮), 밤
> 새기(밤새도록), 밤쭝될따(저녁), 아프로 다오는 세월(훗날), 찌랑멀/
> 지랑멀(간장), 깍데기/껄티(겨), 군님석(밤참), 지긴다(절이다), 북찜
> 이(흰떡), 뿌꿍새(메추라기), 도다리(가자미), 부조개(굴), 한치(꼴뚜
> 기), 배캅/열합(대합), 감생이/감새가/다이(도미), 꺽떠구/검덩(망동
> 어), 아재/메가리(아지/전갱이), 따박/배캅(조개), 정어리/눈티(청어),
> 치어/민물새끼(피라미)

이 가운데 '달물 뒤윌따(달무리)', '먼동턴다(새벽)', '나부리(놀)', '뿔
새(노을)', '설기(서리)', '밥뿌제눈(함박눈)', '파도친다(물결)', '넝강(벼
랑)', '너러막(비탈)', '징컬/징컬받(웅덩이)', '징컬/징컬받(진흙)', '오널
해따네(낮)', '밤새기(밤새도록)', '아프로 다오는 세월(훗날)', '깍데기/껄
티(겨)', '군님석(밤참)', '북찜이(흰떡)', '뿌꿍새(메추라기)', '한치(꼴뚜
기)', '꺽떠구/검덩(망동어)', '따박/배캅(조개)'의 21개의 항목은 50대 이
상 남·여에서 실현되는 것으로 조사되었으며, '웅디이젙따(구멍)', '말
만춘다(메아리)', '넝강/넝가이(낭떠러지)', '지긴다(절이다)'는 50대 이상
의 남자에서, '밤쭝될따(저녁)', '부조개(굴)', '배캅(대합)'은 50대 이상
의 여자에서 실현되는 것으로 조사되었다. 그리고 '도다리(가자미)', '찌
랑멀(간장)', '아재/메가리(아지/전갱이)', '정어리/눈티(청어)', '치어/민물
새끼(피라미)'의 5개 항목은 30~40대의 남·여에서 실현되는 것으로, '개

양(웅덩이)', '열합(대합)'는 30~40대 남자에서, '죽탕(진흙)', '감생이/감새가/다이(도미)'는 30~40대 여자에서 실현되는 것으로 조사되었다. 뿐만 아니라 10~20대 남자에서도 '지랑멀(간장)', '열합(대합)'이 다른 지역 방언에 비해 특수하게 사용하는 것으로 조사되었다. 이러한 점을 고려해 볼 때 울진 지역이 다른 지역보다 훨씬 더 특정 어휘를 많이 사용하는 것을 알 수 있으며, 특히 50대 이상 남·여가 특수 방언형을 많이 실현하는 것을 알 수 있다.

3.1.1.3. 삼척

삼척에서 조사된 항목 중 다른 조사 지역에서 실현되지 않은 항목의 용례는 '고레장비, 홍수, 가뭄, 달무리, 새벽, 샛별, 놀, 그늘, 서리, 진눈깨비, 거리, 나루, 물결, 티끌, 흙, 가을한다, 밝을녘, 밤새도록, 간장, 군밤, 누룽지, 꽁치, 대합, 조개'의 23개이다.

(3) 개럭하다/억수장마(고레장비), 개락난따/개락헨따(홍수), 가물언따/너무말랃따(가뭄), 달무리섣따(달무리), 도이ᆞ턴다/동이턴다/새벽온다(새벽), 개밥죽이별/개밥뚜까리(샛별), 나불[아침나불/저녁나불](놀), 그널곁따(그늘), 서릳발섣따(서리), 눈·비섞어온다(진눈깨비), 섭쩍(거리), 추깡/판장(나루), 파도친다(물결), 티/까시/뭐들어갇따(티끌), 헐기문언따(흙), 가얼거디미/거디미(가을한다), 도이ᆞ떨때/도이ᆞ턴따(밝을녘), 밤새기/진진밤(밤새도록), 장물/지렁물(간장), 밤꿉언거(군밤), 소데끼/소띠끼/소뒤께(누룽지), 사마(꽁치), 섭/가리비(대합), 짜박(조개)

이 가운데 '추깡(나루)', '파도친다(물결)', '티/까시(티끌)', '도이ᆞ떨때/도이ᆞ턴따(밝을녘)', '소데끼/소띠끼(누룽지)'의 5개 항목은 50대 이상 남·여에서 실현되는 것으로 조사되었으며, '가물얻따(가뭄)', '도이ᄉ턴다/동이턴다(새벽)', '개밥죽이별/개밥뚜까리(샛별)', '밤꿉언거(군밤)', '사마(꽁치)', '짜박(조개)'의 6개는 50대 이상 남자에서, '개럭하다(고레장비)', '나불[아침나불/저녁나불](놀)', '삽쩍(거리)', '진진밤(밤새도록)', '장물(간장)', '가리비(대합)'의 6개는 50대 이상 여자에서 실현되는 것으로 조사되었다. 또 '밤새기(밤새도록)'는 30~40대 남·여에서, '억수장마(고레장비)', '개락난따/개락핸따(홍수)', '달무리선따(달무리)', '서릳발선따(서리)', '추깡(나루)', '거디미(가을한다)', '지렁물(간장)', '소뒤께(누룽지)', '가리비(대합)'의 9개 항목은 30~40대 남자에서, '너무말 따(가뭄)', '동이턴다(새벽)', '그널졀따(그늘)', '티(티끌)', '헐기묻얻따(흙)', '가얼거디미(가을한다)'의 6개 항목은 30~40대 여자에서 실현되는 것으로 조사되었다. 뿐만 아니라 '새벽온다(새벽)', '눈·비섞어온다(진눈깨비)', '파도친다(물결)', '뭐들어갇따(티끌)'의 4개 항목이 10~20대 남·여에서 실현되는 것으로 조사되었다. 이러한 점을 고려해 볼 때 삼척 지역은 세대의 구분 없이 두루 특정 어휘를 실현하고 있는 것을 알 수 있다.

3.1.1.4. 강릉

강릉에서 조사된 항목 중 다른 조사 지역에서 실현되지 않은 항목의 용례는 '달무리, 샛별, 그늘, 싸락눈, 나루, 메아리, 물결, 티끌, 가을한다, 곰팡이, 누룽지, 무장아찌, 상추쌈, 수제비, 숭늉, 좁쌀떡, 미끼'의 17개이다.

(4) 해물/해무리(달무리), 샏별[아침]/개밥뚜까리[저녁](샛별), 그널진다(그늘), 쌀알눈(싸락눈), 선창/밴머리(나루), 산울린다(메아리), 물이 울렁인다(물결), 개시바리/가시,까시(티끌), 거두미한다/추수한다(가

을한다), 곰파구/골가지(곰팡이), 소디끼/소딕기(누룽지), 무꾸장쨍
이/무거리/우거리(무장아찌), 불기쌈(상추쌈), 뚜데기국/떠더국/떠덕
국(수제비), 소째이∨/손쨍이(숭늉), 조딱(좁쌀떡), 꼬내기(미끼)

이 가운데 '소째이∨(숭늉)'는 50대 이상 남·여에서 실현되고, '샌별
[아침]/개밥뚜까리[저녁](샛별)', '그널진다(그늘)', '쌀알눈(싸락눈)', '산
울린다(메아리)', '물이울렁인다(물결)', '개시바리(티끌)', '거두미한다
(가을한다)'의 7개 항목은 50대 이상 남자에서, '해물(달무리)', '선창(나
루)', '가시/까시(티끌)', '추수한다(가을한다)', '곰파구/골가지(곰팡이)',
'소디끼(누룽지)', '무꾸장쨍이/무거리/우거리(무장아찌)', '불기쌈(상추
쌈)', '뚜데기국/떠더국/떠덕국(수제비)', '조딱(좁쌀떡)', '꼬내기(미끼)'
의 11개 항목은 50대 이상 여자에서 실현되는 것으로 조사되었다. 또
'해무리(달무리)', '밴머리(나루)'는 30~40대 남자에서, '소딕기(누룽지)'
는 30~40대 여자에서 실현되며, '손쨍이(숭늉)'는 10~20대 남·여에서 실
현되는 것으로 조사되었다. 이러한 점을 고려해 볼 때 강릉 지역에서는
50대 이상에서 특정 어휘가 많이 실현되며 특히 50대 이상의 여자가 세
대 가운데 가장 많이 실현하고 있음을 알 수 있다.

3.1.2. 지역별 공통 어휘

3.1.2.1. 세대 전체 간 동일 어형 실현
영덕·울진·삼척·강릉 각 지역의 세대 전체 간의 동일 어형 실현에
대하여 검토해 아래와 같이 빈도를 측정할 수 있었다.

〈표 1〉 각 지역별 세대 전체 간 동일 어형 실현 빈도

	영덕	울진	삼척	강릉
지역별 빈도	177(270)	145(270)	151(270)	148(270)
백분율	65.6%	53.7%	55.9%	54.8%

위의 표에서 살펴보면 조사 항목 270개 가운데 세대 전체, 즉 50대 이상 남·여와 30~40대 남·여, 10~20대 남·여 전체 간의 동일한 어형을 실현하는 빈도는 영덕이 177개(65.6%), 울진이 145(53.7%), 삼척이 151개 (55.9%), 강릉이 148개 (54.8%)로 이들 지역 가운데 영덕이 세대 간 동일 어형 실현 빈도가 가장 높고 울진이 가장 낮음을 알 수 있다.

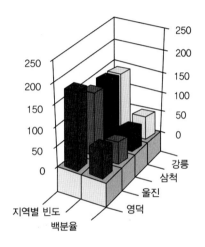

〈표 1〉의 실현 빈도를 다시 각 지역별 세대 전체 간 동일 어형 실현 빈도 가운데서 표준항목과 일치하게 실현하는 빈도와 전체 간 비표준 항목으로 실현하는 빈도를 측정하면 아래의 〈표 1-1〉·〈표 1-2〉와 같다.

〈표 1-1〉 각 지역별 세대 전체 간 표준항목 일치 빈도

	영덕	울진	삼척	강릉
지역별 빈도	73(177)	46(145)	37(151)	52(148)
백분율	41.2%	31.7%	24.5%	35.1%

〈표 1-2〉 각 지역별 세대 전체 간 비표준항목 일치 빈도

	영덕	울진	삼척	강릉
지역별 빈도	104(177)	99(145)	114(151)	96(148)
백분율	58.8%	68.3%	75.5%	64.9%

위의 표들에서 살펴보면 영덕은 세대 전체, 즉 50대 이상 남·여와 30~40대 남·여, 10~20대 남·여 전체간의 동일한 어형을 실현하는 빈도 177개 가운데 73개(41.2%)가 표준항목과 일치하여 실현되고 나머지 104개(58.8%)는 방언으로 실현되는 것을 알 수 있다. 또 울진은 145개 가운데 46개(31.7%)가 표준항목과 일치하여 실현되고 99개(68.3%)가 방언으로 실현되는 것을 알 수 있으며 삼척은 151개 가운데 37개(24.5%)가 표준항목으로, 114개(75.5%)가 방언으로 실현되는 것을 알 수 있다. 그리고 강릉은 148개 가운데 52개(35.1%)가 표준항목과 일치하여 실현되고 나머지 96개(64.9%)가 방언으로 실현되고 있음을 알 수 있다. 이러한 결과로 볼 때 세대 간 동일 어형 실현 빈도 가운데 가장 표준항목과 많이 일치하여 실현하는 지역은 영덕(41.2%)이고 가장 비표준항목, 즉 방언형을 많이 실현하는 지역은 삼척(75.5%)임을 알 수 있다.

3.1.2.2. 특정 어휘 실현 비교

영덕·울진·삼척·강릉의 조사 항목 가운데 지역별 특징을 가장 잘 비교할 수 있는 특정 어휘를 골라 이들이 각 지역에서 어떻게 실현되는지를 검토하였다. 이들 특정 어휘는 '회오리바람, 가풀막, 징검다리, 그저께, 글피, 아래께, 사흗날, 나흗날, 엿새, 아흐렛날, 열흘, 밤새도록, 갱, 막걸리, 흰떡, 달걀'의 16개 항목이다.

(5) 회오리바람, 가풀막, 징검다리, 그저께, 글피, 아래께, 사흗날, 나흗날, 엿새, 아흐렛날, 열흘, 밤새도록, 갱, 막걸리, 흰떡, 달걀

〈표 2〉 각 지역별 특정 어휘 실현 빈도 비교

조사항목	영덕	울진	삼척	강릉
회오리바람	회오리(5) : 돌개(1)	회오리(4) : 돌개(4)	회오리(4) : 돌개(2)	회오리(3) : 돌개(4)
가풀막	고바위(3) : 비탈(2) : 언덕(1)	고바위(1) : 산비탈(2) : 언덕(3)	비탈(5) : 오르막길(1)	비탈길(2) : 언덕(2) : 꼬데이~(2) : 고개(1)
징검다리	돌따리(4) : 징검다리(2)	돌다리/돌따리(3) : 징검다리(3)	돌다리(4) : 징검다리(2)	돌다리/돌따리(5) : 징검다리(3)
그저께	아래(6)	아래(5) : 그저께/그제(2)	거제/그저께(5) : 얻거제(1)	거저깨/그저께/거제(6) : 아래(1) : 얻그제(2)
글피	내일모래(3) : 저모래(2) : 걸피(1)	낼모래(1) : 저모레(4) : 글피(1)	걸페/글피(6)	걸페/걸피/글피(6)
아래께	아래(4) : 어제아래(2)	아래(6)	먼제(2) : 저먼제(1) : 아래(1) : 그저께(2)	아래(4) : 거저께/그저께(2) : 저번날(1)
사흗날	사헐/사흘(6)	사헐/사흘(6)	사알/사헐(4) : 삼일(2)	사헐/사얼(4) : 삼일(3)
나흗날	나헐/나흘(6)	나얼/나헐/나흘(6)	나알/나헐(4) : 사일(2)	나얼/나헐(4) : 사일(2)
엿새	여새/엳쌔(5) : 육일(1)	엳새(6)	여세(4) : 육일(2)	여쌔(4) : 육일(4)
아흐렛날	아허래/아흐래(5) : 구일(1)	아허레/아흐레(6)	아허레(4) : 구일(2)	아어레/아허레(4) : 구일(5)
열흘	여렐/열헐/열흘(5) : 십일(1)	열헐/열흘(6)	열헐(4) : 십일(2)	여럴/열흘/여를(6)
밤새도록	긴긴밤(3) : 거멈밤(1) : 한밤(1)	밤새기(2) : 진진밤(2) : 동지(2)	밤새기(2) : 밤새도록(3) : 진진밤(1)	밤새기(1) : 밤새도록(5) : 밤침/밤새(1)
갱	콩나믈꾹(2) : 탕(4)	콩나멀꾹(2) : 탕(4)	갱(3) : 국물(3)	갱(3) : 물(1)
막걸리	막껄리(5) : 탁주(1)	막껄리(6) : 농주(4) : 동동주(2)	막걸리/막껄리(6)	막걸리(5) : 농주(1) : 탁주(1)
흰떡	백찜(6)	백찜(6) : 북찜이(2) : 백석(3)	백실기(2) : 흰/힌떡(2) : 멘떡(1) : 시리떡(1)	힌떡/하얀떡(4) : 백설기(2) : 시루떡(1) : 가래떡(1)
달걀	개랄(4) : 달걀(2)	개랄(6) : 달걀(6)	계/겨란(2) :달걀(4)	개란/겨란(2) : 달걀/달갈(5)

3) 지역별 어휘항목 인지능력

영덕·울진·삼척·강릉의 제보자들이 조사 항목의 질문에 얼마나 정확하게 인식하고 있으며, 또 그 항목을 인지하는가를 살펴 그 빈도를 측정하였다.

〈표 3〉 지역별 어휘항목 인지능력 빈도

	영덕	울진	삼척	강릉
지역별 빈도	32	10	35	15
백분율	11.9%	3.7%	13.0%	5.6%

위의 표에서 살펴보면 영덕은 총 270개 질문 어휘항목 가운데 32개(11.9%)의 항목에 대해 '모른다'고 답변하거나 '인식하지 못한다'고 답변하였으며, 울진 10개(3.7%), 삼척 35개(13.0%), 강릉 15개(5.6%)의 항목에 대해 '모른다'고 답변하거나 '인식하지 못한다'고 답변하였다. 이러한 결과로 볼 때 영덕과 삼척의 제보자들이 울진과 강릉의 제보자들보다 훨씬 더 질문 어휘항목에 대한 인지능력이 떨어지는 것을 알 수 있는데 이는 각 지역의 경제적, 혹은 교육적 환경과 관련이 있는 것으로 생각된다.

4) 지역별 표준항목 실현능력

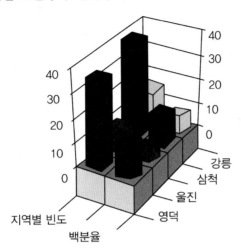

영덕·울진·삼척·강릉 각 지역의 세대 전체 간의 표준항목의 실현 능력을 알아보기 위해 각 지역별 세대 전체의 표준 항목 사용 빈도와 방언형 사용 빈도를 측정하여 아래의 〈표 4〉, 〈표 5〉와 같이 제시하였다.

〈표 4〉 각 지역별 세대 전체 간 표준항목 사용 빈도

	영덕	울진	삼척	강릉
지역별 빈도	73(270)	46(270)	37(270)	52(270)
백분율	27.0%	17.0%	13.7%	19.3%

〈표 5〉 각 지역별 세대 전체 방언형 사용 빈도

	영덕	울진	삼척	강릉
지역별 빈도	197(270)	224(270)	233(270)	218(270)
백분율	73.0%	83.0%	86.3%	80.7%

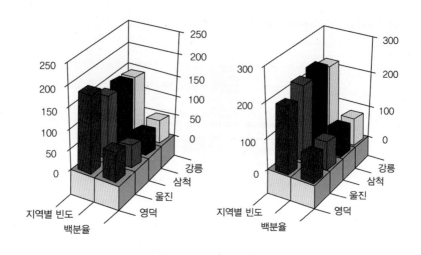

　위의 표들에서 살펴보면 영덕은 세대 전체, 즉 50대 이상 남·여와 30~40대 남·여, 10~20대 남·여 전체 간에 총 조사항목 270개 가운데 73 개(27.0%)를 표준항목과 일치되게 사용하고 나머지 197개(73.0%)는 방언을 사용하고 있음을 알 수 있으며, 울진은 270개 가운데 46개(17.0%)를 표준항목과 일치되게 사용하고 224개(80.3%)는 방언으로 사용하고 있음을 알 수 있다. 또 삼척은 270개 가운데 37개(13.7%)가 표준항목으로, 233개(86.3%)가 방언으로 실현되는 것을 알 수 있고 강릉은 270개 가운데 52개(19.3%)가 표준항목으로 나머지 218개(80.7%)가 방언으로 실현되고 있음을 알 수 있다. 이러한 결과로 볼 때 각 지역별 세대 전체 간 표준항목과 가장 많이 일치되게 사용하는 지역은 영덕(20.7%)이고 가장 비표준항목, 즉 방언형을 많이 실현하는 지역은 삼척(86.3%)임을 알 수 있다.

3.2. 연령별

3.2.1. 연령별 특징 어휘

조사 항목 270개 가운데 지역별 특정 어휘 59개의 실현이 연령별로
어떻게 나타나는지를 살펴보기로 한다. 이들 59개 항목을 가나다순으로
제시하면 '가뭄, 가을한다, 가자미, 가풀막, 간장, 거리, 겨, 고레장비, 곰
팡이, 구멍, 군밤, 굴, 그늘, 꼴뚜기, 꽁치, 나루, 낭떠러지, 낮, 노을, 놀,
누룽지, 달무리, 닭의 어리, 대합, 도미, 망둥어, 메아리, 메추라기, 무장
아찌, 물결, 미끼, 밝을녘, 밤새도록, 밤참, 벼랑, 비탈, 상추쌈, 새벽, 샛
별, 서리, 수제비, 숭늉, 싸락눈, 전갱이, 웅덩이, 저녁, 절이다, 조개, 좁
쌀떡, 진눈깨비, 진흙, 청어, 티끌, 피라미, 함박눈, 홍수, 훗날, 흙, 흰떡'
의 59개 항목이다.

(6)[7] 50대 이상
'가물언따(가뭄), 거두미한다/추수한다(가을한다), 고바위(가풀막), 장물
(간장), 삽쩍(거리), 깍데기/껄티(겨), 개력하다(고레장비), 곰파구/골가지
(곰팡이), 웅디이젙따(구멍), 밤꿉언거(군밤), 부조개(굴), 그널진다(그늘),
한치(꼴뚜기), 사마(꽁치), 선창/추깡(나루), 넝강/넝가이(낭떠러지), 오널해
따네(낮), 뿔새(노을), 나부리/나불[아침나불/저녁나불](놀), 소데끼/소띠끼/
소디끼(누룽지), 달물 뮈윌따/해물(달무리), 가리비/배캅(대합), 꺽떠구/검
덩(망둥어), 말만춘다/산울린다(메아리), 뿌꿍새(메추라기), 무꾸장쨍이/무
거리/우거리(무장아찌), 물이울렁인다/파도친다(물결), 꼬내기(미끼), 도이ᅼ
떨때/도익털따(밝을녘), 밤새기/진진밤(밤새도록), 군님석(밤참), 넝강(벼

---

7) 아래의 제시에서 ( ) 안은 제보자들의 표준항목에 대한 실현 어형을 나타낸다.

랑), 너러막(비탈), 불기쌈(상추쌈), 도이ᄉ턴다/동이턴다/먼동턴다(새벽), 개밥죽이별/개밥뚜까리/샏별[아침]/개밥뚜까리[저녁](샛별), 설기(서리), 뚜데기국/떠더국/떠덕국(수제비), 소째이ᄉ(숭늉), 쌀알눈(싸락눈), 징컬/징컬밭(웅덩이), 밤쭝 따(저녁), 지긴다(절이다), 따박/배캅/짜박(조개), 조딱(좁쌀떡), 징컬/징컬밭(진흙), 가시/까시/개시바리/티(티끌), 밥뿌제눈(함박눈), 아프로 다오는 세월(훗날), 북찜이(흰떡)'

(7) 30~40대
'너무말랄때(가뭄), 가얼거디미/거디미(가을한다), 도다리(가자미), 고바위(가풀막), 지렁물/찌랑멀(간장), 놀랑처럼온다/억수장마(고레장비), 부조개(굴), 그늘결따(그늘), 밴머리/추깡(나루), 소뒤께/소딕기(누룽지), 달매/달매미/달무리섣따/해무리(달무리), 달울타리(닭의어리), 가리비/열합(대합), 감생이/감새가/다이(도미), 밤새기(밤새도록), 동이턴다(새벽), 서릳발섣따(서리), 아재/메가리(아지/전갱이), 개양(웅덩이), 배캅(조개), 죽탕(진흙), 정어리/눈티(청어), 티(티끌), 치어/민물새끼(피라미), 개락난따/개락핻따(홍수), 헐기묻얻따(흙)'

(8) 10~20대
'지랑멀(간장), 열합(대합), 파도친다(물결), 새벽온다(새벽), 숟쨍이(숭늉)'

3.2.2. 연령별 공통 어휘

3.2.2.1. 전체 간 동일 어형 사용
조사항목 270개의 각 연령간 동일 어형 실현에 대하여 검토해 아래와 같이 빈도를 측정할 수 있었다.

〈표 6〉 연령별 동일 어형 사용 빈도

	50대 이상	30~40대	10~20대
전체간 빈도	126(270)	135(270)	160(270)
백분율	46.7%	50.0%	59.3%

위의 〈표 6〉에서 살펴보면 조사 항목 270개 가운데 각 연령 간 동일 어형을 실현하는 빈도는 50대 이상이 126개(46.7%), 30~40대가 135개 (50.0%), 10~20대가 160개(59.3%)로 이들 연령 가운데서는 10~20대가 다른 연령들에 비해 동일 어형 실현 빈도가 훨씬 높음을 알 수 있다.

〈표 6〉의 실현 빈도를 다시 각 연령별 동일 어형 실현 빈도 가운데서 표준항목과 일치하게 실현하는 빈도와 비표준항목으로 일치하여 실현 하는 빈도를 측정하여 아래의 〈표 6-1〉·〈표 6-2〉로 나타내었다.

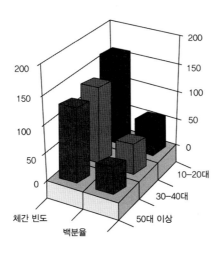

〈표 6-1〉 연령별 표준항목 일치 실현 빈도

	50대 이상	30~40대	10~20대
전체간 빈도	21(126)	25(135)	76(160)
백분율	16.7%	18.5%	47.5%

〈표 6-2〉 연령별 비표준항목 일치 실현 빈도

	50대 이상	30~40대	10~20대
전체간 빈도	105(126)	110(135)	84(160)
백분율	83.3%	81.5%	52.5%

위의 표들에서 살펴보면 50대 이상의 연령에서는 동일 어형을 실현하는 빈도 126개 가운데 21개(16.7%)가 표준항목과 일치되게 실현하고 나머지 105개(83.3%)는 방언으로 실현하며, 30~40대는 135개 가운데 25개(18.5%)가 표준항목으로 110개(81.5%)는 방언으로, 10~20대는 160개 가운데 76개(47.5%)는 표준항목으로 84개(52.5%)는 방언으로 실현하는 것을 알 수 있다. 이러한 결과로 볼 때 각 연령별 동일 어형 실현 빈도 가운데 가장 표준항목과 일치되게 실현하는 연령은 10-20대로 표준어휘 구사 능력이 다른 연령에 비해 2배 이상 높은데, 50대 이상의 연령과 30-40대 연령은 비표준항목, 즉 방언형을 실현하는 능력이 다른 연령에 비해 높다는 사실을 알 수 있다.

3.2.2.2. 연령별 공통 어휘 사용 비교

각 연령별 공통적으로 실현되는 어휘를 조사하고 이들 어휘를 다시 지역적으로 공통성을 찾아 분석·비교하기로 한다.

① 50대 이상

50대 이상의 연령에서는 크게 3개 지역이 공통적으로 실현하는 항목과 2개 지역이 다른 2개 지역과 변별되게 실현하는 항목으로 구분할 수 있다. 또한 3개 지역이 공통으로 실현하는 항목은 다시 3개로 묶어 비교할 수 있고, 2개 지역이 다른 2개 지역과 변별되게 실현하는 항목은 다시 2개로 묶어 비교할 수 있다.

(가) 3개 지역 공통

3개 지역이 공통성을 가지는 것은 '영덕·울진·삼척'과 '울진·삼척·강릉', '영덕·삼척·강릉'으로 변별되는데 '영덕·울진·삼척'는 8개 항목에서, '울진·삼척·강릉'은 14개 항목에서, '영덕·삼척·강릉'은 5개 항목에서 그 공통성을 찾을 수 있다. 이들 공통 항목을 제시하면 다음과 같다.

> (9) ㄱ 영덕·울진·삼척 공통 어휘(8개) - 그늘, 징검다리, 한가위, 숭늉, 미끼, 뱀장어, 아가미, 오징어
>   ㄴ 울진·삼척·강릉 공통 어휘(14개) - 고래장비, 회오리바람, 새벽, 별, 진눈깨비, 밤새도록, 흉년, 미숫가루, 밀국수, 빈대떡, 장아찌, 좁쌀떡, 가풀막
>   ㄷ 영덕·삼척·강릉 공통 어휘(5개) - 놀, 웅덩이, 진흙, 깃, 메추라기

(나) 2개 지역 공통

2개 지역이 다른 2개 지역과 변별되게 실현되는 것은 '영덕·울진' 對 '삼척·강릉'과 '영덕·강릉' 對 '울진·삼척'으로 묶어 비교할 수 있는데, '영덕·울진' 對 '삼척·강릉'은 14개 항목에서, '영덕·강릉' 對 '울진·삼척'은 2개 항목에서 그 공통성을 찾을 수 있다. 이들 공통 항목을 제시하면 다음과 같다.

> (10) ㄱ 영덕·울진 : 삼척·강릉 공통 항목(14개) - 싸라기눈, 거리, 골짜기, 돌, 떼, 비탈, 티끌, 그저께, 글피, 겉, 갱, 누룽지, 고니, 굴

ㄴ 영덕·강릉 : 울진·삼척 공통 어휘(2개) - 물결, 아래

② 30~40대

30~40대 연령에서도 크게 3개 지역이 공통적으로 실현하는 항목과 2개 지역이 다른 2개 지역과 변별되게 실현하는 항목으로 구분할 수 있으며, 3개 지역이 공통으로 실현하는 항목은 다시 4개로 묶어 비교할 수 있다.

(가) 3개 지역 공통

3개 지역이 공통성을 가지는 것은 '영덕·울진·삼척'과 '울진·삼척·강릉', '영덕·삼척·강릉', '영덕·울진·강릉'으로 변별되는데 '영덕·울진·삼척'는 4개 항목에서, '울진·삼척·강릉'은 7개 항목에서, '영덕·삼척·강릉'은 6개 항목에서, '영덕·울진·강릉'은 6개 항목에서 그 공통성을 찾을 수 있다. 이들 공통 항목을 제시하면 다음과 같다.

(11) ㄱ 영덕·울진·삼척 공통 어휘(4개) - 회오리바람, 빈대떡, 조밥, 고등
ㄴ 울진·삼척·강릉 공통 어휘(7개) - 가풀막, 비탈, 아래, 고물, 밀국수, 인절미, 좁쌀떡
ㄷ 영덕·삼척·강릉 공통 어휘(6개) - 가랑비, 물가, 물결, 낭떠러지, 낮, 부엉이
ㄹ 영덕·울진·강릉 공통 어휘(6개) - 고레장비, 모래, 뭍, 곁, 모이, 대합

(나) 2개 지역 공통

2개 지역이 다른 2개 지역과 변별되게 실현되는 것은 '영덕·울진' 對 '삼척·강릉'으로 그 항목은 무려 27개에서 공통성을 찾을 수 있는데 이들 공통 항목을 제시하면 아래와 같다.

(12) ㄱ 영덕·울진 : 삼척·강릉 공통 어휘(27개)
볕, 그늘, 서리, 기름, 돌, 뜰, 메아리, 우물, 징검다리, 그저께, 글피, 끼니때, 밝을녁, 밤새도록, 가운데, 겉, 갱, 곰팡이, 누룽지, 절이다, 흰떡, 달걀, 두루미, 주둥아리, 쭈쭈우, 가오리, 오징어

③ 10~20대

10~20대 연령에서는 크게 3개 지역이 공통적으로 실현하는 항목과 2개 지역이 다른 2개 지역과 변별되게 실현하는 항목으로 구분할 수 있다. 이 가운데 3개 지역이 공통으로 실현하는 항목은 다시 4개로 묶어 비교할 수 있고, 2개 지역이 다른 2개 지역과 변별되게 실현하는 항목은 다시 3개로 묶어 비교할 수 있다.

(가) 3개 지역 공통

3개 지역이 공통성을 가지는 것은 '영덕·울진·삼척'과 '울진·삼척·강릉', '영덕·삼척·강릉', '영덕·울진·강릉'으로 변별되는데 '영덕·울진·삼척'는 7개 항목에서, '울진·삼척·강릉'은 6개 항목에서, '영덕·삼척·강릉'은 41개 항목에서, '영덕·울진·강릉'은 11개 항목에서 그 공통성을 찾을 수 있다. 이들 공통 항목을 제시하면 다음과 같다.

(13) ㄱ 영덕·울진·삼척 공통 어휘(7개) - 뭍, 징검다리, 한가위, 저기저
　　곳, 상추쌈, 숭늉, 고등
ㄴ 울진·삼척·강릉 공통 어휘(6개) - 개울, 묵밭, 시골, 왕겨, 두루
　　미, 갈치
ㄷ 영덕·삼척·강릉 공통 어휘(41개) - 회오리바람, 무지개, 구름,
　　새벽, 벼랑, 봉우리, 샘, 끝, 설, 어제저녁, 오늘아침, 잠깐, 가운
　　데, 구석, 모, 속, 여기, 가루, 간장, 겨, 곰팡이, 곶감, 국물, 국
　　수, 뜨물, 막걸리, 멸치젓, 미숫가루, 밤참, 새우젓, 쌀밥, 달걀,
　　메추라기, 부엉이, 가자미, 굴비, 멸치, 물고기, 뱀장어, 비늘,
　　피라미
ㄹ 영덕·울진·강릉 공통 어휘(11개) -모퉁이, 샛길, 끼니때, 열흘,
　　이제, 김치, 절인다, 찰떡, 닭의볏, 게, 대합

(나) 2개 지역 공통

2개 지역이 다른 2개 지역과 변별되게 실현되는 것은 '영덕·울진' 對
'삼척·강릉', '영덕·강릉' 對 '울진·삼척', '영덕·삼척' 對 '울진·강릉'인
데 이 가운데 '영덕·울진' 對 '삼척·강릉'은 25개 항목에서, '영덕·강릉'
對 '울진·삼척'은 3개 항목에서, '영덕·삼척' 對 '울진·강릉'은 6개 항목
에서 공통성을 찾을 수 있다. 이들 공통 항목을 제시하면 다음과 같다.

(14) ㄱ 영덕·울진 : 삼척·강릉 공통 어휘(25개) - 고개, 골짜기, 뉘누리
　　(물살), 떼, 바닷물, 낭떠러지, 티끌, 그저께, 글피, 나흗날, 낮,
　　밝을녁, 밤새도록, 사흗날, 아래께, 아흐렛날, 엿새, 요즈음, 갱,
　　빈대떡, 소주, 좁쌀떡, 갈매기, 볏, 문어
ㄴ 영덕·강릉 : 울진·삼척 공통 어휘(3개) - 물결, 훗날, 아래
ㄷ 영덕·삼척 : 울진·강릉 공통 어휘(6개) - 개울, 묵밭, 시골, 왕
　　겨, 두루미, 갈치

3.2.2.3. 어휘항목 인지능력

영덕·울진·삼척·강릉의 제보자들이 조사 항목의 질문에 얼마나 정확하게 인식하고 있으며, 또 그 항목을 인지하는가를 연령별로 살펴 그 빈도를 측정하였다.

〈표 7〉 연령별 어휘항목 인지능력 빈도

연령 \ 지역	영덕	울진	삼척	강릉	총빈도
50 이상	4	2	13	6	25(9.3%)
30-40대	3	2	10	4	19(7.0%)
10-20대	25(2)	6	12	8	51(18.9)

위의 표에서 살펴보면 50대 이상은 총 270개 질문 어휘항목 가운데 25개(9.3%)의 항목에 대해 '모른다'고 답변하거나 '인식하지 못한다'고 답변한 것으로 조사되었으며, 30~40대는 19개(7.0%), 10~20대는 51개 (18.9%)의 항목에 대해 '모른다'고 답변하거나 '인식하지 못한다'고 답변하였다. 또한 이들 연령을 각 지역별로 나누어 살펴보면 50대 이상 연령에서는 삼척이 13개(4.8%)로 가장 많은 빈도를 보였으며, 30~40대 연령에서도 삼척이 10개 (3.7%)로 가장 많은 빈도를 보였고, 10~20대에서는 영덕이 25개(9.3%)로 가장 많은 빈도를 나타내고 있음을 알 수 있다.

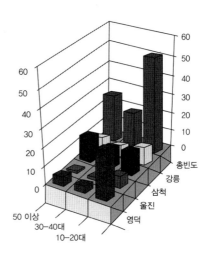

또한 전체 연령별로 비교해 볼

때 10~20대의 질문 어휘항목 인지능력이 50대 이상이나 30~40대의 인
지능력보다 2배 이상 낮음을 알 수 있으며, 특히 영덕의 10~20대는 전
체 연령과 지역을 고려하여 비교해 봐도 가장 많은 빈도를 보이고 있어
영덕의 10~20대의 인지능력이 다른 지역의 연령들 보다 훨씬 낮음을
알 수 있다. 이는 각 연령별, 지역별 교육 및 생활환경 등과 관련이 있
는 것으로 생각된다.

3.2.2.4. 표준항목 실현 능력

각 연령간 표준항목의 실현 능력을 알아보기 위해 각 연령별 전체의
표준 항목 사용 빈도와 방언형 사용 빈도 측정하여 아래의 〈표 8〉, 〈표
9〉와 같이 제시하였다.

〈표 8〉 연령별 전체 표준항목 실현 빈도

	50대 이상	30~40대	10~20대
전체간 빈도	21(270)	25(270)	76(270)
백분율	7.8%	9.3%	28.1%

〈표 9〉 연령별 전체 방언형 실현 빈도

	50대 이상	30~40대	10~20대
전체간 빈도	248(270)	246(270)	194(270)
백분율	92.2%	90.7%	71.9%

위의 표들에서 살펴보면 50대 이상의 연령에서는 총 조사항목 270개
가운데 21개(7.8%)를 표준항목과 일치되게 사용하고 나머지 248개
(92.2%)는 방언을 사용하고 있음을 알 수 있으며, 30~40대는 270개 가
운데 25개(9.3%)를 표준항목과 일치되게 사용하고 246개(90.7%)는 방언

으로, 10~20대는 270개 가운데 76개(28.1%)는 표준항목으로 194개(71.9%)는 방언으로 실현하는 것을 알 수 있다. 이러한 결과로 볼 때 전체 남성과 여성의 표준항목 사용 능력을 비교해 볼 때 여성이 남성보다 다소더 표준항목을 사용하는 것을 알 수 있다. 이는 각 연령별 교육의 차이와 문화의 차이 및 남성과 여성간의 교양화법의 차이라 생각된다.

3.3. 성별

3.3.1. 성별 특징 어휘

조사 항목 270개 가운데 지역별 특정 어휘 59개의 실현이 성별로 어떻게 나타나는지를 살펴보기로 한다. 이들 59개 항목을 가나다순으로 제시하면 '가뭄, 가을한다, 가자미, 가풀막, 간장, 거리, 겨, 고레장비, 곰팡이, 구멍, 군밤, 굴, 그늘, 꼴뚜기, 꽁치, 나루, 낭떠러지, 낮, 노을, 놀, 누룽지, 달무리, 닭의어리, 대합, 도미, 망둥어, 메아리, 메추라기, 무장아찌, 물결, 미끼, 밝을녁, 밤새도록, 밤참, 벼랑, 비탈, 상추쌈, 새벽, 샛별, 서리, 수제비, 숭늉, 싸락눈, 아지/전갱이, 웅덩이, 저녁, 절이다, 조개, 좁쌀떡, 진눈깨비, 진흙, 청어, 티끌, 피라미, 함박눈, 홍수, 훗날, 흙, 흰떡'의 59개 항목이다. 이들 항목들이 각 성별로 어떻게 실현되는가를 살펴보기로 한다.

3.3.1.1. 전체

조사 항목 270개 가운데 지역별 특정 어휘 59개의 실현이 전체 남성은 48개가, 전체 여성은 51개가 실현되고 있는데 이를 제시하면 다음과 같다.

(15) 가뭄, 가을한다, 가자미, 가풀막, 간장, 거리, 겨, 고레장비, 곰팡이, 구멍, 군밤, 굴, 그늘, 꼴뚜기, 꽁치, 나루, 낭떠러지, 낫, 노을, 놀, 누룽지, 달무리, 닭의어리, 대합, 도미, 망동어, 메아리, 메추라기, 무장아찌, 물결, 미끼, 밝을녘, 밤새도록, 밤참, 벼랑, 비탈, 상추쌈, 새벽, 샛별, 서리, 수제비, 숭늉, 싸락눈, 아지/전갱이, 웅덩이, 저녁, 절이다, 조개, 좁쌀떡, 진눈깨비, 진흙, 청어, 티끌, 피라미, 함박눈, 홍수, 훗날, 흙, 흰떡

(16) 남성(48개)

가물얻따(가뭄), 거두미한다/거디미(가을한다), 도다리(가자미), 고바위(가풀막), 지랑멀/지렁물/찌랑멀(간장), 깍데기/껄티(겨), 놀랑처럼온다/억수장마(고레장비), 웅디이젇따(구멍), 밤꿈언거(군밤), 부조개(굴), 그널진다(그늘), 한치(꼴뚜기), 사마(꽁치), 밴머리/추깡(나루), 넝강/넝가이(낭떠러지), 오널해따네(낫), 뿔새(노을), 나부리(놀), 소데끼/소띠끼/소뒤께(누룽지), 달무리섣따/해무리/달물 뮈원따(달무리), 가리비/열합(대합), 꺽떠구/검덩(망동어), 말맏춘다/산울린다(메아리), 뿌꿍새(메추라기), 물이울렁인다/파도친다(물결), 도이·떨때/도이·털따(밝을녘), 밤새기(밤새도록), 군님석(밤참), 넝강(벼랑), 너러막(비탈), 도이·턴다/동이턴다/먼동턴다/새벽온다(새벽), 개밥죽이별/개밥뚜까리/샌별[아침]·개밥뚜까리[저녁](샛별), 서발섣따/설기(서리), 소째이·/솓쨍이(숭늉), 쌀알눈(싸락눈), 아재/메가리(아지/전갱이), 징컬/징컬받(웅덩이), 지긴다(절이다), 따박/배캅/짜박(조개), 눈·비섞어온다(진눈깨비), 징컬/징컬받(진흙), 정어리/눈티(청어), 개시바리/티/까시/뭐들어갇따(티끌), 치어/민물새끼(피라미), 밥뿌제눈(함박눈), 개락낟따/개락핻따(홍수), 아프로 다오는 세월(훗날), 북젬이(흰떡)

(17) 여성(51개)

너무말랄따(가뭄), 가얼거디미/추수한다(가을한다), 도다리(가자미), 고바위(가풀막), 장물/찌랑멀(간장), 삼쩍(거리), 깍데기/껄티(겨), 개력하다(고레장비), 곰파구/골가지(곰팡이), 부조개(굴), 그널졀따(그늘), 한치(꼴뚜기), 선창/추깡(나루), 오널해따네(낫), 뿔새(노을), 나부리/나불[아침나불

/저녁나불](놀), 소데끼/소띠끼/소디끼/소딕기(누룽지), 달매/달매미/달물 뮈월따/해물(달무리), 달울타리(닭의어리), 가리비/배깝/열합(대합), 감생이/감새가/다이(도미), 꺽떠구/검덩(망둥어), 뿌꿍새(메추라기), 무꾸장쨍이/무거리/우거리(무장아찌), 파도친다(물결), 꼬내기(미끼), 도이ˇ떨때/도이ˇ 털따(밝을녁), 밤새기/진진밤(밤새도록), 군님석(밤참), 넝강(벼랑), 너러막(비탈), 불기쌈(상추쌈), 동이턴다/먼동턴다/새벽온다(새벽), 설기(서리), 뚜데기국/떠더국/떠덕국(수제비), 소쩨이ˇ/손쨍이(숭늉), 아재/메가리(아지/전갱이), 개양/징컬/징컬받(웅덩이), 밤쭝될따(저녁), 따박/배깝(조개), 조딱(좁쌀떡), 눈·비섞어온다(진눈깨비), 죽탕(진흙), 징컬/징컬받(진흙), 정어리/눈티(청어), 가시/까시/티/뭐들어간따(티끌), 치어/민물새끼(피라미), 밥뿌제눈(함박눈), 아프로 다오는 세월(훗날), 헐기묻얻따(흙), 북점이(흰떡)

3.3.1.2. 연령별 남·여

조사 항목 270개 가운데 지역별 특정 어휘 59개의 실현이 연령별 남성과 여성으로 살펴보면 50대 이상의 남성은 42개, 여성은 40개가 실현되고 있으며, 30~40대 남성은 16개, 여성은 20개가 실현되고 있다. 그리고 10-20대 남성은 7개, 여성은 5개가 실현되고 있는데 이를 제시하면 다음과 같다.

(18) 50대 이상

① 남성(42개)

가물얻따(가뭄), 거두미한다(가을한다), 고바위(가풀막), 깍데기/껄티(겨), 웅디이젙따(구멍), 밤꿉언거(군밤), 부조개(굴), 그널진다(그늘), 한치(꼴뚜기), 사마(꽁치), 추깡(나루), 넝강/넝가이(낭떠러지), 오널해따네(낮), 뿔새(노을), 나부리(놀), 소데끼/소띠끼(누룽지), 달물 뮈월따(달무리), 꺽떠구/검덩(망둥어), 말맏춘다/산울린다(메아리), 뿌꿍새(메추라기), 물이울렁인다/파도친다(물결), 도이ˇ떨때/도이ˇ털따(밝을녁), 밤새기(밤새도록), 군님석(밤참), 넝강(벼랑), 너러막(비탈), 도이ˇ턴다/동이턴다/먼동턴다(새벽), 개밥죽이별/개밥뚜까리/샌별[아침]·개밥뚜까리[저녁](샛별), 설기(서리), 소째이ᄼ(숭늉), 쌀알눈(싸락눈), 징컬/징컬받(웅덩이), 지긴다(절이다), 따박/배캅/짜박(조개), 징컬/징컬받(진흙), 개시바리/티/까시(티끌), 밥뿌제눈(함박눈), 아프로 다오는 세월(훗날), 북쩜이(흰떡)

② 여성(40개)

추수한다(가을한다), 고바위(가풀막), 장물(간장), 삽쩍(거리), 깍데기/겉티(겨), 개럭하다(고레장비), 곰파구/골가지(곰팡이), 부조개(굴), 한치(꼴뚜기), 선창/추깡(나루), 오널해따네(낮), 뿔새(노을), 나부리/나불[아침나불/저녁나불](놀), 소데끼/소띠끼/소디끼(누룽지), 달물 뮈웓따/해물(달무리), 가리비/배캅(대합), 꺽떠구/검덩(망동어), 뿌꿍새(메추라기), 무꾸장쨍이/무거리/우거리(무장아찌), 파도친다(물결), 꼬내기(미끼), 도이ᄼ떨때/도이ᄼ털따(밝을녁), 밤새기/진진밤(밤새도록), 군님석(밤참), 넝강(벼랑), 너러막(비탈), 불기쌈(상추쌈), 먼동턴다(새벽), 설기(서리), 뚜데기국/떠더국/떠덕국(수제비), 소째이ᄼ(숭늉), 징컬/징컬받(웅덩이), 밤쭝 따(저녁), 따박/배캅(조개), 조딱(좁쌀떡), 징컬/징컬받(진흙), 가시/까시/티(티끌), 밥뿌제눈(함박눈), 아프로 다오는 세월(훗날), 북쩜이(흰떡)

(19) 30~40대
① 남성(16개)

거디미(가을한다), 도다리(가자미), 고바위(가풀막), 지렁물/찌랑멀(간장), 놀랑처럼온다/억수장마(고레장비), 부조개(굴), 밴머리/추깡(나루), 소뒤께(누룽지), 달무리섣따/해무리(달무리), 가리비(대합), 밤새기(밤새도록), 서릳발섣따(서리), 아재/메가리(아지/전갱이), 정어리/눈티(청어), 치어/민물새끼(피라미), 개럭난따/개럭핸따(홍수)

② 여자(20개)

너무말랃따(가뭄), 가얼거디미(가을한다), 도다리(가자미), 찌랑멀(간장), 그널곁따(그늘), 소딕기(누룽지), 달매/달매미(달무리), 달울타리(닭의

어리), 열합(대합), 감생이/감새가/다이(도미), 밤새기(밤새도록), 동이턴다
(새벽), 아재/메가리(아지/전갱이), 개양(웅덩이), 배캅(조개), 죽탕(진흙),
정어리/눈티(청어), 티(티끌), 치어/민물새끼(피라미), 헐기묻얻따(흙)

(20) 10~20대
① 남성(7개)
지랑멀(간장), 열합(대합), 파도친다(물결), 새벽온다(새벽), 솓쨍이(숭
늉), 눈·비섞어온다(진눈깨비), 뭐들어간따(티끌)

② 여성(5개)
파도친다(물결), 새벽온다(새벽), 솓쨍이(숭늉), 눈·비섞어온다(진눈깨
비), 뭐들어간따(티끌)

3.3.2. 성별 공통 어휘

3.3.2.1. 성별 전체 간 동일 어형 실현 검토

조사항목 270개의 성별 전체 간 동일 어형으로 실현하는 항목의 빈
도를 측정하여 아래와 같이 〈표 10〉으로 제시하였다.

〈표 10〉 연령에 의한 성별 전체 동일 어형 실현 빈도

		50대 이상	30~40대	10~20대	전체성별 빈도
전체간 빈도	남	150(270)	160(270)	165(270)	475(810)
	여	150(270)	155(270)	173(270)	478(810)
백분율	남	55.6%	59.3%	61.1%	58.6%
	여	55.6%	57.4%	64.1%	59.0%

위의 〈표 10〉에서 살펴보면 조사 항목 270개 가운데 성별 전체 간 동
일 어형을 실현하는 빈도는 50대 이상의 남성이 150개(55.6%)이고 여성

도 역시 150개(55.6%)로 남성과 동일한 빈도를 지니는 것으로 조사되었
다. 또 30~40대는 남성이 160개(59.3%), 여성이 155개(57.4%)이고, 10-20
대 남성은 270개 항목 가운데 165개(61.1%), 여성은 173개(64.1%)가 동
일 어형을 실현하는 것으로 조사되었다. 그리고 전체 남성과 여성으로
나누어 비교해 보면 남성은 58.6%가 전체 연령에서 동일 어형으로실현
되며, 여성은 59.0%로 실현되는 것으로 조사되었다. 이들 연령 가운데
서는 10~20대 여성이 다른 연령들에 비해 동일 어형을 실현하는 빈도
가 높게 나타나는 것으로 조사되었다.

　〈표 10〉의 실현 빈도를 다시 표준항목과 일치하게 실현하는 빈도와
비표준항목으로 일치하여 실현하는 빈도를 측정하여 아래의 〈표 10-1〉·
〈표 10-2〉로 나타내었다.

〈표 10-1〉 연령에 의한 성별 전체 표준항목 실현 빈도

		50대 이상	30~40대	10~20대	전체성별 빈도
전체간 빈도	남	40(150)	39(160)	88(165)	167(475)
	여	29(150)	52(155)	93(173)	174(478)
백분율	남	26.7%	24.4%	53.3%	35.2%
	여	19.3%	33.5%	53.8%	36.4%

〈표 10-2〉 연령에 의한 성별 전체 비표준항목 실현 빈도

		50대 이상	30~40대	10~20대	전체성별 빈도
전체간 빈도	남	110(150)	121(160)	77(165)	308(475)
	여	121(150)	103(155)	80(173)	304(478)
백분율	남	73.3%	75.6%	46.7%	64.8%
	여	80.7%	66.5%	46.2%	63.6%

　표에서 살펴보면 50대 이상의 연령에서 남성은 동일 어형을 실현하
는 빈도 150개 가운데 40개(26.7%)가 표준항목과 일치되게 실현하고 나

머지 110개(73.3%)는 방언으로 실현하며, 여성은 150개 가운데 29개 (19.3%)가 표준항목과 일치되게 실현하고 나머지 121개(80.7%)는 방언으로 실현되는 것으로 조사되었다. 또 30~40대는 남성은 160개 항목 가운데 39개(24.4%)가 표준항목과 일치되고 121개(75.6%)가 방언형으로 실현되며, 여성은 155개 항목 가운데 52개(33.5%)가 표준항목과 일치되고 103개(66.5%)가 방언형으로 실현되는 것으로 조사되었다. 10~20대 남성은 165개 항목 가운데 88개(53.3%)가 표준항목과 일치되게 실현되고 나머지 77개(46.7%)가 방언형으로, 여성은 173개 동일 어형 항목 가운데 93개(53.8%)가 표준항목과 일치되게 실현되고 80개(46.2%)가 방언형으로 실현되는 것으로 조사되었다.

그리고 이를 성별 전체에서 살펴보면 남성은 35.2%가 표준방언 항목과 일치되는 어형을 실현하며 64.8%는 비표준항목, 즉 방언형으로 실현하는 것으로, 여성은 36.4%가 표준방언 항목과 일치되는 어형을 실현하고 63.6%는 방언형으로 실현하는 것으로 조사되었다. 이러한 결과로 볼 때 전체 남성과 여성의 표준항목 사용 능력을 비교해 볼 때 여성이 남성보다 다소 더 표준항목을 사용하는 것을 알 수 있다. 이는 각 연령별 교육의 차이와 문화의 차이 및 남성과 여성간의 교양화법의 차이라 생각된다.

3.3.2.2. 성별 어휘항목 인지능력

영덕·울진·삼척·강릉의 제보자들이 조사 항목의 질문에 얼마나 정확하게 인식하고 있으며, 또 그 항목을 인지하는가를 성별로 살펴 그 빈도를 측정하였다.

아래의 표에서 살펴보면 50대 이상의 남성은 총 270개 질문 어휘항목 가운데 11개(4.1%)의 항목에 대해, 여성은 14개(5.2%)의 항목에 대해 '모른다'고 답변하거나 '인식하지 못한다'고 답변한 것으로 조사되었으며, 30~40대 남성은 6개(2.2%), 여성은 13개(4.8%)의 항목에 대해, 10-20대 남성은 26개(9.6%), 여성은 25개(9.3%)의 항목에 대해 '모른다'고 답변하거나 '인식하지 못한다'고 답변하였다. 또한 이를 전체 남성과 여성으로 살펴보면 전체 남성은 항목에 대해 '모른다'고

〈표 12〉 성별 어휘항목 인지능력 빈도

지역 → 연령	성별	영덕	울진	삼척	강릉	총빈도
50이상	남	2	1	6	2	11(4.1%)
	여	2	1	7	4	14(5.2%)
30~40대	남	0	1	3	2	6(2.2%)
	여	3	1	7	2	13(4.8%)
10~20대	남	13(2)	3	7	3	26(9.6%)
	여	12	3	5	5	25(9.3%)

답변하거나 '인식하지 못한다'고 답변한 총 빈도는 43회이고 여성의 총 빈도는 52회이다. 항목에 대해 가장 많이 '모른다'고 답변하거나 '인식하지 못한다'고 답변한 연령별 성(性)은 10~20대의 남성이며, 전체 성에서는 여성이 남성보다 다소 높은 것으로 조사되었다. 이러한 결과로 볼 때 연령에서는 50대 이상이나 30~40대의 연령보다 10~20대의 연령의 어휘항목 인지능력이 낮고, 남성보다는 여성의 어휘항목 인지능력이 낮은 것을 알 수 있다. 이는 각 연령별, 성별의 경제활동 범위와 생활환경 등의 차이로 인한 것으로 생각된다.

3.3.2.3. 성별 표준항목 사용능력

성별 표준항목의 실현 능력을 알아보기 위해 성별 전체의 표준 항목 사용 빈도와 방언형 사용 빈도 측정하여 아래의 〈표 13〉·〈표 14〉와 같이 제시하였다.

〈표 13〉 성별 전체 표준항목 사용 빈도

		50대 이상	30~40대	10~20대	전체 빈도
전체간 빈도	남	40(270)	39(270)	88(270)	167(810)
	여	29(270)	52(270)	93(270)	174(810)
백분율	남	14.8%	14.4%	32.6%	20.6%
	여	10.7%	19.3%	34.4%	21.5%

〈표 14〉 성별 전체 방언형 사용 빈도

		50대 이상	30~40대	10~20대	전체 빈도
전체간 빈도	남	230(270)	231(270)	182(270)	643(810)
	여	241(270)	218(270)	177(270)	636(810)
백분율	남	85.2%	85.6%	67.4%	79.4%
	여	89.3%	80.7%	65.6%	78.5%

위의 표들에서 살펴보면 50대 이상의 연령에서는 남성은 총 조사항목 270개 가운데 40개(14.8%)를 표준항목과 일치되게 사용하고 나머지 230개(85.2%)는 방언형을 사용하고 있는 것으로, 여성은 270개 가운데 29개(10.7%)는 표준항목에, 241개(89.3%)는 방언형을 사용하고 있는 것으로 조사되었다. 또 30~40대 남성은 270개 가운데 39개(14.4%)를 표준항목과 일치되게 사용하고 231개(85.6%)는 방언형으로, 여성은 270개 가운데 52개(19.3%)를 표준항목과 일치되게 사용하고 218개(80.7%)는 방언형을 사용하고 있는 것으로 조사되었다. 그리고 10~20대 남성은

270개 가운데 88개(32.6%)는 표준항목으로 사용하고 182개(67.4%)는 방언형을 사용하고 있으며, 여성은 93개(34.4%)는 표준항목으로 사용하고 177개(65.6%)는 방언을 사용하는 것으로 조사되었다. 또한 전체 남성과 여성으로 비교해 볼 때 남성은 167개(20.6%)를 표준항목으로, 643개(79.4%)는 방언형을 사용하는 것으로, 여성은 174개(21.5%)를 표준항목으로, 636개(78.5%)는 방언형을 사용하는 것으로 조사되었다. 이러한 결과로 볼 때 가장 표준항목과 일치되게 실현하는 연령별 성(性)은 10~20대 여성으로 표준어휘 구사 능력이 다른 연령에 보다 최고 2배 이상 높은데 비해 50대 이상의 여성은 약 90%의 항목을 방언형으로 실현한다는 사실을 알 수 있다. 또한 전체 남성과 여성의 표준항목 사용 능력을 비교해 볼 때 여성이 남성보다 다소 더 표준항목을 사용하는 것을 알 수 있다. 이는 각 연령별 교육의 차이와 문화의 차이 및 남성과 여성 간의 교양화법의 차이라 생각된다.

4. 맺음말

이 글은 동해안 어촌 지역의 경제생활과 관련된 어휘를 수집, 조사하여 이를 사회언어학적 관점에서 그 특징을 고찰하는 데 목적이 있었다. 그 결과 사회언어학적 측면에서 영덕·울진·삼척·강릉의 동해안 방언은 여러 가지 면에서 공통점을 찾을 수 있었다. 영덕과 울진, 삼척과 강릉은 각각 음운적인 측면에서 보다 더 가까운 것으로, 영덕과 울진, 울진과 삼척, 삼척과 강릉은 각각 특정 어휘에서 가까운 것으로 조사되었다. 그러나 이번 조사된 항목 270개 어휘들을 비교·분석해 본 결과 영덕과 울진이 경상북도에, 삼척과 강릉이 강원도에 속해 있어 지역적인 경계는 뚜렷하지만 방언학적 측면에서는 뚜렷한 경계를 설정하기가 어려우며, 특히 10~20대의 어휘들에서는 네 지역의 경계를 구분 지을 수 없을 정도로 지역적인 경계가 모호해지고 있음을 알 수 있었다.

이상에서 논의 된 바를 간략히 정리하여 이를 결론으로 삼고자 한다.

첫째, 어민들의 생활과 직접 관련을 지을 수 있는 천문, 지리, 시후, 방위, 음식, 비금류, 어패류 등 270개 조사항목을 영덕·울진·삼척·강릉의 지역별, 연령별, 성별에서 어떻게 실현되는가를 살펴보았다.

둘째, 질문지는 동해안 지역 어민들의 방언 차를 보여 줄 수 있도록 이들 항목이 어떻게 실현되는지를 각 지역별, 연령별(10~20대, 30~40대, 60대 이상), 성별(남·여)로 분석표를 만들었다. 또한 조사 과정에서 합리적이고 효과적인 질문지를 작성하기 위해 다양한 사례들을 검토하였으며, 직접 질문하는 면접법과 서면으로 질문하는 질문법을 사용하였다.

셋째, 주된 조사 지역은 ①영덕군 강구면·축산면, ②울진군 후포면·평해읍, ③삼척시 근덕면, ④강릉시 연곡면으로 정하였다.

넷째, 질문지는 방언간의 어휘 분화가 가장 쉽게 일어나는 어휘들을 중심으로, 특히 어촌 경제 생활과 관련된 어휘들을 중심으로 항목을 선정하여 작성하였다. 이들 질문지를 바탕으로 과연 사회적, 경제적 변수에 따라 강릉, 삼척, 영덕, 울진 방언들에 언어 분화 현상이 일어나고 있는가. 그렇다면 어느 지역, 어느 세대, 어느 성별에서 그 현상이 현저하게 나타나는가 등에 의미를 두고 조사하여 비교 확인하는데 주안점을 두었다.

다섯째, 제보자는 토박이, 나이, 신체적 조건, 성별, 학업정도 등등의 여러 가지 조건을 갖추어야 하는데 본 연구에서는 동해안 어촌 경제 생활과 관련된 방언들을 사회언어학적 관점에서 고찰하는 것이므로 노년

층, 장년층은 각 해당 지역에서 3대 이상 지속적으로 살아온 자들을 우
선 선정하였으며, 장년층은 출생이 그 지역이 아니더라도 20년 이상 그
지역에서 거주한 사람들도 다수 포함하였다. 청소년층 역시 3대 이상이
지속적으로 살아온 자 가운데서 우선 선정하여 전통적인 방언 제보자
조건에 부합하도록 노력하였다.

여덟째, 어휘는 조사항목 270개를 모두 각 지역·연령·성별 특징을 나
타낼 수 있는 어휘와 각 지역·연령·성별 특수 어휘 등으로 나누어 분석
하고 이를 바탕으로 각 지역·연령·성별 조사항목 인지능력과 표준어휘
실현 능력을 및 방언형 실현능력과 일치능력 등을 빈도와 백분율로 표
를 만들어 제시하였다.

아홉째, 조사·분석된 각 지역·연령·성별 어휘의 특징을 고찰하였다.

①지역별로 분석해 볼 때 세대 간 동일 어형 실현 빈도 가운데 가장
표준항목과 많이 일치하여 실현하는 지역은 영덕(41.2%)이고 가장 비표
준항목, 즉 방언형을 많이 실현하는 지역은 삼척(75.5%)임을 알았다. 그
리고 세대 전체 간 표준항목과 가장 많이 일치되게 사용하는 지역은 영
덕(20.7%)이고 가장 방언형을 많이 실현하는 지역은 삼척(86.3%)임을
알 수 있었으며, 질문 어휘항목 인지능력은 영덕과 삼척이 울진과 강릉
보다 훨씬 더 떨어지는 것을 알 수 있었는데 이는 각 지역의 경제적,
혹은 교육적 환경과 관련이 있는 것으로 생각된다.

②연령별로 분석해 볼 때 가장 표준항목과 일치되게 실현하는 연령
은 10~20대로 표준어휘 구사 능력이 다른 연령에 비해 2배 이상 높은데,
50대 이상의 연령과 30~40대 연령은 방언형을 실현하는 능력이 다른
연령에 비해 높다는 사실을 알 수 있었다. 또한 질문 어휘항목 인지능
력은 10~20대가 50대 이상이나 30~40대의 인지능력보다 2배 이상 낮음

을 알 수 있었으며, 특히 영덕의 10~20대의 인지능력이 다른 지역의 연령들 보다 훨씬 낮음을 알 수 있었다. 이는 각 지역별, 연령별 교육 및 생활환경, 사회적응력 등과 관련이 있는 것으로 생각된다.

③성별로 분석해 볼 때 전체 남성과 여성의 표준항목 사용 능력을 비교해 볼 때 여성이 남성보다 다소 더 표준항목을 사용하는 것을 알았다. 또한 전체 남성과 여성의 표준항목 사용 능력을 비교해 볼 때 여성이 남성보다 다소 더 표준항목을 사용하는 것을 알 수 있었는데 이는 각 연령별 교육의 차이와 문화의 차이 및 남성과 여성 간의 교양화법의 차이라 생각된다.

참 고 문 헌

김문오(2001), "경북 동해안 방언의 어휘적 특징-경주·포항·영덕·울진 지역의 방언 어휘를 중심으로", 『울릉도·동해안 지역의 방언과 구비문학 연구』, 영남 대학교 출판부.

김주원(1995), "경상도 방언의 성문 파열음과 성조", 『언어학』, 언어학회.

김주원(2000), "영남 방언 성조의 특성과 그 발달", 『어문학』, 한국어문학회.

김주원(2001), "경북 동해안 방언의 음운론적 특징", 『울릉도·동해안 지역의 방언 과 구비문학 연구』, 영남대학교 출판부.

김차균(1998), "삼척 방언과 울진 방언 풀이씨 음조형의 비교", 『방언학과 국어학』, (태학사).

김차균(1999), "삼척 방언과 강릉 방언 성조의 비교", 『우리말 방언 성조의 비교』, (역락).

김태엽(1992), "영일지역어의 종결어미 연구", 계명대학교 박사학위논문.

김태엽(1999), "영남 방언의 형태적 특성과 그 발달", 『우리말글 제17』, 우리말글학회.

남경란(2003), "울릉군·동해안 방언의 어휘적 연구(2) - 울릉군을 중심으로", 『울릉 도·동해안 지역의 방언과 구비문학 연구』, 영남대학교 출판부.

박성종(1995), "영동(嶺東) 지역의 어촌 언어", 『강원 어촌지역 전설 민속지』, 강원도.

박성종(1998), "강원도 방언의 성격과 특성", 『방언학과 국어학』, 태학사.

박종갑(1998ㄱ), "울릉도 지역의 방언에 대한 실태조사(어휘편 I)", 〈한민족어문 집〉 제33집.

박종갑(1998ㄴ), "울릉도 방언의 어휘론적 연구:북면 천부리의 언어를 중심으로", 『울릉도·독도의 종합적 연구』, 영남대학교 출판부.

박종갑(1999ㄱ), "울릉도 지역의 방언에 대한 실태조사(어휘편 II)", 〈한민족어문 집〉 제34집.

박종갑(1999ㄴ), "영남방언의 통사 의미적 특성과 그 분포 양상:의문법 어미의 실 현에 따른 제약을 중심으로", 〈어문학 68집〉.

연호탁(1994), "강릉방언의 사회언어학적 연구-고유어와 경어법 사용의 분석을 중심으로", 『관대논문집』 22, 관동대학교.

오종갑(1988), 『국어음운의 통시적 연구』, 계명대 출판부.

오종갑(1997ㄱ), "w계 이중모음의 변화와 관련된 영남방언의 특성과 그 전개", 『영남어문학』 32집.

오종갑(1997ㄴ), "유기음화와 관련된 영남방언의 특성과 그 전개", 『인문연구』(영남대) 19-1.

오종갑(1999ㄱ), "경음화와 영남방언," 『어문학』(한국어문학회) 67집.

오종갑(1999ㄴ), "자음탈락과 영남방언," 『한글』(한글학회) 246.

오종갑(2000ㄱ), "영남 하위 방언의 자음 음운현상 대조," 『어문학』(한국어문학회) 70.

오종갑(2000ㄴ), "영남 하위 방언의 모음 음운현상 대조," 『한글』(한글학회) 250.

이상규(1997), "영남방언의 특징-경북방언을 중심으로", 『한국어문』4, 한국정신문화연구원.

이익섭(1972), "江陵 方言의 形態音素論的 考察", 『震檀學報』, 33.

이익섭(1976), "韓國 漁村 方言의 社會言語學的 考察", 『震壇學報』, 42.

이정복(1993), "하동방언의 경어법에 대한 사회언어학적 연구-하동 지역에서의 경어법의 사용 양상", 『사회언어학』, 창간호.

전성택(1989), "강릉 방언의 어휘", 『관동향토문화연구』 7, 춘천교육대학교.

전혜숙(2003), "강원도 동해안 방언의 사회언어학적 연구", 한국외국어대학교 박사학위논문.

정영주(1987), "경상남도 창녕지역 방언의 세대차에 의한 음운현상," 『부암 김승곤 박사 회갑기념논총』.

최동주(1998), "울릉도 방언의 문법". 〈울릉도·독도의 종합적 연구〉, 영남대학교 민족문화연구소.

최동주(1999), "울릉도말의 어미--북면 천부리의 말을 중심으로--", 성백인 교수 정년퇴임기념논문집 간행위원회 편, 〈언어의 역사〉, 태학사.

최학근(1990), 『증보 한국방언사전』, 명문당.

태평무(1999), 사회언어학연구.

한국정신문화연구원(1987), 『한국방언자료집』.

Azuma, Sho ji(2001), (재미있는)사회언어학.

Fasold, Ralph W(1994), 사회언어학.

Sanada, Shinji(1995), 社會言語學의 方法 3.

Spolsky, Bernard(2001), 사회언어학 1.
Trudgill, Peter(1985), 社會言語學槪論.
Wardhaugh, Ronald(1994), 社會言語學.

남경란南京蘭

경북 울릉 출생
대구가톨릭대학교 국어국문학과 졸업
대구가톨릭대학교 대학원 문학석사
대구가톨릭대학교 대학원 문학박사
영남대학교 민족문화연구소 상임연구원(역임)
영남대학교 민족문화연구소 전문연구교수(역임)
대구가톨릭대학교 한국어문학부 교수(현재)

주요 논저

『국어사 연구를 위한 국어정보 처리법』(2003)
『여말선초 음독 입곁[구결]의 종합적 고찰』(2005)
『여말선초 음독 입곁[구결] 자형과 기능의 통시적 고찰』(2009)
『한글 창제 전후의 입곁[구결] 연구』(2016)
「중세한국어 연구를 위한 전산 처리 방안」(2003)
「사회방언 자료의 전산 처리에 대하여」(2003)
「국어의 시간적 데이터베이스 구축과 활용」(2004)
「동해안 어촌 지역어의 사회언어학적 연구」(2004)
「중세국어 음운현상의 교육 방안」(2009)
「15세기 문헌 자료의 전산화-연구자 중심 말뭉치 구축 및 활용」(2014) 등 50여 편

한국어 정보학

초판 1쇄 인쇄 2017년 8월 13일
초판 1쇄 발행 2017년 8월 20일
지 은 이   남경란

발 행 인   한정희
발 행 처   경인문화사
총 괄 이 사   김환기
편   집   김지선 박수진 한명진 유지혜
마 케 팅   김선규 하재일 유인순
출 판 번 호   406-1973-000003호
주   소   파주시 회동길 445-1 경인빌딩 B동 4층
전   화   031-955-9300 팩 스 031-955-9310
홈 페 이 지   www.kyunginp.co.kr
이 메 일   kyungin@kyunginp.co.kr

ISBN 978-89-499-4291-9 93910
값 27,000원